| 한국지방분권아카데미 연구총서 4 |

혁신 클러스터와 지역발전

| 한국지방분권아카데미 연구총서 4 |

혁신 클러스터와 지역발전

조성재 · 박준식 · 이기홍 · 안동규
이성균 · 조형제 · 김원동 · 이기원 · 황덕순

안동규 외 지음

小花

혁신 클러스터와 지역발전

초판인쇄 | 2007년 5월 14일
초판발행 | 2007년 5월 21일

지은이 | 안동규 외
발행인 | 고화숙
발행처 | 도서출판 소화
등 록 | 제13-412호
주 소 | 서울시 영등포구 영등포동 7가 94-97
전 화 | 2677-5890
팩 스 | 2636-6393
홈페이지 www.sowha.com

ISBN 978-89-8410-319-1 94080
ISBN 978-89-8410-302-3 (세트)

값 13,000원

차례

서문

혁신 클러스터의 성공적인 발전과 안착을 위한 중간평가

글로벌 경쟁체제 속에서 지역경제와 지속 가능한 산업 경쟁력을 유지하기 위해서는 지역의 혁신 주체들 간에 신뢰와 협력의 토대를 구축하고, 지역의 역량을 효과적으로 결집할 수 있어야 한다. '협치' 의 틀을 만들어 경쟁력 있는 분야에 그들의 힘을 집중하는 것이 지역 선진화의 핵심 수단이라는 데 많은 사람들이 의견 접근을 보이고 있다. 1980년대 이후 세계의 경제 선진 지역에서는 세계 경제를 주도하는 다양한 경제, 사회, 문화 클러스터들이 발전해 왔으며, 이러한 클러스터들의 성장은 세계 경제의 역동성을 주도하는 견인차 역할을 수행해 왔다.

참여정부는 경쟁력 있는 혁신 클러스터의 육성이 지역 균형발전과 국가 선진화의 핵심 수단임을 인식하고, 전국의 모든 지역들이 그들 나름의 경쟁력 있는 클러스터를 육성할 수 있도록 일관된 지원 정책을 추진해 왔다. 이 같은 노력의 결과 전국의 주요 지역에서는 다양한 산업 분야에서 혁신 클러스터의 초기적 형태가 도약의 계기를 맞이하고 있으며,

이미 일정한 발전 수준에 달한 클러스터 지역들은 세계적 클러스터로 발돋움하기 위해 노력하고 있다.

지방분권과 지역혁신을 위한 인재 육성과 정책 개발을 선도해 온 한국지방분권아카데미에서는 혁신 클러스터의 발전을 위한 학술 및 정책 연구를 꾸준히 수행해 왔다. 이번에 본 기관이 발간하는 연구총서는 이러한 문제의식을 경제, 정치, 경영, 사회, 고용 등 다양한 각도에서 연구해 온 전문가들의 노력을 하나의 성과로 묶은 것이다.

이 책은 크게 두 부문으로 구성되었다. 제1부 '글로벌 자본주의와 혁신 클러스터'에서는 혁신 클러스터의 개념과 현실의 역동성을 이론적 접근과 외국의 사례들을 중심으로 다루고 있다. 글로벌 자본주의 체제에서 한국 경제가 지속적인 역동성을 유지하고, 지역 균형발전을 이룩하기 위해 클러스터의 발전이 중요한 까닭을 오래 전부터 세계적 혁신 클러스터를 발전시켜 온 선진 경제 국가들의 성공 사례에서 찾고 있다. 또한 혁신 클러스터의 사회적 구조에 대한 접근을 통해 지역혁신의 사회적 동력을 탐색하는 작업이 이루어지고 있다.

제2부 '클러스터와 지역혁신, 사회적 대응'에서는 혁신 클러스터가 지역경제를 선진화하고, 지역혁신의 비전을 실현하는 데 어떠한 역할을 수행하는지를 살펴본다. 또한 한국의 성공적인 혁신 클러스터에 대한 사례 연구를 통해 새로운 정책적 실험에 대한 평가가 시도된다. 참여정부의 공공기관 지방이전 정책에 대한 평가를 통해 지역혁신 정책의 성과를 냉정히 검토하기 위한 노력이 이루어졌다. 대도시와 광역 지역 수준뿐 아니라 마을 등 생활의 현장과 문화의 현장에서 시도되는 지역혁신과 혁신 주체 형성 노력에 대해서도 균형 잡힌 평가를 위해 노력하고 있

다. 고용을 통한 복지와 사회 통합의 수단으로 새롭게 시도되고 있는 사회적 일자리 사업에 대한 평가도 이루어졌다.

연구진은 이러한 작업이 혁신 클러스터의 성공적인 발전과 안착을 위해 대단히 중요한 의미를 지닌다는 문제의식을 견지하고, 이를 현실 속에서 점검하기 위해 심혈을 기울였다. 경제학, 사회학, 경영학 등 여러 분야의 연구자들이 함께 참여해서 진행한 연구와 토론의 경험 또한 이 연구를 통해 얻을 수 있었던 소중한 경험이다. 한국지방분권아카데미는 앞으로도 지방분권과 지역혁신을 위한 심도 깊은 전문적 연구 성과를 축적하고, 이를 지역혁신의 지적 자산으로 활용하기 위한 노력을 수행할 것이다. 이 연구의 결과를 지역혁신과 지방분권을 위해 보이지 않는 곳에서 헌신적으로 일하고 계신 분들에게 바친다.

2007년 3월
안동규(한국지방분권아카데미 원장)

1부

글로벌 자본주의와 혁신 클러스터: 이론과 현실

1장 글로벌 자본주의 하 한국 경제의 진로와 지역혁신

조성재(한국노동연구원 부연구위원)

1. 들어가며

한국 경제는 1997년의 외환금융위기를 성공적으로 극복한 듯이 보였지만, 최근 위기적 상황이 지속되고 있어 특히 서민들의 생계를 크게 압박하고 있다. 그런데 단순히 순환적 요인에 의한 경기침체뿐 아니라 대기업과 중소기업, 수도권과 지방, 수출과 내수, 노와 사, 정규직과 비정규직, 첨단과 재래, 제조업과 서비스업 등 부문별로 양극화와 분절화 현상이 심화되고 있어 사회적 갈등 또한 위험한 수준으로 치닫고 있는 것으로 보인다. 게다가 전반적인 투자 부진 현상까지 겹쳐 성장잠재력의 고갈까지 우려되고 있으며, 고용 없는 성장(jobless growth)도 현실화되는 것이 아닌가 염려되는 상황이다. 외적으로는 중국 경제가 급부상하여 기회요인만큼 위협요인으로 작용하고 있고, 한 · 칠레, 한 · 싱가포르 FTA 체결에 이어 일본과도 FTA가 추진되는 등 대외개방과 해외진출이 본격화되어 이른바 글로벌 경쟁을 피부로 느끼는 시대에 접어들었다.

글로벌 경쟁의 심화 속에서 내부적 양극화와 성장 잠재력 훼손을 극복하기 위하여 한국 경제는 어디로, 어떻게 나아가야 할 것인가? 이를 위해서는 무엇보다 한국 경제의 현 단계에 대한 정밀한 진단이 우선적으로 이루어지지 않으면 안 된다. 그렇지만 그것은 개별 연구자들의 역량을 뛰어넘는 과업일 뿐 아니라 지나치게 많은 시간이 소요되어 한국 경제가 이미 빈사상태에 빠진 후에 처방이 제시될지도 모른다.[1] 따라서 정밀 진단에 대한 노력과 더불어 다소 과감한 단순화와 대책의 제안이 필요할 수도 있다. 한국 경제의 현상을 진단하고 처방을 제시하는 데 있어서 이 글은 세 가지 준거점을 갖고 있다.[2]

그것은 기업, 지역, 노동인데, 기업은 현대 자본주의의 핵심 주체로서 국경을 넘나들며 부가가치와 고용을 창출하고 거꾸로 환경을 파괴하고 구조조정을 단행하기도 한다. 기업이 글로벌 경쟁 시대의 화려한 주역이

1) 기존의 많은 연구들과 정책연구기관들의 숱한 보고서에도 불구하고 한국 경제가 앓고 있는 양극화와 글로벌 경쟁의 심화라고 하는 것이 워낙 방대한 정보와 복잡한 이론체계를 필요로 하기 때문에 아무도 전체 그림을 그리려 하지 않는 상황이 지속되고 있다. 전체적인 패러다임의 위기에 대한 논의가 필요함에도 불구하고 부분균형분석에 익숙한 연구자들의 습성상 일반균형과 전체 사회경제의 위기에 대한 논의는 저널리즘의 차원이나 개별 정책의 나열 차원에서 벗어나지 못하고 있는 것이다. 이 글은 이러한 교착상태를 벗어나기 위하여 사실에 대한 엄밀한 증명보다는 한국 사회경제의 큰 그림에 대한 가설 중심의 과감한 논의를 제기하고, 이에 대한 처방까지도 제안하고자 한다. 때로는 직관적 논의가 엄밀한 과학적 증명을 위한 토대를 제공하기도 한다는 것으로 다소의 위안을 삼으면서 한국 경제의 전반적 문제에 대하여 쟁점과 가설들을 제기하고자 하는 것이다.

2) 앞서 언급한 바와 같이 이 글에서 정교한 이론적 논의를 전개하지는 않는다. 다만 참고문헌에 제시된 바와 같이 주로 구제도 및 신제도경제학에 입각하여 한국 경제를 해석하고자 한다는 점만을 밝혀둔다.

라면 지역은 조연 역할을 수행하면서 기업과 노동을 매개한다. 노동은 곧 인간의 문제로서 자기실현의 구체적 과정일 뿐 아니라 노동력의 재생산 과정은 곧 지역사회의 복지와 문화에 관한 문제로 귀착된다. 특히 오늘날 노동은 지식자본의 전달자로서 새로운 성장의 원천으로 기능을 하고 있기도 하다. 따라서 노동의 문제는 다시 기업의 문제로 환류되는데, 우량기업이 양질의 일자리(decent job)를 제공하고 인적 자원을 충분히 활용하는 데 반하여 한계기업들은 인적 자원의 재편을 통하여 환경 변화에 적응할 수 있는 시기를 놓친 기업이다. 따라서 경쟁력을 기준으로 기업을 분류할 수 있을 뿐 아니라 대기업과 중소기업, 수도권과 지방, 발전하는 지역과 쇠퇴하는 지역, 그리고 정규직과 비정규직 등으로 기업, 지역, 노동은 다시 세분화되며, 이들간의 보완과 대체, 경합과 협력의 복잡한 상호관계가 국민국가의 글로벌 경쟁에 대한 대응능력을 좌우할 것이다.

세 가지 준거점 가운데 글로벌 경쟁 시대의 지역사회의 역할에 대해서는 세방화(glocalization)와 관련된 많은 논의들이 있어 왔지만, 이 글에서는 이것이 글로벌 자본주의 하 한국 경제의 진로와 어떻게 연관되는지를 중점적으로 살펴보고자 한다. 이를 위하여 2절에서는 한국 경제의 현실을 기업 및 노동에 초점을 두고 서술하고, 3절에서는 글로벌 자본주의의 유형을 구분하면서 한국이 취할 수 있고, 취해야 할 발전 전략에 대한 논의를 제기한다. 4절에서는 3절의 논의에 이어 구체적으로 한국 경제의 진로와 관련된 일반적 논의와 지방 중소기업에 초점을 맞춘 논의로 나누어 전개하고자 한다. 마지막으로 맺음말에서 각 주체의 실천과제를 정리하는 것으로 글을 마무리할 것이다.

2. 한국 경제의 현실

한국 경제가 직면한 성장 잠재력의 훼손과 양극화 현상을 쉽게 이해하는 한 가지 방법은 기업들의 재무제표를 살펴보는 것이다. 여기서는 산업은행이 매년 발간하는 『기업재무분석』 자료를 이용하여 지난 10여 년간 한국 경제를 움직이는 기업들이 어떻게 글로벌 경쟁 환경에 대응해 왔는가를 살펴보고자 한다. 그런데 경제 전체에 거시 지표에 대해서는 많은 논의들이 있어 왔으므로 여기서는 중화학공업 중심의 수출주도형 성장 전략을 취해 온 한국 경제의 특성을 감안하여 우선 제조업과 자동차, 전자, 조선, 철강, 화학 등 주요 산업의 경영 지표를 통하여 선도 부문의 특징을 파악하고자 한다.

[그림 1-1]은 각 산업에서 종업원 수 300인 이상 대기업 부문의 매출액 증가율 추이를 보여 준다. 한눈에 외환위기 이전보다 성장세가 둔화된 것

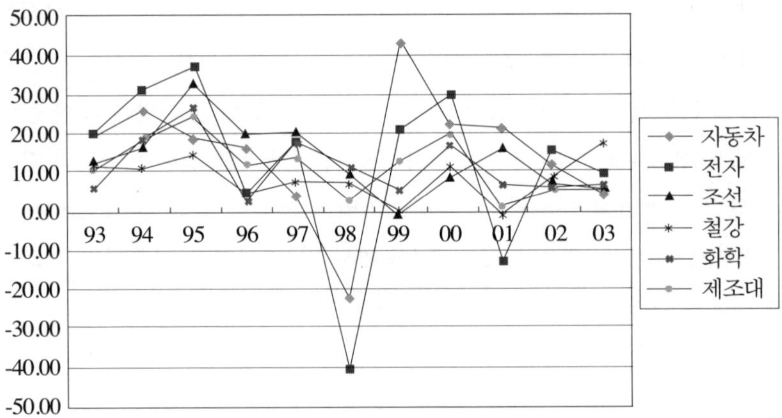

[그림 1-1] 산업별 대기업의 매출액 증가율 추이

자료: 산업은행, 『기업경영분석』, 각 연도

이 확인된다. 그리고 그것은 주요 5개 산업에서 공통적으로 나타나고 있는 현상이다. 물론 2001년에는 IT 버블의 붕괴와 국제 반도체 가격의 하락으로 인하여 전자 산업이 마이너스 성장을 기록하였고, 최근에는 중국의 산업화에 힘입어 철강 산업의 성장세가 회복된 것이 두드러지지만, 제조업의 대기업 평균은 외환위기를 거치면서 성장세가 완만하게 둔화된 것이 뚜렷하다. 그리고 여기서는 제시하지 않지만, 중소기업의 경우에도 이러한 성장성 둔화는 공통적인 현상이다.

한편 다음 [그림 1-2]에서 보이듯이 설비 투자에 대한 대리 지표로 해석되는 유형자산 증가율이 주요 업종과 제조업 대기업에서 전체적으로 제로 수준에서 나아가 마이너스로까지 떨어졌다. 마이너스는 인플레로 인한 자산가치의 조정에 따른 것이다. 결국 새로운 투자가 충분히 이루어지고 있지 않다는 것인데, 이는 투자 부진이 최근의 일시적 현상이 아니라 한국 경제의 구조적 현상임을 보여 주는 결과이다. 중소기업 역시 대기업보다는 덜하지만, 투자 부진 현상을 나타내고 있다.

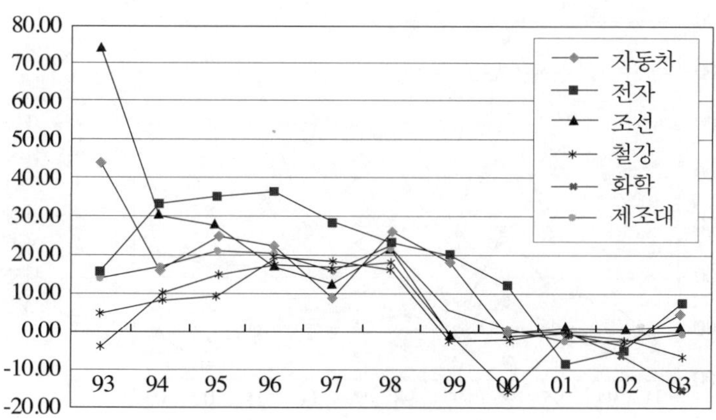

[그림 1-2] 산업별 대기업의 유형자산 증가율 추이

자료: 산업은행, 『기업경영분석』, 각 연도

다행히 [그림 1-3]에서 보듯이 연구개발 투자는 외환위기 당시의 저조한 상태를 벗어나 과거 수준을 회복했음을 나타냈다. 그러나 제품수명주기가 짧고 제품이 다양한 전자와 자동차의 연구개발 수준이 높고 과거 수준을 넘어서고 있는 데 비하여 철강, 화학, 조선 등의 연구개발 성향은 미진한 것으로 보인다. 이는 성숙기술과 기존설비를 활용한 매출 증대 전략 이외에 고급기술을 개발하여 적용하는 고부가가치화 전략이 미흡한 것이 아닌가 하는 우려를 불러일으키고 있다.

그렇다면 중소기업의 연구개발 투자 성향은 어떠할까? [그림 1-4]는 대-중소기업간 연구개발 투자의 상대비를 표현한 것인데, 앞서 [그림 1-3]과 종합해서 판단하면 전자 산업이 대기업과 더불어 중소기업에서도 투자 성향이 매우 높음을 알 수 있다. 이에 비해 자동차, 조선, 철강 등은 대기업으로 연구개발활동이 치우치고 있음을 보여 준다. 더욱이 조선과 철강 등은 대기업의 기술개발 투자 성향도 높지 않았기 때문에 혁신 전략이 미흡한 것이 아닌가 우려되고 있는 상황이다. 또한 제조업 전체적으로

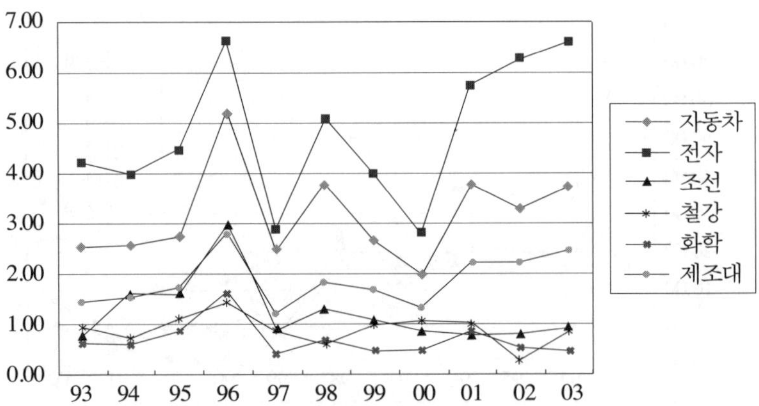

[그림 1-3] 산업별 대기업의 매출액 대비 연구개발 투자 추이

자료: 산업은행

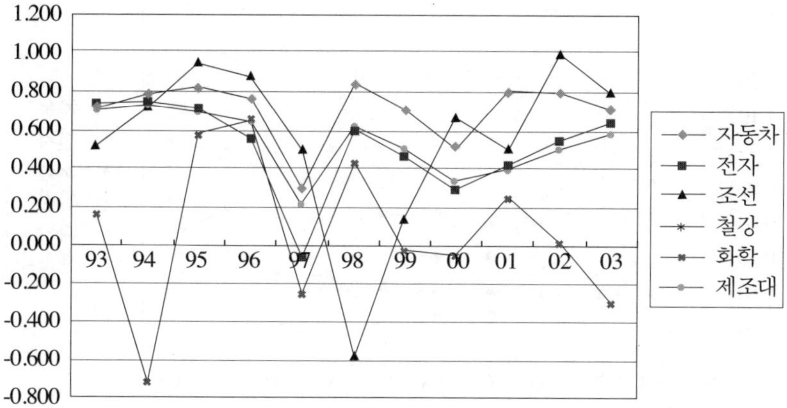

[그림 1-4] 매출액 대비 연구개발 투자의 대-중소기업간 상대비

자료: 산업은행

주: [(대기업 매출액 대비 연구개발 투자비율-중소기업 매출액 대비 연구개발 투자비율)/대기업 매출액 대비 연구개발 투자비율]로 구한 상대비의 연도별 추이임.

보았을 때 최근 3년간 대기업으로 연구개발 투자가 집중되고 있어 중소기업들의 기술개발활동이 상대적으로 위축되고 있는 것이 확인된다.

[그림 1-5]는 산업별 대기업의 총자산회전율(매출액/총자산)을 나타내는데, 외환위기 이전 수준을 훌쩍 넘어서서 활동성이 크게 제고되었음을 보여 준다. 특히 자동차 산업의 경우 증가세가 현저하며, 전자 산업을 제외하면 대부분 외환위기 이전 수준을 상회하고 있다. 이는 자산을 효율적으로 이용한다는 차원, 그 자체로서는 바람직한 변화이지만, 그것이 설비투자활동의 부진과 결부되어 있다는 점에서 염려를 낳기도 한다. 더욱이 중소기업들의 경우는 대기업만큼 총자산회전율의 상승세가 뚜렷하지 않다. 이는 조성재 외(2004)에서 지적하고 있듯이 대기업은 아웃소싱의 확대를 통하여 자산이용의 효율성을 크게 높인 데 비하여 중소기업은 대기업의 외주 물량을 받음으로써 일정하게 투자 확대하기가 불가피했기 때문이다.

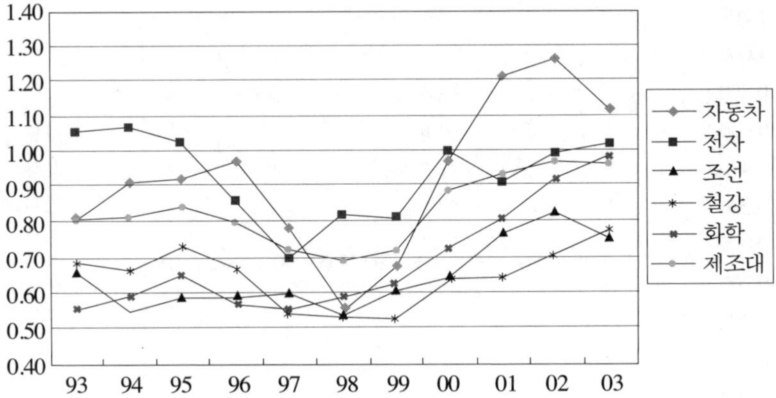

[그림 1-5] 산업별 대기업의 총자산회전율 추이

자료: 산업은행

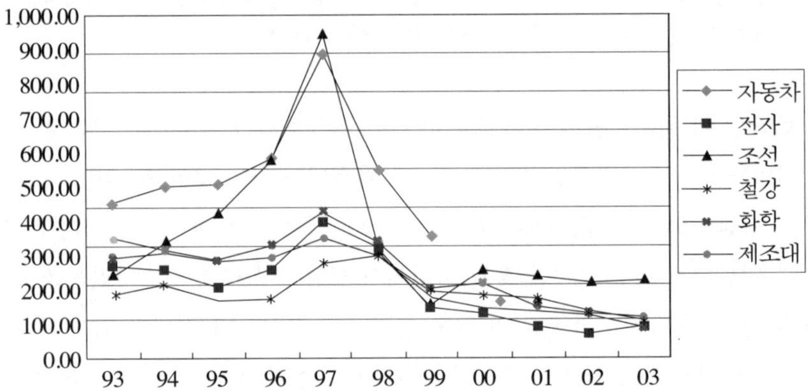

[그림 1-6] 산업별 대기업의 부채비율 추이

자료: 산업은행

투자 부진과 그로 인한 활동성 증가는 부채비율의 감소와도 관련되어 있다. [그림 1-6]에서 볼 수 있듯이 차입에 의한 고도성장을 추구했던 한국의 대기업들은 외환위기를 거치면서 부채비율 200% 이하 정책을 충실히 따랐고, 주요 산업과 대기업에서는 100% 미만 수준을 유지하고 있다.

정도는 이에 미치지 못하지만, 중소기업들의 경우에도 부채비율은 크게 떨어졌으며, 투자 자금은 주로 내부 유보에 의하여 조달하는 양상이 전개되고 있다.

투자 자금을 내부 유보로 조달하기 위해서는 이윤이 확보되지 않으면 안 된다. 더욱이 이자보상배율을 따지고 주가의 변동에 기업들이 민감하게 되었기 때문에 단기적인 이익을 확보하는 것은 기업들의 사활적 이해가 걸린 문제가 되었다. 이제 기업들의 수익성이 어떻게 변화했는가를 살펴보도록 하자. 우선 제조원가의 구성 변화를 볼 필요가 있는데, [그림 1-7]에 의하면 대기업들의 경우 노무비 비중이 크게 하락하였음이 나타난다. 이는 일반적으로 대기업 정규직 노동자들의 임금 수준이 높다는 상식과 부합하지 않는 것처럼 보인다. 그러나 앞서 대-중소기업간의 활동성 차이를 설명한 것과 마찬가지로 대기업의 아웃소싱 확대에 의하여 대기업의 고용량이 줄어듦으로써 개별 노동자의 임금은 상승하지만, 전체 노무비 비중은 하락한 것이다.

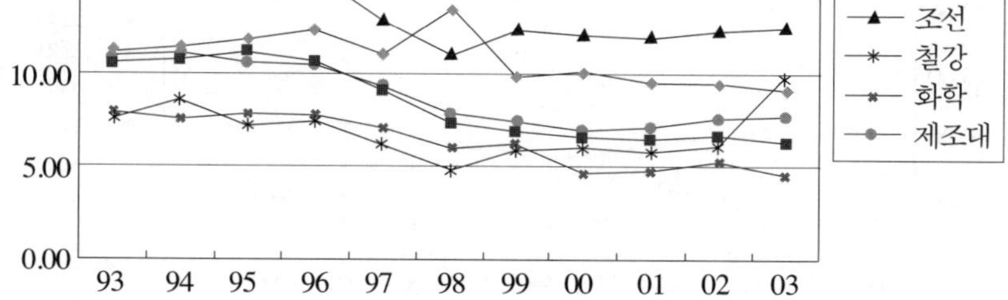

[그림 1-7] 산업별 대기업의 노무비 비중 추이

자료: 산업은행

〈표 1-1〉은 이와 관련하여 흥미로운 사실을 보여 준다. 즉 300인 이상 대기업에 종사하고 있는 노동자 수는 외환위기를 거치면서 상대적으로도 절대적으로도 줄어들었고 중소기업 노동자 수가 증가하였다는 점이다. 하도급구조와 관련한 조성재 외(2004)의 연구에 따르면 아웃소싱은 2차, 3차로 중층화되면서 특히 100인 미만 사업장으로 고용이 집적되고 있다. 이는 중소기업에서도 노무비 비중이 완만하게나마 하락하고 있는 현상으로 귀결되었다(조선 산업 예외). 이와는 달리 중소기업들에서 외주가공비는 크게 증가하였는데, [그림 1-8]은 이러한 양상을 확인시켜 주고 있다.

〈표 1-1〉 연도별 · 규모별 임금근로자 수

(단위: 천 명, %)

연도	1~9인		10~299인		300인 이상		전체		임시일용직 비중
1995	4,607	35.7	6,421	49.8	1,871	14.5	12,899	100	41.9
2003	5,260	36.5	7,353	51.1	1,789	12.4	14,402	100	49.5

자료: 통계청, 『경제활동인구조사』, 각 연도

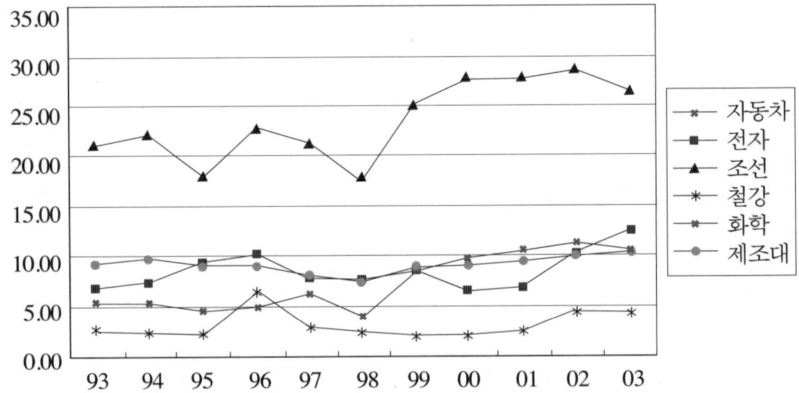

[그림 1-8] 산업별 중소기업의 제조원가 중 외주가공비 추이

자료: 산업은행

분명히 이 같은 외주 확대는 외부에 저임금 노동자층이 광범하게 존재하기 때문에 이루어지는 것이다. 상용직 이외에 임시직과 일용직의 비중이 절반에 달한다는 것은 이제 널리 알려진 사실이며, 상용직 내에서도 기업 규모간의 임금격차는 나날이 확대되고 있다. 〈표 1-2〉에서 볼 수 있듯이 500인 이상 사업장에 비하여 10인 미만 사업장 노동자의 임금은 2000년 58.0% 수준에서 2003년에는 50.7% 수준까지 하락하였다. 이는 기업 규모간 지불능력 격차로 인하여 임금 수준의 차이가 날로 확대된다는 것을 시사한다.

〈표 1-2〉 기업 규모별 임금 수준 및 상승률 동향

(단위: 천 원/월, %)

	2000		2001		2002		2003	
5~9인(A)	1,274	(6.8)	1,344	(5.5)	1,466	(9.1)	1,543	(5.2)
500인 이상(B)	2,195	(8.7)	2,313	(5.4)	2,718	(17.5)	3,043	(11.9)
임금격차(A/B)	58.0		58.1		53.9		50.7	

주: ( )의 수치는 전년동기대비 증감률

자료: 노동부, 『매월노동통계조사보고서』, 각호.

결국 기업 규모간 임금격차는 더욱 심화되는데, 이를 이용하여 대기업과 중기업이 외주 확대로 합리화를 달성한 결과, 그리고 은행 차입을 자제하여 이자비용을 크게 줄인 결과 대기업과 중소기업 모두 수익성은 크게 개선된 것으로 나타난다. 그러나 최근 2~3년간은 특히 대기업과 중소기업의 수익성 격차가 크게 확대되고 있는 양극화 현상이 관찰된다. 결국 대기업과 그 정규직을 정점으로 중기업, 소기업, 그리고 이들에 속한 노동자와 비정규 노동자에 이르기까지 한국 경제는 핵심과 주변으로 성층화 현상이 급속히 진행되어 온 것이다.

이제 그 결과를 부가가치의 구성 변화를 통해 살펴본 것이 [그림 1-9]

이다. 여기서 확인할 수 있듯이 전체적으로 인건비와 감가상각비, 순금융비용 등의 비중이 높은 편이나, 외환위기 이후는 대, 중소기업 모두 경상이익 비중이 크게 증가하였다. 즉 산업의 수익성이 크게 제고된 것이다. 감가상각비 비중도 특히 대기업에서 크게 늘어났기 때문에 수익성 개선은 주로 인건비의 감소와 순금융비용의 하락에 의하여 설명될 것이다. 부채비율이 크게 하락하는 등 안정성 위주의 경영 속에서 순금융비용은 감소하고 내부 자금으로 주로 투자활동을 전개하거나 투자를 준비한다는 행태 변화는 감가상각비의 비중 증가로 나타났다. 결국 경상이익의 비중 증가와 인건비의 비중 감소가 대비되고 있음을 알 수 있다. 대기업에서 이러한 특성이 강하게 나타났으며, 중소기업의 경우는 경상이익의 비중 증가와 순금융비용의 비중 감소가 대기업보다 현저한 것으로 나타났다.

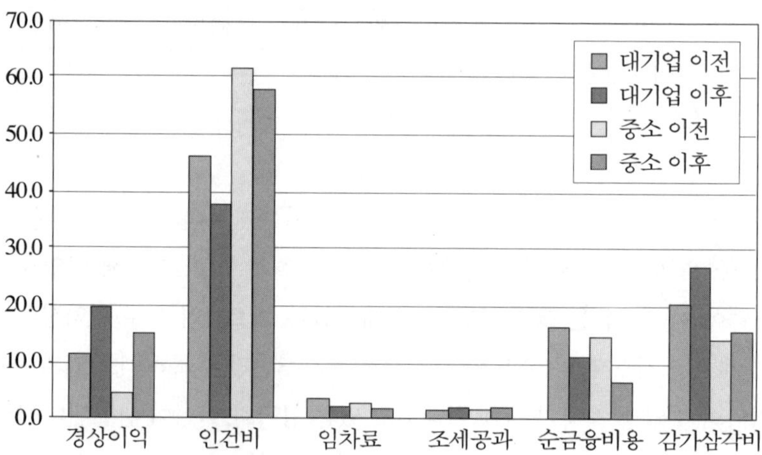

[그림 1-9] 외환위기 이전과 이후의 제조업 기업 규모별 부가가치 구성 비교

자료: 산업은행

주: 외환위기 이전은 93~95년의 3개년 평균치, 외환위기 이후는 01~03년의 3개년 평균치임.

결국 외환위기 이후 기업들은 금융기관 등으로부터 자금을 차입하여 새로운 투자활동을 적극적으로 벌이기보다는 내부 자금으로 투자를 소극적으로 전개하면서 기존 자산을 최대한 활용해서 활동성을 증진시켰으나, 성장성 자체는 그다지 높지 않았으며, 수익성 개선에 최대한의 노력을 경주하는 가운데 인건비를 합리화하는 방안들을 사용했음을 짐작할 수 있다. 대기업들은 인건비를 합리화하기 위하여 외주를 확대한 것으로 추정되며, 이것은 중소기업의 인건비 비중 하락이 대기업보다 작은 이유의 일부를 설명해 주고 있다.

이제까지의 논의 내용을 종합해 보면 [그림 1-10]과 같이 한국의 수출을 이끌고 있는 주력 제조업 부문의 경영실태가 요약된다. 경영지표들을 분석한 결과 외환위기 이후 우리나라 기업들은 은행으로부터 차입을 줄이고 새로운 설비 투자에 소극적이어서 매출액 증가율로 나타난 성장성은 둔화되었지만, 총자산회전율로 표시한 활동성은 제고된 것으로 나타났다. 그 결과 이자비용이 감소하고 자산 이용의 효율성이 높아져 매출액 대비 경상이익률로 파악된 수익성은 크게 상승하였다. 고도성장과정에서 차입에 의한 성장 극대화를 추구하였던 것에 비하면 이익 극대화 원리가 정착된 것으로 해석된다.

그런데 바로 이 지점에 중소기업과 노동자들의 어려움이 존재한다. 즉 새로운 투자를 확대하기보다 기존 자산을 최대한 활용하여 수익성을 제고하는 과정에서 외주화가 확대되었으며, 그것은 수급기업 비중 증가로 나타났다.[3] 외주 확대는 대기업에서 중기업에 그치지 않고, 중기업에서 다시 소기업으로, 영세기업으로 층층이 확대되었으며, 이는 중소기업의

3) 이는 중소기업협동조합의 인터넷 홈페이지에서 확인 가능하다. 외환위기 이전 50% 내외에 그치던 수급기업 비중은 외환위기 이후 63~67% 수준에 달하게 되었고, 특히 2차 수급기업의 비중이 높아졌다.

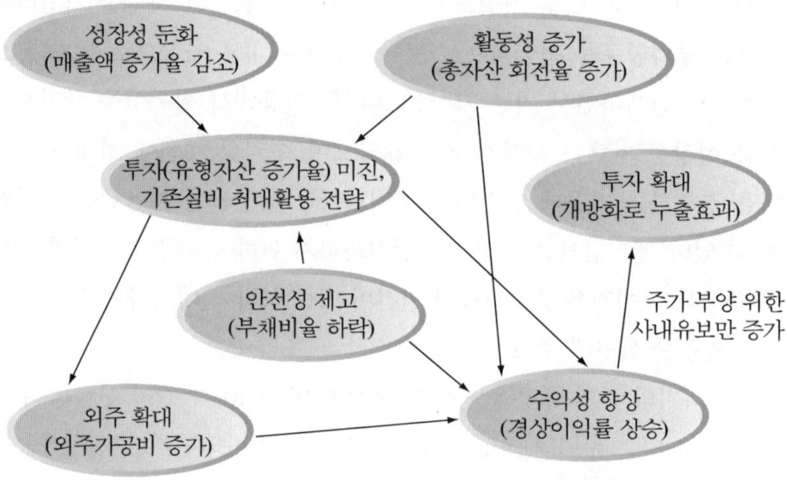

[그림 1-10] 중공업 부문의 외환위기 이후 경영실태

외주 가공비 급증으로 나타났다. 이러한 외주 확대는 전통적인 하도급구조 하에서 진행되었기 때문에 중소기업들은 투자 확대로[4] 대기업보다 높은 성장세를 보이면서도 수익성은 그다지 높아지지 않은 것이다. 특히 최근 2년간은 매출총이익률, 영업이익률, 경상이익률 모두 대-중소기업간 차이가 확대되어 양극화 현상을 확인할 수 있었다. 그러나 대기업의 경우에도 높은 수익성은 재투자로 연결되기보다는 주가 부양과 현금 보유 증가로만 활용되고 있는데, 이는 외국인 투자 확대로 의하여 적대적 인수합병(M&A) 위협이 상존하고 있기 때문이다. 결국 글로벌 자본주의에 대한

4) 외환위기를 거치면서 설비 투자 동향의 대표적 지표인 유형자산 증가율에서 대-중소기업간 역전 현상이 나타났다. 즉 대기업은 유형자산증가율이 제로이거나 인플레이션으로 인하여 마이너스인 경우도 발생하지만, 외주 물량이 증가한 영향으로 중소기업들은 투자를 늘려 유형자산증가율이 대기업보다 더 높아졌다. 이는 자본비용 절감을 위하여 하도급 거래를 확대한다는 주장을 뒷받침해 주는 결과이다.

개방효과는 대기업에서 중소기업으로, 정규직에서 비정규직으로의 부담 전가 메커니즘에 의하여 양극화 현상을 심화시키고 성장잠재력을 훼손하고 있는 것으로 보인다.

한국 경제의 주력 부문에서 나타난 이러한 현상은 다른 요인과 결부되면서 전체적인 경제 위기를 촉진하고 있다. 그 대표적인 것이 양질의 일자리에서 배제된 인력이 중소기업이나 비정규직으로 하향 취업할 뿐 아니라 서비스업 부문으로 집적되고 있는 것이다. 또한 소상공인의 형태로 전업하게 되는데, 이는 다시 중소기업과 영세 자영업 부문의 과당경쟁을 불러일으킴으로써 생존의 공간이 더욱 좁아지게 된 것이다. 〈표 1-3〉은 이러한 각 부문의 양극화 현상을 집약해서 설명하고 있다. 과거에는 재벌이 선도하고 부품 국산화를 매개로 부품 · 소재 산업을 육성하던 성장 전략을 취하였는데, 외환위기를 거치면서 살아남은 소수의 재벌에 대한 경제력 집중이 더욱 심화되는 한편 이들은 글로벌 소싱 전략을 구사하면서 더 이상 오랜 시간이 소요되고 효과도 불확실한 중소 협력업체 육성에 소극적이게 되었다. 또한 대기업의 단기 이익 극대화 원리로 인하여 납품가격을 인하하는 관행이 고착되어 중소기업들은 출혈경쟁 하에서 생존의 위기에 내몰리게 되었다. 이러한 대-중소기업간 양극화 현상이 중소기업을 기반으로 한 성장잠재력을 위협하고 있음은 물론이다. 수도권과 지방의 양극화 현상에서 주목할 것은 이제 경부축 중심의 발전 전략도 전통 제조업의 위기로 효과성이 약화된 가운데, 지방의 풍부한 잠재적인 역량이 활용되지 못하고 있다는 점이다.

아울러 노동 문제에서도 자본과 기계 중심의 노동배제적 산업화 전략이 수정되지 못하고 양적 유연성에 과도하게 의존하는 체제가 형성됨으로써 고임금 노동자들은 노동의 소외에서 벗어나지 못하고 있으며, 저임금과 비정규 노동자들은 기본 생계를 걱정해야 하는 위기에 처해 있다는 점이다.

요컨대 양극화 현상이 구조화되면서 한국 경제는 있는 자원을 충분히 활용하지 못하는 현상을 빚고 있으며, 특히 우수한 인적 자원이 풍부함에도 불구하고 이들이 저임금으로 인하여 숙련을 향상시키는 것은 물론 노동력의 재생산조차 위협받고 있다. 더욱이 노동운동이 기업별 노조체제로 분산되어 있어서 이러한 양극화 현상에 대하여 길항작용(countervailing power)을 제대로 하지 못하고 국가복지와 사회복지도 미흡한 상황은 사회통합의 붕괴까지 우려해야 할 상황으로 치닫고 있는 것이다.

〈표 1-3〉 한국 경제의 부문간 분절화 · 양극화 현상

	대-중소기업	수도권-지방	노-사	정규-비정규
기존 전략	· 재벌 중심 · 부품 국산화 노력	· 경부축 중심 개발	· 노동배제적 산업화	· 기업별 노조 · 정규직 중심 운동
외부 환경 변화	· 글로벌 경쟁의 심화 · 글로벌 소싱의 · 내수 침체	· 수도권 과밀로 요소가격 상승 (집적의 불경제) · 지방은 자원부족	· 자본 · 기계 중심의 추격(catch-up) 전략의 한계 노정 · 성숙기술 부문에서 저임금 무기로 중국 등이 추격	· 정규직 노동시장의 경직성과 고임금화 심화 · 근로자간 격차확대 · 비정규직 확대
주체여건 변화	· 중규모 재벌 · 중견기업 약화 · 하도급거래 불공정거래 확대 · 중소기업 과당경쟁	· 제조업 공동화와 전통 산업 위기로 영남권도 정체	· 주가 중심 경영 · 상시적 구조조정에 따른 고용불안정 · 묵시적 고용안정 계약 약화	· 노동시장 이중구조화 심화 · 사회안전망의제한적 확충
문제의 심화	· 수출 대기업과 내수/하도급 중소기업의 양극화 · 첨단과 재래의 괴리	· 자원 과잉과 부족의 병존 · 성장잠재력 확충의 한계	· 노사관계의 경직성 심화 · 경쟁력원천의 고갈	· 빈부격차 심화 · 출산율 저하 · 인적 자본 축적 기회의 상실

3. 글로벌 자본주의와 한국 경제의 진로

(1) 글로벌 자본주의와 강중국(强中國) 모델

무역 및 투자의 자유화뿐 아니라 외환거래 및 금융의 자유와 이동성이 전자거래라는 하드웨어의 뒷받침에 의하여 가속화되어 온 현실은 이제 말 그대로 지구화가 코앞의 현실임을 드러내 주고 있다. 그런데 이러한 통합된 글로벌 자본주의는 한 가지 경제원리, 즉 시장에 의하여 자원배분이 기획되고 완결되는 시스템으로 나아갈 것인가? 특히 미국 경제의 우위와 기축통화로서의 달러의 지위로 인하여 이른바 앵글로-색슨 유형의 신자유주의가 전 지구의 경제원리로 자리 잡을 것인가에 대한 논란이 끊이지 않고 있다.

과거 1980년대까지는 일본과 독일 경제의 부흥과 발전에 따라 일본형과 독일형을 영미형과 구분지어 다양한 발전의 길이 가능하다는 논의가 주류를 이루었으나, 1990년대 미국의 장기 호황과 독일 및 일본의 경제 침체, 그리고 이들 국가에서 영미식으로의 일부 경제제도의 수정이 나타나면서 앵글로-색슨형 신자유주의의 우월성을 주장하는 목소리가 높아지고 있다. 그러나 독일형과 일본형의 유효성이 아직도 지속되고 있다는 다양화된 발전 경로에 대한 논의도 적지 않게 제기되고 있으며, 더욱이 유럽 강소국들의 경제적 성공을 배경으로 코포라티즘(Corporatism)에 기반한 글로벌 경제에 대한 대응능력을 강조하는 흐름도 새로이 형성되어 왔다.

〈표 1-4〉는 이러한 논란을 염두에 두고 선진 자본주의의 경제 유형을 구분해 본 것인데, 다소 과감한 단순화에도 불구하고 영미형을 예외로 하면 다른 발전 모델들은 기업을 둘러싼 다양한 이해당사자들(stakeholders)간

〈표 1-4〉 선진 자본주의 국가의 경제 유형

	영미형	독일형	일본형	유럽 강소국형
소유지배구조	소유분산과 전문 경영체제(80년대 이후 경영자 재량권 약화)	공동결정제도와 메인뱅크시스템을 통한 이해당사자 균형	기업간 상호 주식 보유, 내부 승진 경영자, 주거래은행의 감시와 지원	기업지배권 보호(차등주식제, 지주회사제) ※안정주주 공작
자금조달	내부 유보와 회사채(미), 주식(영)	내부 유보와 은행 대부	은행대부와 무역금융(종합상사)	은행 중심
노동	시장거래중심(기회의 균등과 유연한 노동시장)	강한 산별노조와 발달된 직업훈련 제도	기업 내부 노동 시장과 노사협조주의	사회협의주의, 노동시장의 유연안전성(flexicurity)

의 조율과 협력, 그리고 이들의 역할 확대를 중시하고 있음을 알 수 있다.

그렇다면 한국의 경우는 어떠한 발전 모델이 가능할 것인가? 글로벌 경제 통합을 주어진 외적 조건으로 간주한다면, 내적으로 한국은 물적 자원은 빈약한 데 비하여 우수한 인적 자원이 풍부하다는 특징을 갖고 있다. 또한 유럽 강소국들과는 달리 인구가 4,000만 명 이상으로서 중규모의 내수시장을 갖고 있음을 유념할 필요가 있다. 즉 미국이나 일본에 비하여 내수 규모가 작아 수출지향의 발전을 지속해야 하지만, 나름대로 내수 기반을 확충할 여지가 있기 때문에 수출과 해외진출에 따른 불안정성을 보완할 수 있다는 장점이 있다.

외환위기 이후 한국 경제의 진로와 관련한 논의에서 이러한 내수의 중요성에 대한 인식은 크게 부각되어 오지 못한 것으로 보인다. 그러나 최근 내수 부진이 사회적 통합성을 위기에 빠뜨릴 뿐 아니라 대기업의 더 큰 도약을 저해하는 요인이 되고 있다는 점에서 성장에서 분배로, 분배에서 성장으로 이어지는 선순환구조를 확립하는 것은 대단히 중요한 한국 경제의 과제임을 알 수 있다. 또한 빈곤한 물적 자원을 효과적으로 활용하기 위해서는 특히 지역별로 선택과 집중을 통하여 글로벌 시장에서도 통용될 수 있는 독특한 경쟁력을 창출하는 것이 필요하다. 가장 중요한 것은 이러한 지역혁신을 포함하여 한국 경제 전체가 인적 자원과 지식자본에 기반하여 새로운 질적 도약을 이루어야 한다는 점이다. 우수한 인적 자원을 충분히 활용하여 한편으로는 대기업들이 글로벌 기업으로 도약할 수 있도록 하고, 다른 한편으로는 하도급 중소기업들이 이들을 뒷받침하면서도 독자적인 발전의 길을 걸어 고부가가치화를 달성할 수 있도록 해야 할 것이다. 그리고 이러한 중소기업의 자립과 발전을 위해서는 특히 지역단위의 혁신체제 구축이 가장 긴요할 것임을 알 수 있다.

아울러 유럽 강소국같이 글로벌 경제에 대한 개방으로부터 오는 충격

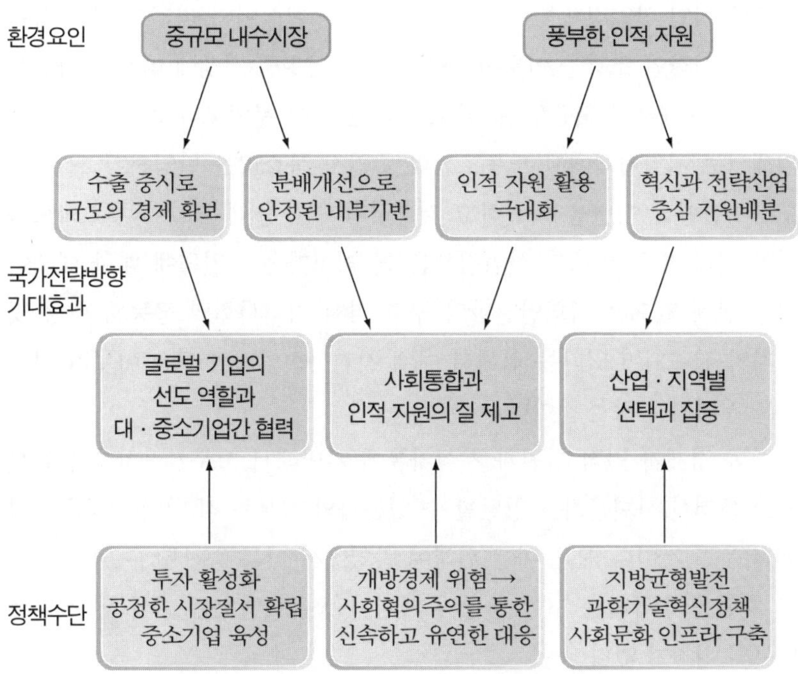

[그림 1-11] 강중국 모델과 한국 경제의 활로

을 흡수하고 유연하게 대처할 수 있도록 사회적 주체들의 타협과 협력의 문화를 형성하고 사회안전망의 구축을 통하여 소외와 배제가 구조화되지 않도록 해야 할 것이다. 그리고 이를 위해서는 노동조합을 사회의 한 주체로 적극적으로 인정하고, 노동운동 역시 보다 유연한 전략전술을 개발할 필요가 있다.

우리는 여기서 특히 지역사회와 지방정부의 역할을 강조하고자 하는데, 그것은 무엇보다 글로벌 통합경제 하에서 국민국가가 지닐 수 있는 재정 및 금융정책상 재량권이 크게 축소되기 때문이다. 중국을 제외한 대부분의 국가에서 변동환율제도를 채택하고 있으며, 외환금융시장의 완전한 개방 하에서 이자율 역시 평준화되는 현상은 개별 국가의 대응능력을 현저히 떨어뜨리고 있는 것이다. 더욱이 WTO체제 하에서 이제 국민국가는 적극적인 산업정책을 실시하기도 어려운 현실이다. 따라서 지역 차원에서 미시적인 조정을 이루어 나감으로써, 글로벌 경쟁에 따른 불확실성에 경제 주체들이 적응할 수 있도록 하는 것이 무엇보다 필요하다. 이를 위해서는 지역사회에서 노동조합의 합리적 목소리를 반영하기 위한 제도적 · 관행적 기반을 마련하고 서민금융기관 등의 역할이 제고되도록 해야 한다. 또한 미래의 산업정책은 곧 지식자본과 인력에 대한 대책이 될 수밖에 없으며, 사회안전망의 구축 역시 지역사회의 공동체 형성 및 유지와 관련되어 있다는 점에서 이제 지역사회의 중요성은 아무리 강조해도 지나치지 않을 것이다.

한국 경제가 인적 자원과 지식자본에 기반해서 고부가가치화를 달성하고 윤택한 사회문화를 창달할 수 있는가의 여부는 각 지역사회의 노력에 좌우될 것이다. 물론 이를 위하여 중앙에서 이를 촉진할 수 있는 제도와 자원을 공급하는 것이 중앙과 지방이 공존공영하는 길이 될 것임은 의문의 여지가 없다.

(2) 한국 경제의 새로운 패러다임

오늘날 한국 경제가 안고 있는 문제를 국내와 국외 요인으로 나누어 보면 [그림 1-12]와 같다. 내부적으로는 대-중소기업, 수도권과 지방, 노와 사, 정규직과 비정규직, 재래와 첨단, 제조업과 서비스업 등 각 부문별로 양극화와 분절화 현상이 심화되고 있으며, 외부적으로는 WTO체제 확산과 FTA로 상징되는 블록화가 동시에 진행되는 가운데 글로벌 경쟁이 심화되고 특히 중국의 부상에 의한 위협이 가시화되고 있다.

이렇게 안팎으로 어려움에 직면한 한국 경제는 내적 양극화로 인해서 전통적 거시경제정책의 한계를 절감하고 있으며, 외부적으로도 국민국가

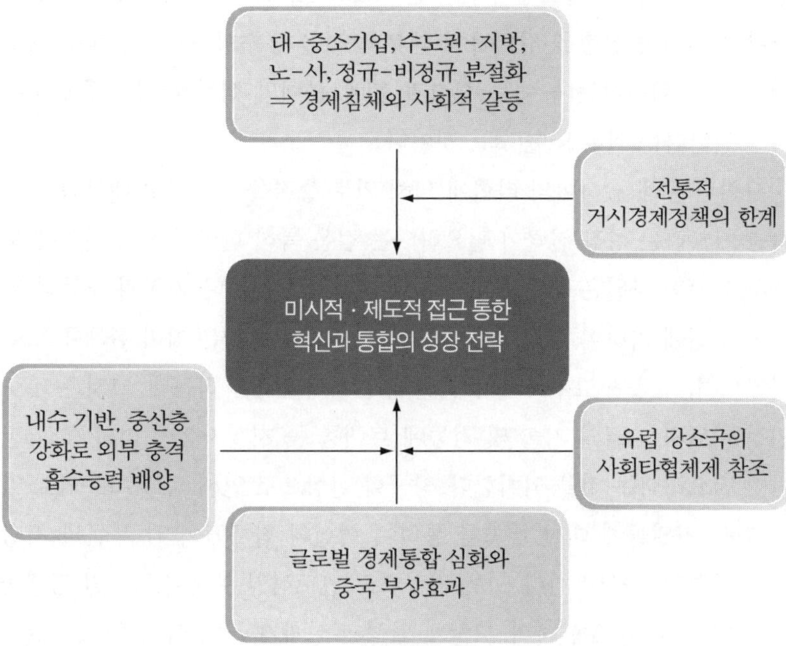

[그림 1-12] 한국 경제가 직면한 어려움과 극복 방향

가 가질 수 있는 재정 및 금융정책의 재량권 약화를 체감하지 않을 수 없게 되었다. 결국 각 주체간의 대화와 타협, 사회적 통합 등을 통한 미시적, 제도적 접근이 시장기능의 활성화와 동시에 이루어지지 않으면 투자와 소비 부진의 악순환에서 벗어나지 못하게 될 것이다.

또한 글로벌 경제의 통합성이 강화되는 가운데, 외부의 충격을 흡수하는 내부의 제도와 타협 기제들이 부족할 경우 내적 분절화와 상승작용을 일으키면서 사회적 통합성이 붕괴되고 분배에서 성장으로 이어지는 선순환구조는 기대하기 어려워질 것이다. 그러한 점에서 외적 충격을 사회적 주체들간의 타협을 통하여 슬기롭게 극복해 온 유럽 강소국들의 코포라티즘을 참조할 필요가 있다. 다만 앞서도 언급하였듯이 한국은 이들보다 인구 규모가 훨씬 크다는 점에서 우리 실정에 알맞은 강중국 모델을 창출해 나가야 할 필요성이 대두된다. 그리고 그것은 바로 내수 기반을 탄탄히 하고 중산층을 강화하여 외부 충격을 흡수할 수 있는 체력을 갖추는 것을 의미하는데, 이는 성장과 분배, 분배와 성장 간의 선순환구조를 복원한다는 의미 또한 갖는 것이다.

사회적 주체들 사이의 타협에 의해 외부 충격을 흡수하고 내부의 양극화를 지양하는 성장 전략이 필요하다는 점은 특히 한국이 물적 자원은 부족하고 인적 자원은 풍부하다는 현실에 기반한 것이다. 자본과 노동의 집중적 투입에 의하여 성숙기술을 모방하는 성장 전략은 이미 한계에 도달하였으며, 새로운 고부가가치화 전략이 제시되어야 하는데, 그것은 바로 인적 자원과 고급의 기술 및 기능에 토대를 둔 지식자본 중심의 혁신 전략이 필요하다는 것을 의미한다. 양극화 현상으로 인해 과소 이용되고 있는 인적 자원들에 대한 투자를 통하여 혁신의 잠재력이 각 부문과 지방에 충만하도록 해야 한다. 그를 바탕으로 선도적인 부분이 글로벌 경쟁을 헤쳐 나갈 수 있도록 하며, 그렇게 달성된 성과가 국내 타 부문으로 고루 퍼져 분배의 공정성을 이루고, 탄탄한 내수 기반을 형성하도록 해야 한다.

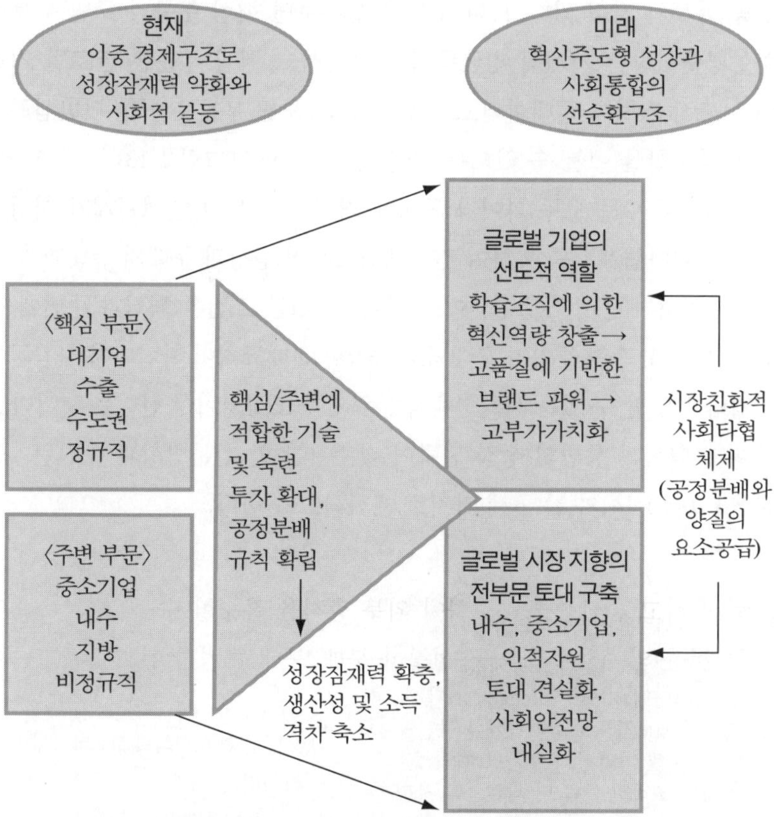

[그림 1-13] 글로벌 경쟁 하 양극화 극복을 위한 한국 경제의 미래상

[그림 1-13]은 이 같은 한국 경제의 지향점을 집약해서 보여 주고 있다. 이 그림에서 제시하는 한국 경제의 미래는 훈련된 인적 자원을 적재적소에 투입하여 대-중소기업, 수도권-지방, 노-사가 특색에 맞는 역할을 수행함으로써, 사회적 갈등을 최소화하고 통합과 협력, 연대의 가치가 성장을 견인하는 제도적 정착을 지향하는 것이다. 다시 말해서 새로운 고진로(high road) 성장 전략은, 혁신과 사회통합이 곧 성장의 원천이 될 수 있도록 사람이 지닌 무한한 잠재력을 활용하는 시스템을 만들 수 있는가에

성공 여부가 달려 있다. 보다 구체적으로 보면 핵심 부문과 주변 부문을 하향평준화하는 기계적 평균주의를 극복하고 핵심 부문은 글로벌 기업의 선도적 역할이 극대화되도록 하는 한편, 주변 부문은 이를 뒷받침하면서 사회통합을 이룰 수 있도록 해야 한다는 것을 [그림 1-13]은 강조하고 있다. 즉 양 부문 모두 파이가 동시에 커지되, 부문간 연계관계가 시장친화적 사회타협체제를 통하여 긴밀해짐으로써 성장과 분배의 선순환과 고부가가치화가 동시에 달성되어야 하며, 그 기본 조건은 핵심과 주변에 적합한 기술 및 숙련 투자가 확대되고 공정한 분배규칙이 확립되어 사람들이 신명나게 일할 수 있는 사회경제적 분위기가 조성되어야 한다는 것이다.

이제 혁신과 통합의 성장 전략이 갖추어야 할 기본방향과 추진원칙을 다음 [그림 1-14]와 같이 세 가지로 제시하고자 한다.

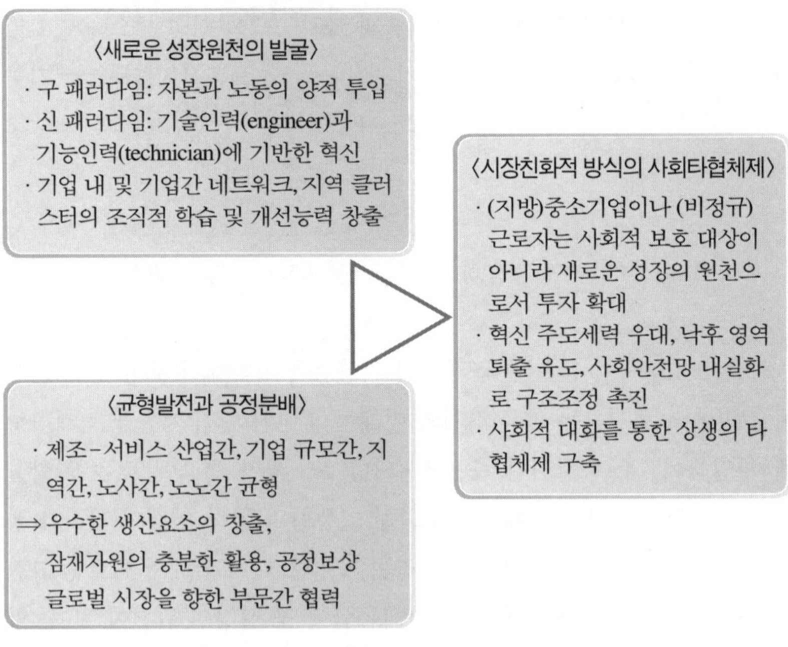

[그림 1-14] 한국 경제 진로의 기본방향과 추진원칙

첫째, 글로벌 통합경제의 경쟁력은 기술혁신역량이 좌우하므로 인적 자본에 대한 투자를 확대하여 기술과 숙련이 고부가가치화를 달성하도록 해야 한다. 앞서도 강조한 바와 같이 한국 경제는 자본과 노동의 양적 투입 확대에 의하여 성숙기술을 모방하고 추격하여 소득 1만 달러 시대를 여는 데 성공하였다. 그러나 중국, 인도 등 후발국들은 인적 자원이 풍부할 뿐 아니라 방대한 내수 규모를 토대로 한 자본축적을 통하여 선진 기계기술 도입에서도 빠르게 한국을 추격해 오고 있다. 이에 대해 경쟁력 격차를 유지해야 하는 우리나라의 주력 상품들은 제품수명주기가 짧아지고 있다는 또 다른 위협을 느낄 수밖에 없다. 결국 미래의 경쟁력은 어느 시점에서 특정한 기술을 보유하고 있는가보다 '기술혁신역량'을 갖추고 부단히 새로운 기술과 제품을 창출해 낼 수 있는가가 좌우할 것이다. 여기서 주의할 것은 첨단과학기술뿐 아니라 이를 상품화하고 효율적으로 고품질로 생산할 수 있는 응용기술과 조직능력이 더욱 중요해지고 있다는 점이다. 그러한 점에서 고급 기술인력(engineer)뿐 아니라 고급 기능인력(technician)의 능력 극대화가 한국 경제의 미래에서 대단히 중요하다. 성숙기술이라고 하더라도 개선능력과 조직의 진화능력을 보유하고 있는 도요타자동차나 유한킴벌리는 세계 초일류기업으로서 고이윤을 획득하고 있음을 눈여겨볼 필요가 있다. 한편 글로벌 경쟁 하에서는 기술과 품질에 기반한 브랜드 파워가 고부가가치화를 결정지으며, 이를 위해서는 개개 초국적기업뿐 아니라 대-중소기업간, 혹은 지역 클러스터에 기반한 중소기업들간의 네트워크 효율성이 긴요할 수밖에 없게 된다. 또한 과학기술인력뿐 아니라 현장기능인력 및 서비스 인력의 질과 조직적 학습 및 개선능력이 경쟁력을 좌우하기 때문에 노사간 신뢰와 협력이 혁신과 성장을 결정하게 될 것이다. 아울러 숙련 인력에 대한 공정한 보상이 다시 성장을 위한 기반으로 작동할 것이라는 점은 의문의 여지가 없다.

둘째, 균형발전과 사회통합 중심의 개혁이 이루어져야 더 높은 수준의 성장이 가능하다. 앞서 강조한 바와 같이 수출과 해외 투자 중심의 대기업 성과가 중소기업과 근로자에 대한 공정한 보상을 통하여 더 큰 도약을 가능하게 하는 성장과 분배의 순환구조(trickle-down effect)가 외환위기 이후 크게 약화되었으므로 내부적 균형 회복과 사회통합이 시급하다. 아울러 효율성 기준만으로 보더라도 제조업과 서비스업의 균형을 유지하면서 동반 성장할 수 있는 기반이 조성될 필요가 있다. 현재 중국 효과 등으로 인한 제조업 공동화는 그 속도가 너무 빨라 원활한 구조조정을 저해하거나 서비스업 등 여타 부문으로 부담이 전가되고 있다. 따라서 제조업의 해외 진출이 불가피한 부문과 이익이 되는 부문, 그리고 국내에서 고부가가치화가 가능한 부문을 분리하고, 국내 생산 부문은 IT, 물류, 금융 등과 연계하여 제조업과 서비스업 공히 동북아에서 중심적 역할을 할 수 있는 전략이 필요하다. 또한 제조업에 비해 크게 떨어져 있는 서비스업 자체의 생산성을 크게 제고해야 하며, 소상공인들이 모여 기업화로 나아가는 것을 촉진해야 이들이 도시빈민화되는 것을 방지할 수 있을 것이다. 균형발전과 사회통합을 위해서는 또한 중소기업 자체의 상품 및 판로개척 노력과 동시에 대-중소기업간 공정한 하도급 거래질서의 확립, 대-중소기업간 기술협력관계의 고도화가 요구되고 있다. 중소기업들이 하도급거래 비중을 낮추고 독자적인 기술능력을 갖추는 것은 하도급거래의 공정성 확보에도 유리할 것이다. 아울러 후술하는 바와 같이 지역혁신 클러스터의 육성과 지방균형발전에서 중소기업들의 역할을 극대화할 수 있는 중소기업들 자신의 네트워크와 산 · 학 · 연 협동체제의 고도화가 필요하다. 노동 부문에서는 대기업 정규직 내부 노동시장의 경직성을 완화하고 중소기업 및 비정규 근로자들의 처우를 개선하기 위해서 숙련과 자격을 중심으로 하는 기업 횡단적 노동시장이 조성되어야 하며, 특히 취약 근로자들에 대한 미래지향적 훈련 투자를 통하여 생산성과 소득 격차를 축소해야 한다. 이를 위해서는 중앙 및 업종 · 지역 차원의 노사정위원회와 같은 초기업적 협의틀이 활성화되어야 하며, 대기업 정규직 노동조합의 사회적 책무 이행 또한 요구된다는 점을 깊이 인식할 필요가 있다. 이 모든 노력에도 불구하고 시장경쟁에서 도태된 열패자들은 불가피하게 발생한다. 따라서 사회적 최약자 및 최빈층에 대한 보호를 중심으로 사회 안전망을 확충하여 사회통합의 위기를 극복하고 노동력의 재생산과 양질의 인적 자원 공급이 원활히 이루어질 수 있도록 해야 한다. 이러한 사회안전망 및 복지 시스템의 내실화는 대기업 내부 노동시장의 경직성을 완화하는 부수적인 효과도 가져다 줄 것이다.

셋째, 첫째와 둘째에서 언급한 성장과 분배 전략은 시장친화적 방식으로 추진되어야 한다. 다시 말해서 혁신과 통합을 위한 사회적 주체들간의 제도적 조율은 경제원리를 도외시한 미봉적 타협에 그치는 것이 아니라 공정한 시장질서를 구축하며, 시장실패와 정부실패를 보완하는 미래지향적 방식으로 이루어져야 한다. 이는 중소기업이나 근로자들을 '사회적 약자'로서 당위적으로 보호하는 것이 아니라, 잠재적인 성장 원천으로 인식하여 교육훈련 및 기술에 대한 투자를 중심으로 제 역할을 수행할 수 있도록 촉진하고 지원하는 체계가 필요하다는 것을 의미한다. 아울러 기업들이 글로벌 통합경제 하에서 국제경쟁력을 갖출 수 있도록 지원체제를 구축하며, 혁신 기업가가 우대받고 존경받는 사회적 공감대가 형성되도록 해야 한다. 역으로 정경유착이나 회계부정, 불공정한 하도급거래, 부당노동행위로 경쟁력을 유지하고자 하는 기업에 대해서는 확실한 제재조치들을 마련해야 시장의 순기능이 극대화될 수 있다. 중소기업들 역시 대기업이나 정책자금에 대한 의존성을 탈피하여 새로운 기술과 조직혁신에 기반한 경쟁력을 구비하도록 하며, 경쟁력이 없는 기업들은 과감히 퇴출시키도록 해야 한다. 그래야 제한된 자원이 한계기업에서 성장기업으로 원활히 공급될 수 있게 될 것이다. 지역균형발전은 평균적 개발방식이 아니라 지방마다 세계로 열린 지역 특색의 경쟁력을 구비할 수 있도록 각 주체들 사이의 노력 방향을 명시하는 것이어야 한다. 특히 지역 중소기업을 육성할 수 있는 공동 브랜드 개발, 산 · 학 · 연 기술 협동체제, 인력공급 및 공동복지 시스템 구축, 그리고 무엇보다 지역금융 및 경영 컨설팅 지원 등이 요망되고 있다. 노동조합 역시 변화된 국제경제 환경에 적응하기 위하여 현장의 혁신에 적극적으로 동참하며, 생산성과 보상체계가 조응할 수 있도록 제도개선에도 앞장서야 노동시장의 왜곡을 시정할 수 있을 것이다. 그러한 점에서 대립과 투쟁을 전제로 한 노조 전임자 체제를 대수술하여 영국에서 나타난 바와 같은 근로자학습대표 등으로 전환하려는 노력이 노사정 공동으로 이루어져야 한다.

4. 지역사회와 중소기업의 역할과 기능

이상에서 각 부문별, 주체별로 다양한 과제를 안고 있지만, 그중에서도 향후 한국 경제의 성패를 가름하는 것은 중소기업과 지방의 역할임을 알 수 있다. 중소기업과 지방에서 인적 자원을 어떻게 활용하고 보듬어 나가는가가 자원의 최적 이용뿐 아니라 사회적 통합성을 유지하는 관건이 되는 것이다. 그런데 이제까지 중소기업은 여러 이유로 인하여 물적 및 인적 자원의 제약에 직면해 왔다. 중앙 및 지방정부, 그리고 지역사회는 이들이 안고 있는 다양한 한계들을 풀어줄 필요가 있으며, 그를 통하여 새로운 성장 전략을 실현해야 한다. [그림 1-15]는 중소기업을 중심으로 각 주체가 어떤 노력을 해야 하는가를 일목요연하게 보여 주고 있다. 대기업과의 관계에서는 공정한 하도급 거래가 이루어지도록 하고, 중소기업과 대기업이 협력관계를 강화하도록 함으로써 상호간의 보완효과가 극대화되도록 해야 한다. 특히 지방의 대학, 연구소 등과 대-중소기업이 공동 기술개발노력을 강화하고 이를 통하여 지방 중소기업의 혁신능력이 창출될 수 있도록 하는 것이 중요하다. 아울러 중소기업들이 지역혁신체계와 연계되어 산업 클러스터에서 보다 많은 역할을 할 수 있도록 지원해야 한다. 대학 및 연구소는 이때 수요자 주도형으로 기술이 개발될 수 있도록 창업 및 기술보육을 강화할 필요가 있다. 아울러 산업 클러스터에서는 중소기업에 부족한 산업 인프라를 제공해야 하는데, 그것은 도로, 항만, 수자원, 전기 등 하드웨어 측면뿐 아니라 법률, 컨설팅, 회계, 금융 등 소프트웨어 측면을 더욱 강조하는 것이어야 한다. 이것은 다시 지방 중소기업을 중심으로 우수 인력의 공급이 원활히 이루어져야 함을 뜻하는데, 대학 및 지방정부 등이 노력하여 인재가 지방 중소기업에서 일할 수 있는 정주여건과 문화시설, 교육 훈련 등을 적극적으로 개발, 공급해야 할

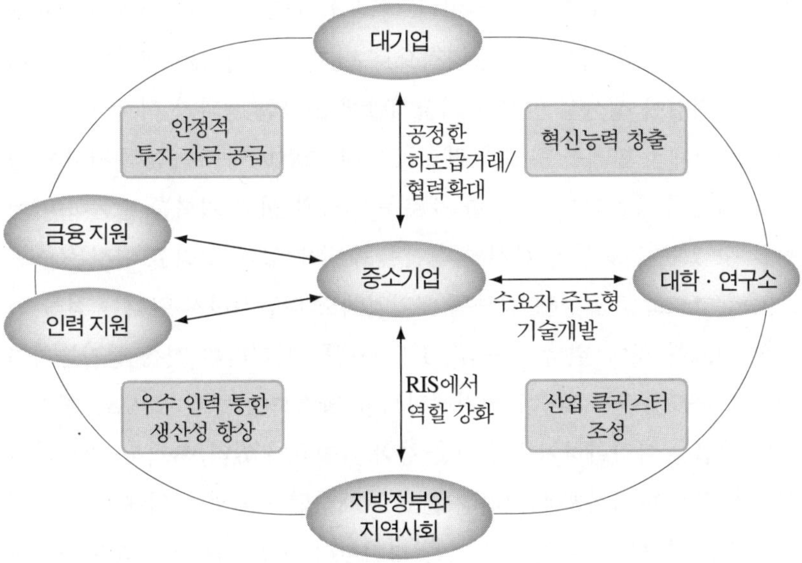

[그림 1-15] 중소기업과 지역혁신체계의 개념도

것이다. 또한 지역사회는 사회적 안전망과 지역복지 시스템을 정비하여 노동시장의 유연성이 초래할 수 있는 부정적 영향을 최소화하고 사람답게 살 수 있는 기반을 구축해야 한다. 아울러 금융당국은 지방 중소기업에 대한 금융 지원 시스템을 재정비해야 하는데, 외환위기 당시 크게 약화된 지방의 서민금융기관과 지방은행 등이 양질의 정보에 기반하여 지방 중소기업에 사업 자금을 공급할 수 있도록 신용평가 제도와 인프라를 대폭 확충해야 할 것이다.

이 중에서도 대기업과 중소기업 간의 관계에 특별한 주의를 기울일 필요가 있는데, 이는 현재 양극화 문제의 핵심 영역 중 하나이기 때문이다. 특히 그것은 중소기업을 사회적 약자로서 당위적으로 보호하자는 차원이 아니라 대기업의 글로벌 플레이어(Global Player)로서의 도약을 위해서도 필요하다는 점을 강조할 필요가 있다. 즉 핵심 부품 · 소재 산업과 중소기업이 뒷받침해 주지 않으면 대기업이 생산하여 판매하는 완성품의 경쟁력도 좋아질 수 없기 때문이다. 따라서 하도급 거래에서 납품가격을 최저로 제약하고 더욱이 부정기적으로 단가를 인하하는 행태를 교정하여 중소기업이 생산성 향상과 기술개발에 노력한 성과가 적극적으로 인정되는 경제적 관계를 형성할 필요가 있다. 그런데 수요독점적 지위에 있는 대기업에 종속되어 있는 한 새로운 기술과 사업 기회를 발굴하여 성장할 수 있는 가능성은 한계에 직면할 수밖에 없다. 그리고 이것은 부품 소재의 고도화를 달성해야 하는 대기업에도 바람직하지 않다는 점을 인식할 필요가 있다. 결국 하도급 거래 자체를 폐기하는 것은 불가능하기 때문에 하도급관계에서 공정거래질서를 확립하는 한편, 하도급 중소기업의 사업을 다각화하여 독립성을 강화할 필요가 있다. 여기서 사업 다각화는 비관련 다각화뿐 아니라 기존에 거래하던 모기업 이외에 다른 대기업으로도 거래선을 확장하는 것을 의미한다. 한편 하도급거래와 무관한 독립형 중소기업의 경우에는 창업단계, 성장단계, 구조조정단계에 각각

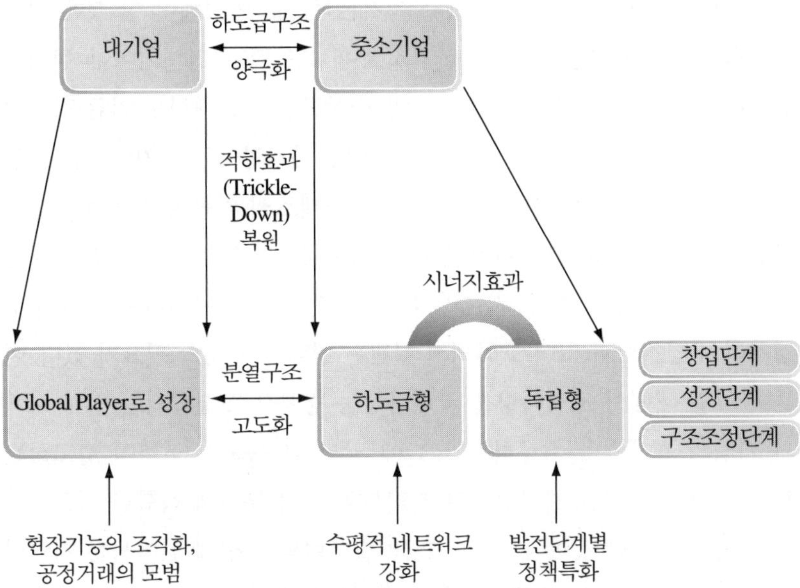

[그림 1-16] 대-중소기업간 관계와 성장 전략

알맞은 정책이 적시에 이루어짐으로써 제한된 자원이 효율적으로 활용될 수 있도록 해야 한다. 특히 창업단계에서는 지방 대학과 정부, 금융기관 등이 적극적인 보호 · 육성기능을 발휘하고, 이것이 산업 클러스터에서 시너지 효과를 낼 수 있도록 유도하는 정교한 정책들이 필요할 것이다. [그림 1-16]에서 제시하고 있듯이 이는 대기업은 나름대로 글로벌 플레이어로 성장하면서 그 과실이 적하효과(trickle-down effect)를 통하여 중소기업 및 노동자들에게 전달되고, 하도급 중소기업과 독립형 중소기업이 상호 연계관계와 사업 다변화를 통하여 시너지 효과가 극대화되면서 대-중소기업간 분업구조가 고도화되는 전략을 의미하고 있다.

이러한 지방과 중소기업의 역할이 극대화되기 위해서는 어떠한 인력정책과 노사관계가 뒷받침되어야 할 것인가? 다음 [그림 1-17]은 이에 대한 방향을 요약해서 보여 준다. 가장 기본적으로 인식해야 할 것은 기업 부문을 중심으로 인력정책과 산업정책이 고안되고 집행되어야 한다는 점이다. 이는 낙후한 서비스업과 지방 소상공인 부문에서도 가급적 기업화의 방향을 고민해야 함을 뜻하기도 한다. 사기업이든 공기업이든 기업이야말로 현대 경제에 가장 적합한 조직 형태로서 자원의 효율적 이용을 가능하게 하기 때문이다. 이러한 기업 내부에는 다양한 직종의 노동자들이 함께 근무하고 있는데, 기술인력과 기능인력, 중간관리자 등이 최고경영자의 경영철학과 리더십 하에서 일관된 전략을 수행할 필요가 있다. 이들이 기업 내에서 조직역량을 극대화하는 방향으로 결합되는 방식 자체가 기업의 경쟁력을 좌우하지만, 그에 앞서 각 부문의 역량이 고도화될 필요가 있다. 그리고 지방정부와 지역사회는 각 부문에 적합한 지원조치들을 마련해야 할 것이다. 우선 고급기술인력의 양성에 있어서는 지역의 대학과 연구소 등과 연계되면서 특히 대-중소기업간 기술 컨소시엄이 활성화되어 새로운 기술이 창출되고 빠르게 전파되는 시스템을 구축해야 한다. 또한 중간관리자 역시 기업의 경쟁력에서 대단히 중요한데, 지방 중소기업의 경우 적은 규모와 인재풀의 부족, 저임금으로 우수한 인력을 확보하고 유지하기가 대단히 어렵다. 따라서 법률, 회계, 금융, 국제화, 관리 등의 측면에서 지역사회에 인재은행 등을 설립하여 적재적소에, 그리고 적기에 인재가 중소기업에 파견 혹은 컨설팅 등의 형태로 유연하게 공급되도록 하는 시스템을 구축해야 한다. 여기서 특히 금융이 핵심적인 역할을 하도록 함으로써, 담보가 없어도 자금과 인재를 공급받아 우수한 기술을 가진 중소기업이 성장할 수 있도록 선택과 집중의 전략이 요구된다. 마지막으로 기능인력의 경우에는 전반적인 숙련 수준의 향상을 지향하는 교육 훈련 및 자격 시스템을 재정비할 필요가 있다. 그리고 이를 통하여 기업횡단적 노동시장을 구축할 필요가 있다. 현재와 같이 대기업 정규직은 경직된 내부 노동시장에서 기계적으로 상승하는 연공임금의 혜

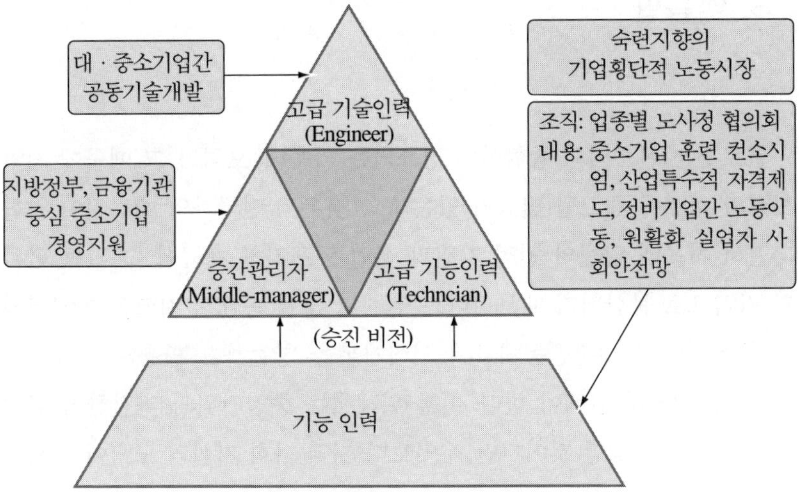

[그림 1-17] 기업활동별 인력 고도화 전략

택을 누리고, 외부의 중소기업과 비정규직은 이들과의 커다란 임금격차 속에서 상대적 박탈감과 절대 빈곤에 허덕인다면 대기업은 점차 고령화와 고비용의 압력을 버티지 못할 것이며, 외부 노동시장에서는 기능개발이 과소하게 이루어질 우려가 크다. 따라서 기업간 경계를 뛰어넘는 중소기업 훈련 컨소시엄과 산업특수적 자격제도 정비 등을 이루는 가운데, 고양된 기능과 자격을 갖고 기업간에 이동할 수 있는 시장 환경을 조성해야 한다. 이렇게 전반적인 숙련 수준이 향상될 경우 각 기업 내에서 생산직 노동자들도 승진의 비전을 가질 수 있게 될 것이며, 특히 고급 기능인력(technician)의 경우 고품질 생산방식 구축에서 결정적인 역할을 발휘하게 될 것이다. 그럼에도 불구하고 기능향상에 실패한 노동자들에 대해서는 직무급체계 하에서 노동시장에 포섭되도록 하고, 경기순환에 따른 위험성에 대해서는 실업자 사회안전망을 통하여 보호해 줄 필요가 있다.

5. 맺음말

글로벌 자본주의의 통합성이 강조되는 가운데, 오히려 그 때문에 지역사회의 역할이 제고될 필요가 있는데, 그것은 국민국가의 재량권이 약화되면서 가운데 양질의 인적 자원과 산업 인프라를 제공할 수 있는 단위가 지역으로 분산되기 때문이다. 분권화된 모델 속에서 지역은 산업경쟁력의 산실이며 생활공동체로서 지식자본을 창출하고 활용하는 새로운 공간으로 자리매김해야 한다. 이를 위해서는 중앙단위의 과감한 권한위양이 이루어져야 할 것이지만, 무엇보다 지역 사회 자신의 노력이 긴요할 것이다.

중앙단위에서도 그러하지만, 지역사회에서는 특히 노사정간의 대화와 타협을 통하여 세방화(glocalization) 시대에 걸맞은 의제(agenda)를 개발하지 않으면 안 된다. 앞서 논의들을 통하여 그것은 중소기업의 육성과 인적 자원의 개발, 기술 및 신제품을 위한 대학과 연구소의 공조체계 형성 등임을 알 수 있었다. 마지막으로 강조하는 것은 노동운동이 새로운 역할을 할 수 있도록 노동조합 스스로의 노력뿐 아니라 지방정부와 지역 시민단체 등의 도움이 절대적으로 필요하다는 점이다. 이제까지 노동운동은 기업별로 파편화된 조직을 유지하면서도 중앙단위의 노동정치에 휘말리는 양태를 보여 왔다. 그러나 이제 노동운동 역시 세방화 시대에 걸맞은 새로운 역할을 찾아야 하며, 그것은 지역사회 내에서 고유의 연대(solidarity) 원리를 실천하는 것이어야 한다. 그러기 위해서는 저임금 · 장시간 노동, 소외된 노동에 대한 저항을 조직하는 전투적 조합주의로부터 단절할 필요가 있다. 글로벌 자본주의 하에서 가장 중요한 화두는 '일자리'로서, 이를 위해서는 '적과의 동침'도 마다하지 않는 유연함이 요구된다. 서구의 강력한 산별노조들 역시 일자리를 지키기 위하여 임금인상을 양보하고 유연성을 받아들이고 있는 현실을 직시해야 한다. 일자리를 중심으로 지역사회의 의제들을 만들어 나가고 스스로 이에 복무하는 모습을 보여 줄 때 사용자와 시민들은 지역사회의 일 주체로 노동운동을 받아들이게 될 것이다. 이러한 노동운동의 전환을 끌어내기 위해서는 역시 사용자들이 노동조합의 존재부터 인정할 필요가 있다. 아직도 "내 눈에 흙이 들어가는 한 노조는 안 돼"라고 외치는 사용자가 있는 한 노동운동은 조직보위를 위하여 전투적 조합주의에 매달릴 수밖에 없다. 한편 이러한 전투적 조합주의의 전통 속에서 노동운동은 경영 참가는 물론 정책 참가를 실현할 수 있는 정책역량과 전술개발이 매우 뒤처져 있다. 따라서 지역의 시민단체와 대학, 지방정부 등이 이들의 이념과 전략을 발전시킬 수 있는 구체적인 프로그램들을 함께 만들어 나갈 때 노동운동의 자세 전환은 훨씬 더 빨리, 효과적으로 이루어질 수 있을 것이다.

참고문헌

김석용, 1999. 『제도 · 기업시스템 · 한국기업의 진로』. 삼영사.

배무기, 1996. 『한국노사관계의 개혁—대립에서 협력으로의 전환』. 경문사.

성경륭 외, 1996. 『기업조직과 생산성—경제사회학적 접근—』. 한림과학원총서 45. 小花.

장하준, 1996. "제도경제학의 최근 동향," 『경제학연구』 제44집 제1호.

조성재 · 이병훈 · 홍장표 · 임상훈 · 김용현, 2004, 『자동차 산업의 도급구조와 고용관계의 계층성』. 한국노동연구원.

조영철, 1997. "경제민주주의와 기업의 효율성," 국회입법조사분석실, 『입법조사연구』 통권 245호.

Aoki, Masahico, and Ronald Dore ed., 1994. *The Japanese Firm—The Sources of Competitive Strength*, Oxford University Press.

Bachrach, Peter, and Aryeh Botwinick, 1992. *Power and Empowerment—A Radical Theory Participatory Democracy*, Temple University Press.

Berger, Suzanne, and Ronald Dore ed., 1996. *National Diversity and Global Capitalism*, Cornell Univ. Press.

Bowles, Samuel, Herbert Gintis, and Bo Gustafsson, ed., 1993. *Markets and Democracy: Participation, Accountability and Efficiency*, Cambridge Univ. Press.

Freeman, Richard B, and James L. Medoff, 1979. *The Two Faces of Unionism, The Public Interest*, 52.

Hollingsworth, J. Rogers, 1997. *Continuities and Changes in Social Systems of Production: The Cases of Japan, Germany, and the United States,* in Hollingsworth and Boyer ed.

Hollingsworth, J. Rogers, and Robert Boyer ed., 1997a. *Contemporary Capitalism—The Embeddedness of Institutions*, Cambridge University Press.

______, 1997b. *Coordination of Economic Actors and Social Systems of Production*, in Hollingsworth and Boyer ed.

Hutton, Will, 1995. *The State We're In*, Jonathan Cape, London.

______, 1997. *An Overview of Stakeholding*, in G. Kelly, D. Kelly and A. Gamble ed.

Hutton, Will, Tim Congdon, David G. Green, Sir Stanley Kalms, Martin Ricketts, and Elaine Sternberg., 1997. *Stakeholding and its Critics*, The IEA Health and Welfare Unit.

Kaplan, Steven N, 1997. *Corporate Governance and Corporate Performance: A Comparison of Germany, Japan and the U.S.*, in Hopt & Wymeersch. ed.

Kelly, Gavin, Dominic Kelly, and Andrew Gamble ed., 1997. *Stakeholder Capitalism*, Macmillan Press Ltd.

Kester, W. Carl, 1996. *American and Japanese Corporate Governance: Convergence to Best Practice*, in Berger and Dore ed.

Lazonick, William, 1991. *Business Organization and the Myth of the Market Economy*, Cambridge University Press.

Lazonick, William, & M. O'Sullivan, 1996. "Big Business and Corporate Control," in M. Warner ed., *International Encyclopedia of Business and Management*, Vol.1, London, Routledge, pp.365-383.

Putterman, Louis ed., 1986. *The Economic Nature of the Firm*, Cambridge Univ. Press.

Williamson, O. E., 1985. *The Economic Institution of Capitalism*, Free Press.

青木昌彦/奥野正寛 編著, 1996.『經濟システムの比較制度分析』. 東京大出版部; 기업구조연구회, 서울사회경제연구소(재벌연구팀) 공역(1998).『기업시스템의 비교경제학』. 연암사.

奥村宏, 1984.『法人資本主義—會社本位の體系』. 御茶の水書房.

2장 유럽의 혁신 클러스터의 특징과 지역혁신에 대한 함의

박준식(한림대학교 사회학과 교수)

1. 문제의 제기

지난 1980년대 이후 미국과 유럽을 비롯한 선진경제 지역에서 클러스터 지역들이 기술혁신과 투자, 고용 창출을 선도하면서 클러스터에 대한 학술적, 정책적 관심이 세계적으로 크게 증가하였다. 클러스터에 대한 초기의 연구에서는 전통 산업이 중심이 된 이탈리아 북부의 '제3의 이탈리아(Third Italy)' 지역이나 첨단기술 산업이 중심이 된 미국의 '실리콘 벨리(Silicon Valley)' 등지가 세계적인 관심을 불러일으켰지만, 이후 세계 곳곳에서 산업 혁신을 주도하는 클러스터들이 속속 발견되었고, 이를 개발하기 위한 노력들이 이어졌다. 이러한 연구를 통해 "세계 경제에서 지속적으로 경쟁 우위를 유지하는 지역들은 고도의 특화된 숙련, 지식, 제도, 경쟁자들, 연관 비즈니스, 그리고 고급 고객들이 집중된 지역적 특성을 갖는다" 라는 사실이 드러났다(Porter, 2001; Porter, 1990).

한국에서도 최근 국가균형발전과 지역혁신을 위한 정책수단으로 클러스터에 대한 관심이 크게 증가함에 따라 이 분야에 대한 보다 포괄적이고 체계적인 학술 및 정책적 관심이 크게 증가해 왔다(국가균형발전위원회, 2004). 이 연구에서는 이 같은 학술 및 정책적 요구에 부응하여 유럽의 지역혁신 클러스터가 갖는 특징을 파악하고, 이로부터 도출 가능한 정책적 함의들을 모색하려는 의도를 갖고 있다.

미국과 비교해 볼 때 유럽은 상대적으로 중소기업을 중심으로 혁신 클러스터가 효과적으로 발전하는 모습을 볼 수 있다. 미국의 혁신 클러스터들이 대기업과 중소기업, 대학과 연구소, 벤처자본 등이 어우러져 신기술과 첨단 기업 중심의 역동적 혁신 클러스터로 발전하는 모습을 보인다면, 유럽의 산업혁신을 주도하는 혁신 클러스터들은 미국에 비해 그 규모가 작을 뿐 아니라 대기업이나 세계적 거대 연구기관들의 주도적 역할이 상대적으로 두드러지지 않고 있다. 또한 클러스터의 유형 역시 첨단 산업뿐 아니라 크고 작은 전통 산업 분야에서 고루 나타나는 것을 볼 수 있다(Observatory of European SMEs., 2001).

1990년대 이전까지만 해도 유럽에서는 클러스터 형태의 전통적 산업혁신 지역들(industrial districts)이 곳곳에 산재해 있었음에도 불구하고, 이러한 지역들에 대한 관심은 그리 크지 않았다. 또한 이러한 지역들을 국가나 지역, 혹은 EU 전체 차원에서 일정한 정책적 의지를 갖고 계획적으로 집중 육성한 것이 아니었다. 이 무렵까지 유럽의 대다수 혁신 클러스터들은 지역에 축적된 기술과 지식, 숙련과 사회적 네트워크를 중심으로 정부의 적극적 지원 없이도 오랜 기간에 걸쳐 자생적으로 형성되어 온 것을 볼 수 있다.

그러나 1990년대에 들어서면서 유럽이 첨단기술 산업 분야에서 영미지역에 크게 뒤지고, 클러스터가 선진국의 지역경제 활성화에 중요한 역할을 한다는 점이 자각되면서 국가, 지역 EU 등의 차원에서 적극적으로 혁신 클러스터를 육성해야 한다는 목소리가 강화되어 왔다. 산업정책 측면에서의 이러한 기류 변화는 그동안 전통적 산업을 중심으로 형성되어 온 클러스터들을 넘어 국가적, 지역적 수준에서 첨단 혁신 클러스터를 육성하기 위한 각국의 적극적인 노력으로 이어져 유럽에서도 특정한 지역이나 국가를 중심으로 혁신 클러스터나 과학단지를 조성하고, 이를 발전시키기 위한 움직임을 자극하였던 것으로 보인다.

이 연구의 목적은 크게 세 가지이다. 그 첫 번째는 1990년대 이후 유럽에서 주목받고 있는 혁신 클러스터의 실태와 그 특징, 그리고 변화의 흐름을 포괄적으로 파악하고 이해하는 데 있다. 두 번째는 유럽 지역에서 중소기업들을 중심으로 혁신을 주도하는 하이테크 클러스터의 동향을 통해 혁신 클러스터의 발전에 대한 정책적 함의를 도출하는 것이다. 세 번째는 독일을 중심으로 국가적 차원에서 바이오 산업 클러스터 육성을 위해 의욕적으로 추진되어 온 새로운 클러스터 육성 전략에 대한 사례 연구와 독일의 전통적 산업 혁신을 주도해 온 바덴-뷔르템베르크(Baden-Württemberg)주와 슈투트가르트(Stuttgart) 및 인근 지역에 형성된 클러스터의 사회적 토대에 대한 두 가지 사례 연구를 통해 한국의 지역혁신과 균형 발전에 대한 함의를 파악해 보는 데 있다.

2. 유럽의 혁신 클러스터와 그 특징

유럽의 혁신 클러스터를 집중 연구하고 있는 유럽 중소기업연구소(Observatory of European SMEs)의 보고에 따르면 유럽의 지역 클러스터는 크게 '과학 기반 클러스터(science-based cluster)'와 '전통 클러스터(traditional, local cluster)'로 나뉘고 있다. 이와 같은 혁신 클러스터는 또한 그 발전단계에 따라 '지역 클러스터(regional cluster)'와 '지역혁신 시스템(regional innovation system)'으로 구분될 수도 있다. 전자가 비교적 자연 발생적이고, 장기간에 걸친 과정을 거쳐 형성된 반면, 후자는 보다 계획적이고 체계적인 성격을 지닌다. Observatory of European SMEs에서는 2002년 EU 커미션의 지시에 따라 유럽 17개 국가에 산재한 클러스터들에 대한 종합 조사를 실시하여 그 특징과 경향을 도출하는 보고서를 제출하였다.

이 기관의 조사에서는 유럽 지역 19개 국가에서 총 34개의 대표적인 지역 클러스터들을 과학 기반 클러스터와 전통 클러스터라는 두 유형으로 나누어 실태 조사를 실시하였다(Observatory of European SMEs, 2002a; 2002b). 이 조사를 통해 나타난 몇 가지 특징적인 패턴들을 정리하면 다음과 같다. 〈표 2-1〉은 조사 대상 국가와 각 국가의 클러스터들을 요약한 것으로, 이 기관의 조사 결과를 종합해 보면, 유럽의 지역 클러스터들에서 몇 가지 주요한 특징과 경향들을 일정한 부분 파악할 수 있다.

경쟁과 혁신활동의 측면에서 유럽 지역 클러스터의 성격을 개관해 보면, 조사 대상 클러스터들 중 8개 정도의 클러스터들은 세계적 수준에서 최고의 경쟁력을 지닌 것으로 평가된다. 이 중 4개 정도는 전통 클러스터의 특징을 지닌다. 전체 클러스터들 중에서 1/4 정도가 세계적 수준에서 기술혁신과 획기적 기술혁신(breakthrough)을 선도하는 것으로 나타났다. 10개 정도의 클러스터들은 점진적 기술혁신을 주도하는 것으로, 나머지 6개 정도는 기술 학습과정에 있는 것으로 평가된다. 10개 정도의 클러스터들은 외부에서 개발된 기술을 활용하는 정도에 있는 것으로 나타났다.

흥미로운 것은 이들 클러스터들 중에서 혁신적 기술을 선도하는 클러스터는 도리어 매우 소수에 그치는 것으로, 근본적 혁신보다는 그 이외의 요소들에 더 치중하는 것으로 나타난다. 과학 기반 클러스터들의 절반 정

〈표 2-1〉 과학 기반 클러스터와 전통 클러스터의 주요한 특징들

	과학 기반 클러스터	전통 클러스터
연령	젊다	오래되었거나 젊다
주된 거래 형태	시장적 관계, 일시적 연합과 장기적 관계	장기적 시장관계
주요한 지역의 협력자	연구개발기관, 공공기관	서비스 공급자와 공공기관
전형적인 혁신활동	기술개발자, 제품개발자, 조직이나 생산과정 변화 주도자	점진적 혁신자, 제품개발자, 새로운 마케팅이나 분배기법개발
Source: ENSR Cluster Survey Spring 2001: 17개 유럽 국가들의 34개 클러스터에 대한 조사		

도는 기술 생산자의 특징을 지니는 반면, 전통 클러스터들 중에 기술 주도 클러스터는 발견되지 않는다. 전통 클러스터의 대부분은 점진적 혁신자들로 파악되고 있다. 클러스터들의 가장 중요한 혁신은 신제품개발로 볼 수 있다. 이러한 역할은 과학 기반 클러스터뿐 아니라 전통 클러스터에서도 나타난다. 조직이나 시장 분야에서의 혁신 역할도 주목되고 있다. 클러스터의 초기 단계에서는 신제품개발이 중요하지만, 시장이 성숙하고 클러스터가 발전하면 새로운 시장 개척이나 조직과정의 혁신 같은 요소들이 더 중요한 부분을 차지한다.

유럽의 지역 클러스터에서 관찰되는 첫 번째 특징은 일반적 예상과 달리 비교적 최근에 발전한 청년 클러스터가 유럽의 지역 클러스터를 주도하고 있다는 점이다.

EU의 조사 대상이 되었던 대표적 지역 클러스터들은 주로 1970년대 이후 생성된 청년 클러스터의 특징을 지니고 있었으며, 1940년대 이전에 생성된 클러스터는 5개 정도에 지나지 않았다. 또한 1970년대 이후 20개 정도의 클러스터가 생성되었으며, 대다수 클러스터들은 비교적 최근 유연적 전문화와 중소기업의 지역 네트워크를 특징으로 하는 포스트

〈표 2-2〉 조사 대상 지역 클러스터들(S=과학 기반 클러스터, T=전통 클러스터)

오스트리아	Cluster Biotechnology and Molecular Medicine Science in Vienna(S); Wooden Furniture Cluster Upper Austria(T)
벨기에	Flanders Multimedia Valley(S); Flemish plastic processing(T)
덴마크	Communication cluster in northern Jutland(S); The Herning-Ikast Textiles and Clothing Industry(T)
핀란드	Technology Cluster in Oule(S); Shipbuilding in Turku(T)
프랑스	Evry Genopole(biotechnologies), Evry(S); Technic Valle(screw cutting and mechanics), Haute-Savoie(T)
독일	Chemical Industry, Northern Ruhr area(S); Enterprise-information-system, Lower Saxony(S); Media Cluster; North Rhine-Westphalia(T)
그리스	Industrial District of Volos(sundry metal products and foodstuffs)(T); Industrial District of Herakleion(foodstuffs, non-metallic minerals)(T)
아일랜드	The Dublin Software Cluster(S);The Dairy processing Industry(T)
이탈리아	Biomedical cluster in Emilia-Romagna(S); Eye-glass cluster in Bulluno County(T)
리히텐슈타인	Financial Services(T)
룩셈부르크	CASSIC(IT and e-business consultancy for SMEs)(S); Synergie (Technical facilities industries)(T)
네덜란드	Dommel Valley(ICT), Eindoven/Helmond(S); Conoship(shipbuilding), Friesland and Groningen(T)
노르웨이	Electronics Industry in Horten(S); Shipbuilding at Sunnmore(T)
포르투갈	Footwear cluster(T); Metallic moulds in Leiria(T)
스페인	Machine-Tools in the Basque Contry(S); Shoe Manufacturing in the Vinapole Valley(T)
스웨덴	Biotech Valley in Strangnas(S); The recorded music industry cluster in Stockholm(T)
영국	Cambridgeshire(High-tech)(S); British Motor Sport Industry, Oxfordshire/Northamptonshire(T)

자료: Observatory of European SMEs 2002a

포디즘(Post-Fordism)적 생산방식이 부각되던 시점에서 만들어졌음을 보여 주고 있다.

규모의 측면에서 보면 클러스터에 따라 상당한 차이가 있지만, 전체 클러스터의 2/3 정도가 200개 회사 미만의 규모를 지닌 중소 규모로, 클러스터의 핵심 주도 부문에서도 고용 규모는 평균 2,000여 명 정도로 비교적 소규모인 것으로 나타나고 있다. 클러스터들 사이에 고용 규모, 회사 수, 연령 등에서 상당히 큰 편차가 발견되지만, 전체 클러스터의 절반 정도가 고용 규모 2,000~1만 명 정도로 나타나고 있다. 또한 대부분의 클러스터들을 최근 10년 동안 고용 규모, 회사 수 등을 꾸준히 증가시켜 온 성장과정의 클러스터라는 특징을 지니고 있다. 또한 과학 기술 기반의 클러스터들이 최근 들어 더욱 부각되는 경향을 보이며, 지역 클러스터들은 혁신역량과 기업의 경쟁력을 활성화하고 기업가 정신을 배양하여 지역 내 투자를 견인해 온 것으로 나타나고 있다.

유럽에서 최근에 형성된 클러스터들은 대부분 과학 기반 클러스터의 특징을 지니고 있으며, 이들은 신기술, 지식 등에 의존하면서 대학이나 연구기관들로부터 분사(spin-off) 되는 패턴을 보여 주었다. 전통 산업의 경쟁력이 강한 것으로 평가되었던 유럽의 혁신 클러스터들도 실제로는 포디즘 시대의 대량생산 패러다임이 어느 정도 종말을 고한 이후 새로운 질서로 재편되는 과정에서 비교적 최근에 형성되기 시작하였다는 점은 주목할 만하다.

유럽의 혁신 클러스터에서 관찰되는 두 번째 특징은 혁신적 중소기업의 중요성과 역할이 대단히 크다는 것이다.

절반 이상의 클러스터들에서 중소기업들은 지역 클러스터의 중심에서 기술 혁신과 지식 생산의 중심 역할을 수행하고 있으며, 이들 스스로 전국적, 세계적 가치 사슬과 연결되는 경향을 보여 주고 있다. 이에 반해 대기업에 의해 수직적으로 지배되는 클러스터는 3개 정도에 불과하였다.

이렇게 볼 때 유럽의 혁신 클러스터들은 혁신적 중소기업들이 주도하거나, 대기업-중소기업의 협력체로 파악될 수 있다. 혁신 네트워크로 연결된 이들 기업들은 밀도 높은 수직적 탈집중화(intense vertical disintegration)의 경향을 보이고 있으며, 이러한 경향은 소규모 지식 기반 하청업체들의 발전과, 이들의 기업가 정신을 배양하는 중요한 사회적 기반이 되고 있다.

중소기업들의 역할과 관련하여 더욱 주목되는 것은 조사 대상 중 12개 클러스터에서 지난 10여 년 동안 중소기업의 중요성이 증가한 것으로 나타난 것이다. 이에 비해 대기업의 비중이 커진 클러스터는 5개 정도에 불과하였다. 이는 유럽의 지역 클러스터에 거대기업 중심의 외부 네트워크보다는 지역 중심의 지역화된 혁신자원이 클러스터의 발전에 더욱 중요한 의미를 지닌다는 것을 함축한다.

이들 혁신 중소기업들은 스스로 광범위한 협력 네트워크를 국제적으로 구축하는 데 한계가 있기 때문에 다양한 형태의 네트워크 자원 활용을 위해 지역적 환경에 의존하는 경향을 보이고 있으며, 이러한 경향이 유럽 지역에서 혁신 지역들이 발전하는 주요한 동력원이 되고 있다(Vatne and Taylor, 2000). 이들 지역 중심의 혁신 기업들은 특화된 지식 네트워크나 기업가들에 의존하므로 '지역특수자산'의 의미가 더 크다고 볼 수 있으며, 그러한 이유 때문에 혁신 중소기업들과 지역은 긴밀한 유대로 잘 결속되는 모습을 보여 준다.

유럽의 혁신 클러스터에서 발견되는 세 번째 특징은 다국적 네트워크들의 중요성이 점점 증가하는 경향을 보인다는 점이다.

클러스터의 혁신 중소기업들은 그들의 공급 및 연계망을 구축하는 데 다국적 네트워크를 적극적으로 활용하며, 이것이 그들로 하여금 글로벌 시장 네트워크에서 움직이는 다국적기업들의 연구소 등을 적극적으로 활용하도록 하거나, 이들로 하여금 직접 클러스터의 일부가 되도록 협력하는 이유가 되고 있다. 글로벌 네트워크를 지닌 다국적 기업들은 일정한 특성과 경쟁 우위를 지니는 지역들을 포괄하고, 이들 사이의 시너지를 중개하는 데 중요한 역할을 담당한다. 여기에서 클러스터의 활동들은 지역환경의 '질'을 반영한다. 일반적으로 지역에서 다국적기업들이나, 그 사업단위의 존재는 지역에 국한된 기업들에게 지식과 기술을 전수하는 데 큰 역할을 담당하며, 이들 기업들에서 학습과 혁신활동을 자극한다. 유럽의 클러스터들에서 5개를 제외한 모든 지역 클러스터에서 다국적기업의 존재가 확인되며, 클러스터의 주요 기업들은 다국적기업들의 조직에 속해 있다. 일반적으로 지역에서 다국적기업이나, 그 사업단위의 존재는 지역에 국한된 기업들에게 지식과 기술을 전수하는 데 큰 역할을 담당하며, 이들 기업들에서 학습과 혁신활동을 자극한다. 이는 지역 클러스터들의 산업활동이 글로벌 네트워크에 통합되어 있다는 것을 의미한다. 절반 이상의 클러스터들에서 다국적기업들의 중요성이 증가하는 경향을 보이며, 중소기업과 다국적기업들의 중요성은 상호 상승효과를 발휘하는 것으로 판단된다.

유럽의 혁신 클러스터에서 관찰되는 네 번째 특징은 세계화와 지역화가 상호 배타적으로 진행되는 것이 아니라 상당한 부분 상호 보완적 성격을 더 강하게 갖는다는 점이다.

혁신 클러스터의 지역 내에서 이루어지는 활동의 대부분을 지역 내에서 조달되지만, 자본 장비, 전략적 기초 연구, 조립 생산 등은 국제적 가치사슬을 통해 형성된다. 흥미로운 것은 기초 연구와 응용 연구개발 등도 지역 내의 역량을 통해 조달되는 경향이 강하다는 것이다. 클러스터의 역량이 강화되고, 클러스터 내 기업들이 국제 경쟁에 노출되는 경향을 보이면서 클러스터 기업들은 그들이 요구하는 핵심요소들을 구하기 위해 전국적, 혹은 세계적 네트워크들과 연결될 필요성이 강해진다는 것이다.

이렇게 볼 때 발전된 경제 시스템에서 세계화와 지역화는 상호 보완적으로 진행되는 현상으로 볼 수 있으며, 양자간에는 상호 보완적 경향이 클러스터의 '밀도'가 증가하면서 더 강화되는 것을 볼 수 있다. 클러스터에서 혁신적 중소기업들의 역할이 강화되면서 이와 동시에 다국적기업들의 역할도 증가한다는 것은 이들간에 상호 보완적 관계가 발전한다는 것을 의미한다. 클러스터 기업들이 그들의 주요 조달 망을 클러스터 외부로 확장해 나아가면서 클러스터들은 글로벌 네트워크들 속에 포함되기 시작한다.

그럼에도 불구하고 기업들의 주요한 가치 사슬과 활동들은 클러스터 내부 요소들간의 연계를 강화하는 방식으로 발전하며, 클러스터 기업들은 그들의 연구개발 및 지원 서비스 활동들을 클러스터 내부에서 구하려는 경향이 강하게 나타난다. 클러스터들의 경쟁력이나 혁신활동은 매우 다양하며, 특히 과학 기반 클러스터들과 전통 클러스터들 간의 차이가 두드러지고 있다.

전체적으로 볼 때 기초 원료나 자본 장비 등은 국제적 네트워크에 많이 의존하는 경향이 있는 반면, 핵심 부품이나 기초 연구개발 분야에서는 분명한 지리적 경계를 찾기 힘들다. 지난 10여 년 동안 주요 투입 요소의 지역적 조달 실태 변화를 보면, 세계화 경향이 보다 강화되는 점이 확인되고, 다국적기업들의 존재가 부각되는 것을 볼 수 있으며, 기업들이 그들의 투입요소들을 세계적 조달 네트워크에 의존하는 경향을 보이는 한편, 가치 사슬의 상당한 부분은 클러스터 내에서 환류되는 경향도 강하다는 것을 알 수 있다. 특히 기초 및 응용 연구개발 분야에서는 도리어 내부 조달 경향이 더 강한 것을 보여 준다. 이렇게 볼 때 세계화와 지역화는 동시 병행적으로 진행되는 경향임을 알 수 있다.

마지막으로 우리는 유럽의 지역 클러스터에서 독특한 내부 동학의 특징을 찾을 수 있는데, 그것은 밀도 높은 비공식적 협력, 사회적 자본, 지역 특화 자산, 장기적 관계, 신뢰 등과 같은 비경제적 요소들이 클러스터에서 상당히 중요하다는 것을 의미한다.

그러나 사회적 자본의 역할은 전통 클러스터와 과학 기반 클러스터라는 두 유형에 따라 일정한 차별성을 보여 주고 있다. 안정된 사회 자본이라는 요소는 상대적으로 역사가 오래 축적되고 안정되게 발전해 온 전통적 클러스터에서 더 중요한 역할을 하는 것으로 나타나고 있다. 이에 반해 과학 기반 클러스터에서의 거래는 장기적 신뢰관계보다는 일시적 연합이나 위계 시스템에 더 많이 의존하는 경향을 보인다. 이는 전통이 깊은 클러스터에서는 그만큼 사회적 관계의 밀도가 중요하며, 가족 등의 사회적 요소들이 큰 영향을 미친다는 것을 시사하는 반면 기술과 시장 변화 속도가 매우 빠른 과학 기반 클러스터에서는 유동적 네트워크와 시장거래가 더 중요한 의미를 지닌다는 것을 시사한다. 전체적으로 볼 때 유럽에서도 과학 기반 기술 클러스터의 비중이 커짐에 따라 지난 10여 년 동안 일시적 거래나 연합, 혹은 시장 거래에 의존하는 경향이 더 강화되어 온 것을 볼 수 있다.

과학 기반 클러스터들의 경우 기업들은 수시로 변화하는 복잡한 제품 생산과 시스템을 조직하기 위해 다양한 형태의 한시적 계약에 의존하는 경향이 강하다는 것을 의미한다. 그러나 클러스터의 관계가 장기화되고 지속적 발전이 진행되면서 장기 지속적 거래관계의 중요성이 점차 강화되는 경향을 보인다.

또한 전통 클러스터 부문에서는 기업들간의 강력한 협력이나 서비스 공급자 등과의 견고한 관계가 중요한 반면 과학 기반 클러스터들에서는 공공기관이나 연구개발 조직들과의 밀접한 관계가 더 중시되는 경향을 보인다. 클러스터 기업들이 그들의 경쟁자들과 긴밀하게 협력하는 경우는 매우 드물며, 금융기관, 자본 장비나 부품 조달기관들과는 시장 신뢰보다는 시장 네트워크에 의존하는 경향이 더 강한 것으로 나타나고 있다.

3. 유럽의 혁신 클러스터 육성정책

(1) 정책 형성과 거버넌스 네트워크

Michael Enright에 따르면 클러스터의 거버넌스는 '클러스터를 구성하는 회사들 사이의 관계의 성격과 권한의 배분'(Enright, 2000) 관계로 규정된다. 그러나 거버넌스의 개념을 이렇게 한정할 경우에는 기업들간의 상호작용관계에 거버넌스의 내용을 한정시킬 우려가 있다. 이 연구에서는 보다 확장된 의미의 거버넌스 개념을 적용하여 클러스터를 구성하는 회사들 사이의 관계뿐 아니라 클러스터를 둘러싸는 지역사회, 지방정부, 그리고 경우에 따라서는 연방정부까지 포함하는 관계의 성격과 권한의 배분체제로 파악하고자 한다. 그러나 이 경우에도 클러스터 내부를 구성하는 기업체들 상호간의 관계와 권한의 배분체계가 가장 중요한 부분을 점한다. 클러스터의 개념을 보다 확장된 의미에서 볼 때 이 연구에서는 지역 클러스터와 더불어 이러한 클러스터를 둘러싼 복층적 거버넌스 시스템(multiple governance system)의 상호작용과 영향, 역할 등을 함께 연구의 대상으로 고려할 필요성이 있다.

유럽의 혁신 클러스터 육성정책은 복층적 거버넌스 시스템 속에서 이루어지고 있다는 점이 특징이다. 유럽의 혁신정책은 우선 EU 차원에서 적극적인 정책 수립과 포괄적 이익 조정이 큰 영향을 미친다. 다음으로 개별 국가 수준에서 중앙정부의 정책에 따라 지역혁신정책과 클러스터 육성 전략이 큰 영향을 받는다. 마지막으로 지역(region) 수준에서 지역이나 지방정부가 중요한 영향을 미치고 있다.

우선 최상위 수준의 정책 조정과 이해 조정기구인 EU 차원에서는 지역 클러스터 육성을 위해 1994년 이후 유럽지역개발기금(European Regional

Development Fund)을 운용하고 있다. 클러스터 육성에 대한 유럽의 의지는 EU 리스본 총회를 통해 2010년 무렵까지 세계에서 가장 경쟁력 있고 역동적인 지식 기반 경제로 전환시키자는 목표를 달성하는 중요한 수단의 하나로 인식되고 있다.

EU는 지역혁신 시스템을 육성하기 위해 i) 혁신 촉진을 지역 정부의 가장 중요한 의제로 설정할 것, ii) 기업들 내에서 혁신 프로젝트들을 증가시킬 것, iii) 공공부문과 민간부문, 기업들 사이의 협력과 네트워크 촉진, iv) 부족한 공공 및 민간자원을 혁신활동에 투입할 것 등을 핵심 정책 목표로 설정할 것을 지역 클러스터 정책의 중심 목표로 설정하고 있다. 지역 클러스터 육성을 위한 EU 차원의 노력은 다음과 같은 정책들을 통해 발전하고 있다.

· Observatory of European SMEs 설치: 1992년 EU 차원에서 유럽 수준의 중소기업 중심 혁신활동을 지원하고, 조사, 연구를 수행하기 위해 만들어짐. 유럽의 혁신 클러스터에 대한 체계적인 조사와 정보 제공 기능을 수행한다.
· Inter-enterprise relations: EU Enterprise Directorate-General 산하에 혁신 중소기업들간의 클러스터 연합체 등에 대한 조사 연구와 정책 제안 등의 활동을 수행한다.
· Euro Info Centre Network: 혁신형 중소기업들 사이의 정보 교류, 컨설팅, 지원 등을 위한 노력을 수행한다.
· Trans-regional Innovation Projects(TRIP): 지역들의 핵심 기술, 지식, 숙련 등을 파악하고, 지역간, 클러스터 상호간 보완성이 발전토록 기반을 조성한다.

EU 차원의 정책적 지원과 더불어 개별 국가와 지역들은 EU의 정책 틀 속에서 국가와 지역의 실정에 적합한 클러스터와 네트워크를 발전시키기 위한 노력들을 강화해 왔다. 유럽의 경우에도 지역 정부들이 클러스터 형성에서 중요한 역할을 차지하지만, 많은 지역들이 유사한 클러스터 육성에 대해 의지를 보이고 있기 때문에 국가적 수준에서 조정과 협의가 반드시 필요한 것으로 인식하고, 중앙정부 차원의 정책적 조정에 많은 강조점을 두고 있다. 중앙과 지역 정부들은 지역 클러스터 육성을 위해 비즈니스 네트워크와 기업활동 기반 강화, 혁신적 중소기업 육성, 중소기업들간의 혁신역량 강화를 촉진하기 위한 지원활동 등을 적극적으로 전개하고 있다. 중앙, 혹은 지방정부 수준에서는 개별 기업들의 프로젝트들에 대한 재정 지원, 인프라에 대한 지원, 교육 훈련과 연구에 대한 지원, 네트워킹과 협력 프로그램들에 대한 지원 등이 이루어지고 있다. 중앙정부가 정책의 틀을 짜고 기획과 평가에 주력한다면 지역정부들은 정부의 지원 프로그램을 구체적으로 실행에 옮기는 역할을 수행한다.

중앙정부와 지역 수준에서 클러스터와 네트워크를 개발하고 증진하는 데에는 네 가지 활동 영역이 파악되고 있다.

그 첫 번째 영역은 촉매 역할이다. 국가나 지방정부의 촉매 역할은 행위자들 사이의 시너지를 지원하는 데 있다. 이는 기존의 비즈니스에서 바퀴의 오일을 제공하는 것과 유사하다. 국가나 지역은 구체적으로 어떠한 지역과 기술, 지리적 영역이 클러스터 조직 형태로 발전할 수 있는지를 구체적으로 파악하고, 이를 어떻게 지원할 수 있는지를 명확히 해야 한다. 예를 들어 영국 정부는 지역개발기구(Regional Development Agency)들과 함께 클러스터 개발에 따른 장점과 장애요인들을 파악하기 위한 클러스터 조정위원회를 만들었다. 현재까지 이루어지는 주된 작업은 기업들, 공공 및 민간의 연구개발기관들 사이에 연계구조를 형성하는 것이며, 다른 작업은 상이한 공공 및 민간 부분의 의사결정기구들이 서로 협력하고, 클러스터에 대한 전략적 정보를 제공토록 하는 데 있다.

두 번째 영역은 클러스터를 위한 기반 조건을 형성하는 것이다. 국가나 지역 당국은 클러스터가 형성될 수 있는 기반 조건을 창출하고, 이를 실행에 옮기는 것이 중요하다. 여기에서 기반 조건이라 함은 클러스터 관리, 네트워킹, 경쟁, 혁신, 연구, 훈련, 교육, 인프라, 자금 조달, 행정의 간소화 등을 지원하는 조치들이 적절하게 투입될 수 있도록 하는 것을 의미한다. 일정한 지역이 클러스터 형성을 위한 전제 조건을 보여 주면 당국은 이 단계에서 개입하여 클러스터 멤버들 사이의 대화가 이루어질 수 있도록 일정한 틀을 제공한다.

세 번째 주요 영역은 재정 지원이다. 공공기관이 클러스터에 대해 재정 지원을 해야 하는가에 대해서는 상당한 논란이 있지만, 각국 정부들은 클러스터 육성에 대한 비교적 강한 의지를 지니고 있다. 그러나 클러스터 육성을 위한 재정적 조건이나 상황은 국가나 지역에 따라 상당한 차이를 보여 준다.

이탈리아의 경우 산업지구(industrial districts)들은 자생적으로 형성되는 경우가 대부분이었다. 국가적 차원의 지원은 없었으며, 지역 수준에서 간헐적으로 지원이 있었지만, 어떤 체계적이고 계획적인 차원의 지원은 없었던 반면, 다른 국가들에서는 클러스터 형성 작업이 경제발전과 지역 전략 차원에서 수행되었으며, 공공기관의 감독을 받았다. 클러스터로 모이는 과정 자체는 자발적인 것이었지만, 프랑스의 경우에는 국가 차원에서 지역 생산 시스템(local production system)을 지원하고 주도한 것을 볼 수 있다. 독일의 경우 중앙정부는 성장, 혁신, 노하우 등에서 가능성을 보유한 지역들만을 집중 지원하는 경쟁 지원방식을 취하였다. 기본적으로 정부의 지원은 클러스터의 형성에 필수적인 것은 아니나, 그것이 보다 체계적으로 육성되고 발전하는 데 중요한 역할을 수행할 수 있다는 것을 보여 주고 있다.

이와 같은 복층적 이해 조정과 정책 형성 및 의사결정을 특징으로 하는 유럽의 혁신 클러스터 육성정책은 기본적으로 혁신형 중소기업의 역할을 강조한다는 점에서 미국이나 다른 지역들과 차별성을 보인다. 유럽에서는 지역 경쟁력을 강화하고, 지식 기반 경제를 주도하며, 지속 가능한 경제성장을 유지하면서, 더 좋은 일자리를 창출하고, 사회적 조화를 추구하는 데 성공 기업들, 특히 혁신적 중소기업들의 역할이 필수적이라고 판단하면서, 이들 혁신 기업들의 역할과 기능을 강화할 수 있는 지역적 환경을 조성하는 데 정책의 주안점을 두고 있다(Observatory of European SMEs, 2002a; Storper, 1995).

네 번째는 혁신정책의 주안점을 개별 기업 차원보다는 지역의 산업 환경, 공공기관, 지식조직, 지역 기업들 사이의 파트너십과 상호작용적 학습의 질을 높이는 데 두고 있다. 이는 밀집된 혁신 기업들의 지역적 시너지 효과가 지역 클러스터와 지역발전의 주요한 동력원이라는 인식이 형성되어 있기 때문이다(Storper, 1995; 2000). 과거의 혁신정책이 지역이나 클러스터보다는 개별 기업들에 더 비중을 두어 왔다면, 클러스터 육성정책은 지역적 공간 전체를 혁신의 대상으로 설정하고 있다는 점에서 기존의 혁신정책과 일정한 차별성을 보이는 것이다.

(2) 클러스터 육성정책의 성격

유럽 국가들은 자국 내에 강력한 혁신 클러스터를 구축하는 데 많은 관심을 갖고 적극적인 지원을 아끼지 않고 있지만, 클러스터 혁신의 주도적 역할은 국가적, 지역적, 초국가적 차원 등 모든 수준에서 복합적, 복층적으로 가능하다. 클러스터 정책은 어떤 구조화된 일반적 틀을 따르는 것은 아니다. 클러스터 정책은 세련되게 정의되고 개별화된 개념의 틀을 갖고 있지는 않지만 지역의 혁신요소와 역량에 영향을 미치고 시너지 효과를 발휘하는 일반적, 지역 특수적, 역사적, 정책적 요인들을 모두 망라하므로 개별적 차원에서 접근을 시도하는 것으로 볼 수 있다. 기본적으로 개별적, 복층적 거버넌스 네트워크를 특징으로 하는 유럽의 혁신 클러스터 정책에서는 국가나 지역들마다 다소간의 편차가 존재하지만, 다음과 같은 점들이 강조되고 있다.

· 클러스터 정책은 종종 지역혁신역량 강화를 통해 경제발전과 구조변화를 촉진하는 수단으로 중시되고 있다.
· 클러스터 정책들은 사회적 과정의 촉진을 요구할 수 있는 비즈니스 협력과 네트워킹을 개선하는 데 주력하고 있다.
· 클러스터 정책은 기업들과 지역의 교육, 연구개발 인프라 사이의 기술 인프라를 연결시키는 것을 강조한다. 특히 새로운 기술을 지역의 중소기업 네트워크로 결합시키는 것을 중시한다.
· 클러스터 정책은 기업간 네트워크와 협력 프로젝트들을 촉진하는 촉진자로서 공공 혹은 준 공공조직들의 역할을 강조하고 있다. 특히 클러스터 형성의 초기 단계에서는 정보의 흐름을 관리하고, 클러스터 멤버들간의 상호 신뢰를 구축하며, 비즈니스 네트워크를 지원하는 제3의 기관 역할이 강조되고 있다.
· 대기업보다는 중소기업들의 지역적 집합체(agglomeration)를 육성하는 데 더 관심을 둔다.
· 공정한 경쟁과 승자 선택을 통한 선택과 집중의 관점을 중시한다. 승자 선택의 과정은 지역 당국, 산업, 전문가 집단들을 포함하는 상향적 과정으로 조직된다.
· 지역혁신정책에서는 지역 클러스터 내에서 특화된 요소들, 특화된 기술을 창조할 필요성을 강조한다.
· 클러스터 육성을 위해 사회적 과정을 촉진한다. 사회적 과정에는 단

순히 재정적 인센티브를 통한 개입보다는 지역의 주요 활동 조직들 사이에 지식의 흐름을 촉진하는 신뢰의 기반을 다지는 것 등이 포함된다.

이 같은 정책 내용들을 포함하는 유럽의 클러스터 육성정책은 기본적으로 장기적 관점을 지향한다. 유럽은 정부가 인위적으로 거대 클러스터를 만들어 내는 것은 실제로 불가능한 것으로 판단한다. 몇몇 부문들에서 전혀 새로운 기업집단들을 인위적으로 만들어 내는 것은 위험과 비용 부담이 너무 크며, 이해집단들의 영향에 노출될 가능성이 높다. 그러나 클러스터는 발전을 담보하기 위해 정책의 지원을 받아야 한다. 실제로 클러스터들은 다양한 형태의 정책적 수단들에 의존한다. 이러한 정책들은 클러스터 정책이라는 하나의 개념으로 포괄되지는 않지만 지역정책, 기술정책, 산업정책, 중소기업정책 등 다양한 정책요소들을 포함하고 있으며 상당한 부분 중첩되면서 클러스터에 대해 누적적 효과를 미친다. 따라서 클러스터 정책 문제를 다룰 때에는 클러스터에 영향을 미치는 일련의 정책 조치들에 대해 이해할 필요가 있다. 기본적으로 클러스터 정책은 대화와 기업간 협력, 소규모 기업간 협력, 교육과 연구기관, 공공과 민간, 지역, 전국, 국제적 수준의 협력 등에 관한 대화와 협력의 틀을 갖추는 데 초점을 두어야 한다. 따라서 공공부문은 '촉매적 역할'을 수행하는 데 정책의 기능을 한정하고 있다.

유럽 전체적으로 보면 대다수의 국가들이 클러스터를 육성하기 위해 정부나 지역 차원의 재정적 지원을 하고 있는 것으로 나타났다. 지역이나 정부 차원의 주된 관심은 고도 지식의 기반, 기술과 혁신을 육성하는 데 있다. 상당한 정도의 정부와 민간재원이 협력 연구 등에 투입되는 것을 알 수 있다. 비즈니스 협력의 문화를 진흥하는 것도 중요한 관심사이다. 공공기금은 클러스터 관리, 네트워킹, 정보 공유, 교육, 연구, 물리적 지식적 인프라 구축 등에 활용되고 있다.

EU 차원에서도 이러한 활동들을 지원하기 위한 정책 지원 기준 플랫폼 등을 적극적으로 구축하고 있다. 특히 정보 및 경험 공유, 경쟁력, 모범사례 발굴 등에 EU 차원의 관심을 두고 있다. 국가적 · 지역적 · 지방적 차원의 기능과 업무 분담은 각 국가의 정치구조나 체제적 특성에 따라 많은 차이를 보인다. 대부분의 경우 중앙정부는 지방정부나 지역과 더불어 디자인, 조율정책 등에 주력하는 반면, 지역과 지방은 실행단계에 집중한다. 지역과 지방은 해당 영역에 대해 더 많은 근접 지식과 정보를 갖고 있기 때문이다.

클러스터 육성정책과 관련하여 유럽의 전문가들은 정책의 주요 목표가 기업 상호간의 대화와 협력의 플랫폼을 제공해야 하며, 이와 더불어 소규모 기업들간, 고등교육 및 연구기관, 공공 및 민간부문 조직들, 전국적 기관들, 유럽과 국제적 수준의 협력 등을 이끌어내야 할 것을 강조하면서, 국가적 · 지역적 수준에서 다음과 같은 노력들을 촉구하고 있다.

· 시장 실패를 파악하고 클러스터 기업들에 대한 업그레이드 정책을 발굴할 것
· 클러스터 관리구조의 구체화
· 리서치센터, 대학, 산업체 간의 연계구조 형성
· 클러스터의 필요에 부응하는 적절한 인적 자원 훈련 및 교육 프로그램 실행
· 정보 공유와 네트워킹의 틀 형성
· 클러스터에 대한 전략적 정보 제공
· 조인트 마케팅 추진
· 부동산, 커뮤니케이션, 운송 등 특화된 인프라 제공
· 벤처 기업 펀드, 뮤추얼 펀드, 하청 등 확장된 재정적 수단 제공

EU의 경우 국가, 혹은 지역 정부들은 상이한 클러스터 정책도구들을 활용하여 클러스터를 육성하지만 몇 가지 핵심적 특징들을 공유한다.

· 유럽의 클러스터 정책들은 특정 영역에 국한되지 않고, 경제발전과 구조적 변화를 추진하기 위한 종합적 정책의 성격을 지니고 있다.
· 정책의 핵심은 비즈니스 환경을 개선하고, 경제 주체들간의 네트워킹을 활성화하는 데 두고 있다.
· 기업들과 지역의 기술 기반을 연결시키는 데 강조점을 두고 있다.
· 기업간 네트워크와 협력 프로젝트들을 활성화하는 데 필요한 공공, 혹은 준 공공부문에서의 중개조직들의 역할을 강조한다.
· 기업들간에, 그리고 기업과 주변 환경 간의 상호작용적 학습과정을 개선함으로써 기업들의 혁신역량, 지식 관리능력 등을 개선하는 데

〈표 2-3〉 유럽 주요 국가들의 클러스터 개발정책 요약

국가	정책 당국	클러스터 정책	주요 목표	핵심 영역	재정 지원	결과
벨기에	· Flemish Region · Walloon Region	· VIS-Flemish Co-operative Networks for Innovation · Wallonie economic clusters	· 협동연구 및 혁신 지원 · 지역의 산업적 역동성 개발 · 기술 기반 클러스터 지원	· 클러스터 활성화 전략적 자문 및 연구 · 연구개발 협력 · 교육 훈련 기반 구축 · 정보 교류 기반 구축	· EU의 구조기금 · 공공기금 지원	Digital Signal Processing Valley(DSP) 4개의 파일롯 클러스터 개발 5개의 파일롯 기술 클러스터 개발
덴마크	경제 산업부	클러스터 경쟁력 강화	잠재력 높은 클러스터 지원	· 네트워킹과 협력 기반 구축 · 인프라 투자 · 조인트 마케팅 · 벤처 자본 육성 · 외국 기업 유치		Medicon Valley NorCom Wireless Communication Cluster
독일	연방 교육 연구부	BioRegio contest (1996-2001) EXIST-University	· 바이오 분야의 선도 지역 지원을 통한 바이오			

		based start-ups (1998-2001)	분야의 경쟁력 강화 · 고등교육기관의 기업가 문화 진흥 기술 및 지식 이전과 혁신적 스타트업 기업들의 육성	· 클러스터 관리 · 협력 프로젝트 · 연구개발 협력 기반 구축 · 교육 훈련 기반 구축 · 공동 시장 개척	지역 기금	3개의 대표 지역 육성(BioRegio 뮌헨 등) 5개 지역 클러스터 육성
아일랜드	아일랜드 기업 및 산업 개발기구 실행: 지방정부	산업정책	· 성장 부분 지향 · 외국 기업 유치	· 전략적 자문 · 연구 · 교육 훈련 시설 · 인프라 투자 · 생산 시스템 합리화 · 해외 마케팅 · 자금 지원	공공 기금	
룩셈부르크	Ministry of Economy	기술정책 기업집단을 클러스터화(2000)	기술개발을 통한 기업 경쟁력 지원	· 핵심 기술 소재 확인 · 클러스터 관리 · 혁신 지원 프로그램 · 국제적 네트워크와 파트너십 · 정보 교류 기반 구축	공공 기금	SurMat
오스트리아	연방 정부 실행: 지방정부	Strategic Programme Upper Austria 2000+ Strategic Programme Vorarlberg 2005+	· 경쟁력 향상 · 중소기업의 혁신 역량 강화 · 인근 지방, 국가 등과의 국경 간의 협력 증진	· 클러스터 관리(지방 기구) · 연구개발 및 기술 · 이전 협력 프로그램 · 교육 훈련 기반 구축	공공 기금 (Austrian Future Fund)	Automobile Cluster
영국	중앙정부 실행: 지방정부	클러스터 개발 및 혁신정책(2000)	· 지역경제 활성화	· 클러스터 개발을 위한 부처간 · 정책조정위원회 · 클러스터 확인 연구 · 혁신 프로그램 · 훈련 기반 구축 · 인프라 투자 · 정보 교류 기반 구축 · 시장 조사		East Midland Clothing and Textile Cluster Encluster

초점을 두고 있다.

· 특화 요소들(specialized factors), 특히 특화 지식의 창출을 촉진하는 데 초점을 두고 있다.

· 일부 정책에서는 기업, 지역조직들, 지역적 협력 등의 측면에서 결정적 규모(critical mass)에 도달하는 것을 강조하고 있다.

4. 혁신 클러스터의 육성 사례

(1) 과학 기반 클러스터: 독일의 바이오 지역 육성정책

1) 문제의 제기

불과 최근까지 독일의 기술정책은 지역적 요소를 크게 중시하지 않았다. 독일의 지역정책은 일반적으로 국제 경쟁력 향상을 목적으로 한 기존 클러스터의 강화보다는 지역 불균형을 보완하는 데 두고 있었다. 그러나 포괄적 클러스터 형성정책의 부재에 대한 비판적 시각이 확대되고, 기술정책에서 지역의 중요성이 새롭게 부각됨에 따라 독일 정부는 지역혁신 클러스터 육성을 목표로 한 새로운 바이오 지역 클러스터 육성정책인 바이오 지역(Bio-regio) 경쟁 지원 프로그램을 모색하게 되었다. 이 프로그램은 독일의 주요 바이오 지역들이 연방정부의 기금을 받기 위한 경쟁을 활성화하고, 혁신적 연구 성과를 신속하게 상업화하여 산업 네트워크로 발전시키는 데 주된 목적이 있었다.

당시 독일은 기초 기술과 연구개발 분야에서 경쟁국들과 비교할 때 충분한 경쟁력을 확보한 것으로 평가받고 있었지만, 정작 연구 결과를 시장에서 통할 수 있는 제품과 서비스로 전환하는 것에서 현저한 문제를 안고 있었기 때문이다. 독일의 경우 특히 새롭게 등장하는 유전공학 등의 기술에 대한 사회적 규제가 강하였다. 1990년대 이전까지 유전공학 연구와 생산은 공공 기금 연구조직들에 적용되는 가이드라인의 규제를 받았다. 1990년에 연방 유전공학 엔지니어링법이 발효되었고, 공공 부분의 개입이 관련 산업의 경쟁력에 불리한 영향을 미치는 것으로 판단되어 3년 후에야 겨우 개정되었다. 1990년대 중반 유럽 차원에서의 탈규제를 통해 규제 개혁이 이루어졌다. 그러나 주정부들이 EU 차원에서 법률의 효력을 도입할 때 집행권을 갖고 있는 독일의 경우에는 규제 정권(regulatory regimes)이 지역적 성격을 지니고 있었다.

이러한 상황에서 미국이나 영국에 비해 상대적으로 취약한 독일 바이오 산업의 경쟁력에 위기감을 느낀 독일 정치인들은 이들 나라들에서 바이오 산업의 발전에 클러스터의 영향이 컸다는 것을 인식하고, 독일에서도 연방정부 차원의 클러스터 육성 프로그램을 추진하게 된 것이다. 독일에서 도입한 BioRegio 경쟁은 독일의 기술정책에서 커다란 변화를 상징하는 것으로 이후 EXIST, InnoRegio 등 지역에 초점을 둔 정책수단들을 잇달아 도입하는 계기가 되었다.

독일이 추진하고 있는 바이오 지역 클러스터 육성사업은 특정한 지역에 바이오 클러스터를 집결시키는 집권적 클러스터 육성방식과는 달리 전국의 지역들을 중심으로 특화된 바이오 클러스터들을 육성하여 바이오 산업을 21세기 독일을 이끌어 갈 혁신 동력으로 발전시키는 분권적 바이오 클러스터 육성 전략을 추진하고 있다. 이러한 독일의 바이오 클러스터 육성 전략은 분산과 분권에 기초한 지역 균형 발전과 혁신 클러스터 육성을 지향하는 한국 정부의 정책 기조와 유사한 특성을 보이고 있다. 이제 우리는 독일이 추진해 온 분권적 바이오 클러스터 전략에서 핵심적 위치를 차지하는 독일의 바이오 지역 클러스터 육성 전략인(Bio-Regions in Germany) 프로그램을 소개하고, 독일의 바이오 클러스터 중에서도 가장 성공적인 지역으로 주목받고 있는 뮌헨을 비롯한 몇몇 대표적 바이오 클러스터 지역의 성공 사례를 검토한 다음 한국에 대한 정책적 함의를 제시해 보고자 한다.

2) 클러스터 정책의 배경

전통적으로 생명, 의약, 화학, 기계 산업은 독일의 강력한 산업 경쟁력을 뒷받침해 온 대표적 산업이었다(Porter, 1990). 그러나 1990년대 이후 미국, 영국 등이 생명, 제약 분야에서 집중적인 투자를 통해 핵심 기술과 혁신을 주도하기 시작하고, 미국이나 영국 등에 비해 벤처 자본 육성에 뒤진 독일은 1990년대에 들어서면서 바이오, 제약, 화학 등의 산업에서 현저히 경쟁력 약화를 겪게 되었다.

특히 21세기의 새로운 산업 혁신을 주도하는 바이오 분야에서 독일은 인근 영국에 비해 훨씬 뒤처지는 양상을 보였다. 1990년대 초반 미국과 영국 등으로 세계적 바이오 기업들, 벤처 창업 기업들이 몰려들고, 우수한 연구진과 인적 자원, 핵심 기술을 보유한 핵심 벤처 기업들이 수백 개씩 새로 만들어지면서 기술과 특허, 시장 개척을 주도하는 상황에서 바이오 산업의 주도권 상실에 대한 독일의 우려는 심각한 수준에 이르렀다.

한때 전 세계 제약 산업을 주도해 온 독일임에도 불구하고 1990년 독일 바이오 기업들은 규모, 인력, 자금력, 제품군 등에서 결정적 취약성을 드러내고 있었다(Porter, 1990). 게다가 독일이 보유한 세계적 다국적 기업들은 속속 그들의 연구개발과 생산 기지를 규제가 없는 미국이나 영국 등 여타 지역들로 이전하기 시작하였고, 외국 기업들과의 활발한 인수 합병의 결과 다수의 독일 기업들의 실질 지배권이 외국 자본에 넘어가는 결과를 맞이하였다.

바이오 지역 클러스터 육성 프로그램은 독일의 상황에서 위기 극복을 위해 연방정부의 교육연구부(Federal Ministry of Education and Research)의 주관 하에 독일의 바이오 산업 클러스터 육성을 위한 프로그램으로 1995년에 처음 도입되었다. 독일 정부는 21세기에서는 화학, 의약, 농업, 식품, 환경, 에너지, 의료 서비스를 망라한 전체 산업의 거의 30%에 달하는 분야가 바이오 산업의 혁신역량에 의해 영향을 받을 것으로 추산하고, 이 부분에서 독일의 혁신역량 강화를 위한 작업에 본격적으로 나선 것이다(Federal Ministry of Education and Research, 2004).

독일의 바이오 지역 육성사업은 독일 산업의 경쟁과 혁신에 대한 국가적 위기의식을 배경으로, 바이오 산업을 21세기 독일 산업의 발전과 고용 창출을 위한 혁신의 중심 동력으로 설정하겠다는 독일의 국가적 의지를 담고 추진되었던 것이다.

이 같은 연방정부의 의지에 힘을 합한 것은 독일에서 다양한 분야에서 이미 바이오 관련 분야의 혁신역량 육성을 도모하던 다양한 지역들이었다. 독일 정부와 지방정부는 1990년대 후반부터 독일 전역에 걸쳐 25개에 달하는 바이오 지역들을 선정하고, 이 지역들에서 600여 개의 기업체들을 중심으로 바이오 기술의 상업화(commercialization)에 집중적인 노력을 기울이기 시작한 것이 오늘날 바이오 지역 육성 프로그램의 모습을 지니게 되었다.

독일의 바이오 지역 육성 전략은 몇 가지 점에서 미국이나 영국의 모델과는 구분되는 특성을 보인다.

그 첫 번째 특성은 연방정부가 바이오 산업을 국가적 경쟁력을 강화하기 위한 핵심 전략 산업으로 인식하고, 바이오 지역 육성을 위한 재정 지원 프로그램을 주도하면서 다양한 지역들이 이에 부응하는 형태를 지녔다는 점이다.

미국의 경우 바이오 산업의 혁신이 주로 시장 경쟁과 지자체 등이 상호 결합된 다원적 클러스터 형성의 모습을 보였고, 영국은 외국 기업들과 연구기관들의 적극적 유치 전략을 통해 클러스터 형성 전략을 도모했다면, 상대적으로 클러스터에서 뒤진 독일은 연방정부가 육성 프로그램을 주도하고, 지역간 클러스터 경쟁을 통해 자원을 배분하는 방식을 취했다는 점에서 좀더 연방정부 수준의 주도적 역할이 강한 것으로 판단된다.

두 번째 특성은 바이오 육성 의지와 기초 역량을 지닌 지역들간의 철저한 지역간 경쟁(regional contest)을 통해 차별화되고 특성화된 지역들을 클러스터로 집중 육성하는 지역간 경쟁의 방식을 취했다는 점에서 일정한 차별성을 찾을 수 있다.

독일 정부는 바이오 지역 육성 프로그램을 도입하면서 전국의 다양한 지역들간에 치열한 경쟁과 특성화를 유도하고, 성공한 지역, 기업, 클러스터들에 대해 추가적 인센티브를 제공함으로써 궁극적으로 세계적 경쟁력을 지닌 바이오 기업들을 중심으로 혁신 클러스터를 육성하고자 하였다. 이를 위해 독일 연방정부는 바이오 분야 육성 의지를 지닌 지역들을 선정하여 특성화를 위한 기반을 형성하는 데 집중적인 지원 작업을 수행하고, 이 중에서도 가장 혁신적인 세 지역을 경쟁을 통해 2차로 선정하여, 독일을 대표하는 바이오 클러스터로 집중 육성하여, 바이오 분야의 혁신을 주도한 지역으로 발전시키는 방식을 취하고 있다.

세 번째 특성은 독일이 취한 바이오 클러스터 전략에서 기초 및 혁신기술의 네트워크화와 상업화에 초점을 두고, 성공적 상업화를 통해 새로운 혁신 기업들을 창출함으로써 고용 창출을 적극화하려는 것이다.

이 같은 독일 정부의 의도는 무엇보다 기초과학 분야에서의 강력한 경쟁력에도 불구하고, 상업화의 속도와 생산기술의 역동성에서 상대적으로 뒤졌다는 위기의식을 타개하기 위한 노력을 반영하고 있다.

네 번째 특징은 독일 정부 및 민간부문 연구소들이 바이오 분야의 기술

개발과 혁신에 적극적으로 참여하여 이들 기업들과 광범위한 협력 네트워크를 활성화하고 있다는 점이다.

독일의 기초과학기술을 대표하는 독일 연구협회(German Research Association), 막스 플랑크 연구회(Max Planck Society)에서는 전체 연구비의 1/3 정도를 바이오 과학, 바이오 의학 분야에 투입하여 기초 연구를 지원하고 있다. 이들 연구협회 산하의 막스 플랑크 연구소, 헬름홀츠 연구회(Helmholtz Association), 라이프니츠 과학연구회(Leibniz Science Association), 프라운호퍼 연구회(Fraunhofer Society) 등은 바이오 등의 분야에서 최고 수준의 연구가 이루어질 수 있도록 지원하는 데 앞장서고 있으며, 혁신 기업들과의 네트워킹을 활발히 전개하고 있다. 또한 지역간 경계를 넘어서는 유럽 차원의 시너지 효과를 도모하기 위해 유럽 전역에 걸친 협력 네트워크를 형성하기 위해 노력하고 있다. 또한 북부 라인 지역 바이오 밸리(Bio-Valley Upper Rhine), 프라이부르크 바이오 지역(Freiburg Bio-region) 등을 통해 스위스 · 프랑스 등과 협력, 독일 · 스웨덴 · 덴마크 등이 합작한 바이오콘 밸리(Bioconvalley) 프로젝트 등 다양한 국가간, 지역간 협력 프로젝트와 네트워킹을 주도하고 있다.

1995년 무렵부터 도입된 바이오 지역들에 대한 평가는 독립적인 해외 전문가(international jury)들에 의해 이루어지도록 하였고, 해당 분야에서 독일의 경쟁력을 강화해 온 것으로 평가하고 있다. 1997년에는 라인란드(Rheinland), 뮌헨(München), 라인-넥카 트라이엥글(Rhein-Neckar-Triangle)의 3개 지역을 17개 지역들 중 모범 지역으로 선정하고, 예나(Jena) 지역을 동부 독일의 특별 지역으로 선정하여 이들 지역들에 대해 2,200만 달러를 지원하였다. 독일 정부는 우수 지역들에 대한 '종자돈' 지원을 통해 하이테크 벤처 클러스터가 형성될 수 있는 기초를 만들어 주고자 한 것이다(Federal Ministry of Education and Research, 2004).

바이오 지역 지원 프로그램이 몇몇 지역에서 혁신 기업과 클러스터를 활성화하고, 지역의 혁신적 분위기를 주도하기 시작하자, 독일에서는 그동안 유전공학이나 바이오 산업에 대해 형성되었던 부정적 이미지나 사회적 인식이 크게 변화하는 계기를 맞이하게 되었다. 이 산업에 대한 정치적 편견과 사회적 규제가 빠른 속도로 제거되는 분위기가 형성되었고, 지방정부들도 바이오 지역 육성을 위한 경쟁에 보다 적극적으로 가담하는 양상을 보이게 되었다(Gwynne, 2005).

바이오 지역 육성 프로그램의 성공과 더불어 독일에서는 1999년부터 이와 유사한 혁신 프로그램들이 도입되기 시작하였다. 1999년에는 바이오 프로파일(BioProfile) 프로그램을 도입하여 바이오 기술을 신제품개발, 생산과정 혁신, 서비스 개발 분야로 전환하는 데 성공한 모범 사례들을 발굴하여 이들에 대한 지원정책을 실시하였는데, 여기에서도 30여 지역들간의 치열한 경쟁의 결과 포츠담/베를린(Potsdam/Berlin, Nutrition related disease); 브라운슈빅/괴팅겐/하노버(Braunschweig/Goettingen/Hanover, Functional Genomic Analysis);슈투트가르트/넥카/알프(Stuttgart/Neckar-Alb, Stern Bio-region, Regeneration Biology) 지역이 선정되어 세 지역에 대해 모두 5,000만 유로가 지원되었다.

3) 정책의 효과

독일의 바이오 지역 경쟁 프로그램의 도입은 독일의 주요 지역들이 바이오 연구, 혁신, 상업화, 고용 창출 등을 중심으로 역동적 혁신 클러스터를 만들어 가는 데 큰 영향을 미친 것으로 평가된다.

이 프로그램이 도입되기 전 독일 전역에서 70여 개에 불과하던 바이오 벤처 기업들은 수는 최근 500여 개로 크게 증가하였다. 바이오 분야에서 새로 9,000여 개의 일자리가 창출되었고, 바이오 분야에서 회사 수에서 영국에 넘겨주었던 독일의 1위 자리를 마침내 되찾았다. 독일의 주요 바이오

〈표 2-4〉 독일의 성공적 바이오 지역들의 특성

<table>
<tr><th>지역</th><th>과학적 기반</th><th>회사의 기반</th><th>기타 특성들</th><th>지역의 성과</th></tr>
<tr><td>München</td><td>2개의 대학, 세계적 수준의 대규모 바이오 기술 연구소</td><td>Roche Dignostics 등 대규모 바이오 기술 생산 기지 인접, 1996년에 34개 정도의 바이오기술기업들 존재</td><td>1992년부터 지역 수준의 지원 시작, 국제 벤처 자본 기업들 유입</td><td rowspan="4">· 창업활동, 일자리 창출 활성화
· 기업 유치 활성화
· 지식 창출 활성화</td></tr>
<tr><td>Rhineland</td><td>4개의 관련 대학들, 유럽 최고 수준의 학술기관 밀집도, 몇몇 주요 바이오 기술 연구기관들</td><td>대규모, 중견 규모 제약 기업들 소재 (Bayer), 1994년 현재 약 20 여 바이오 기업들 존재</td><td>지역 전역에 고른 연구센터 분포, 1991년부터 지역 수준에서 부분 지원 시작</td></tr>
<tr><td>Rhein-Neckar -Triangle</td><td>1개의 대학과 몇개의 주요한 바이오 기술 연구 기관들</td><td>Roche, BASF 등 대규모 제약 기업들, 몇몇 바이오 기술 회사들 존재</td><td>인근에 추가적으로 대규모 제약 기업들 존재</td></tr>
<tr><td>Jena</td><td>1개의 대학과, 바이오 기술 관련 3개 연구소</td><td>1개의 중견 규모 제약업체, 1995년 5개의 바이오 기술 회사들</td><td>인구 10만 규모에도 불구하고, 광학기기 분야에서 전통과 역사 축적 (Carl Zeiss)</td></tr>
</table>

지역에서는 신기술로 무장한 '스타트 업(start-up)' 기업들이 출현하였고, 이들과 대학, 연구소 등의 활발한 네트워킹이 이루어지게 되었다. 바이오 지역 프로그램의 성공에 뒤이어 다양한 영역에서 유사한 경쟁 지원 프로그램이 도입되었다.

독일이 바이오 지역들 사이의 엄격한 경쟁을 거쳐 집중 지원이 이루어지는 뮌헨, 라인랜드, 라인-넥카 트라이앵글, 예나 지역은 독일의 바이오 지역들 중에서도 독특한 특성을 지닌 경쟁력 있는 클러스터로 거듭나고 있다. 비록 경쟁에서 뒤졌지만 바이오 분야의 육성 의지를 지닌 지역들 또한 각자 그들의 특성화 분야를 설정하고 바이오 산업의 경쟁력 향상을 위한 노력을 지속적으로 전개하고 있다.

바이오 지역 지원 프로그램의 성공을 상징하는 대표적인 지역이 뮌헨이다. 뮌헨 및 그 인근의 마틴스리드(Martinsried) 지역에는 현재 약 120여 개의 제약 및 바이오 기업들이 활동하고 있으며, 이들 기업들을 중심으로 혁신적 바이오 기술 개발과 상업화가 활발히 이루어지고 있다. 뮌헨이 속한 바베리아(Barbaria) 주정부는 연방정부와 더불어 최고 수준의 과학기술 환경을 제공하는 데 앞장서고 있으며, 새롭고 혁신적인 바이오 벤처 비즈니스 문화를 활성화함으로써 이 지역에서 유망한 바이오 기술 전문 기업들이 50여 개 이상 규모로 증가하는 데 결정적인 촉매 역할을 담당하였다. 이러한 뮌헨의 지역적 노력은 해당 분야의 고용 창출로 이어져 1997년에 마틴스리드 지역에서 125명에 불과하던 바이오 기술 종사자 수는 최근 이 지역에서만 1,000명을 훌쩍 넘었고, 뮌헨 및 인근 지역 전체로는 1,800명 이상의 규모로 크게 증가하는 모습을 보였다.

뮌헨 지역이 이러한 성과를 거두는 데에는 이 지역에 산재한 일급 학술 연구기관들의 존재도 중요한 기능을 담당하였다. 2개의 종합대학, 1개의 공과대학, 막스플랑크 바이오케미스트리 및 뉴로바이올로지 연구소 등은 바이오 분야를 선도하는 첨단 일급 기술과 지식을 생산하는 과학 연구 기반을 제공했던 것이다. 뮌헨 지역의 바이오기술 생산과 연구개발 설비, 제약 및 분석 분야와 관련하여 베링거 만하임(Boehringer Mannheim, 현재는 Roche Diagnostics로 개명)이라는 다국적 제약 회사의 기여가 상당히 컸던 것으로 보인다. 그러나 이보다 더 중요했던 것은 뮌헨 남부 지역에 집중된 연구기관들의 역할이었다. 이를 기반으로 뮌헨은 산업 중심보다는 연구 중심의 분야로 특성화를 지향하였다. 이 지역의 강력한 과학기술 기반은 2개의 대학, 2개의 폴리테크닉, 3개의 막스 플랑크 연구소, 3개의 프라운호퍼 연구소, 1개의 헬름홀츠 연구센터, 1개의 라이프니츠 연구소, 독일의 4개 유전자센터 중 1개 등을 거느리기에 가능한 것이었다.

바이오 지역의 비즈니스 네트워크를 활성화하기 위한 지역 차원의 노력도 중요한 기능을 수행하였다. BioM은 이 지역에서 바이오 기술의 개발을 책임지는 네트워크 조직이다. 이 기관은 특허, 비즈니스, 금융 조달 등의 문제들에 대해 컨설팅과 조언 등을 제공하고, 기업활동을 위한 초기 투자를 지원하며, 혁신 네트워크에 대한 관리 및 지원 등을 수행한다. 또한 새롭게 출발하는 혁신 기업들을 위한 실험 공간과 비공식적 협력활동을 지원하는 Biotechnological Innovation Centre(IZB) 등을 운영하고 있다. 독일의 다른 지역과는 달리 바베리아는 유전공학 연구를 처음으로 허용한 지역으로, 관련 분야에서 법적 제약을 제거하는 데 노력을 기울였다. 이러한 활동들을 기반으로 지역에서는 바이오 기술개발을 위한 훌륭한 환경이 조성될 수 있었던 것이다.

〈표 2-5〉 뮌헨 지역 바이오 클러스터의 성공요인

우수한 인프라와 법제도 환경	· 2개의 바이오 기술 선도기관
	· 잘 갖추어진 실험 및 사무공간
	· 적절한 규제 환경, 비관료적이고 혁신친화적인 기업 환경
	· 공항, 철도, 고속도로 등 잘 갖추어진 교통인프라
	· BioM을 중심으로 한 원스톱 서비스
자본조달	· 뮌헨을 중심으로 활동하는 35개 이상의 벤처 자본
	· 벤처 자본의 절반 이상이 바이오에 투자
	· 지역의 제약 분야 대기업들과 양호한 협력 기회
	· 1997년에 개설된 프랑크푸르트 주식시장에서 'Neuer Markt'라는 새로운 거래소 지원
기술이전	· 프라운호퍼 연구소를 중심으로 특허 및 법률 관련 관리 체계 지원
	· 대학의 기술 이전센터

기술이전	· 대학의 실험 및 연구 공간 제공
	· 막스 플랑크 기술이전센터
	· Munich Business Plan Competition을 중심으로 혁신 문화 확산
	· Munich Business Angel Network 등 잘 발달된 네트워크
소프트 요인들	· 명성 높은 바이오기술 클러스터
	· 바베리아 지역의 정치센터
	· 매력적인 주거 환경: 인근 알프스 등지의 스포츠 레저 환경
	· 풍부한 역사 및 문화 유적지와 이벤트들
인적 요인	· 최고 수준의 고급 인적 자원 존재
	· BioM 경쟁 프로그램의 도입
	· 외부 자원과 인력의 적극적 유치
기업가들	· 1997년 이래 150건 이상의 비즈니스 계획 검토
	· München Network를 중심으로 지속 가능한 하이테크 기반 성장 비즈니스 네트워크 형성
	· 활발한 경쟁: Northern Bavarian Business Plan Competition
	· 5개의 공개 상장 기업
	· 보다 성숙된 역할 모델
강력한 과학 기반	· Ludwig-Maximilians University
	· Technical University
	· 2 Universities of Applied Sciences
	· 2 University Hospitals
	· 3 Max-Planck-Institute
	· GSF-National Research Center for Environment and Health

참고 자료: http://www.bio-m.de

바이오 육성을 위한 지역의 의지, 혁신 친화적 기업문화, 발전된 과학기술 연구 기반을 통해 바이오 분야에서 선도적 위치로 올라선 뮌헨 지역에서는 혁신적 노하우의 기업화와 상업화가 촉진되었고, 대학과 연구소들을 중심으로 기업이 결합된 혁신 네트워크가 활발히 구성되어 클러스터 형성에 필요한 '결정적 규모(critical mass)'를 형성하기 시작한 것이다. 독일을 떠나던 바이오 기업들도 뮌헨의 성공에 주목하기 시작하였다. 벤처 기업들을 지원하는 외국의 펀드와 지식 기업들의 투자가 활성화되기 시작하여 뮌헨 지역은 유럽의 손꼽히는 하이테크 바이오 지역으로 발돋움하게 되었던 것이다(BioM, 2003a; 2003b).

4) 정책적 함의

독일의 바이오 지역 육성 전략은 몇 가지 점에서 상당한 성공을 거둔 것으로 평가되고 있다. 바이오 지역 경쟁 프로그램은 지난 수년 동안 독일이 바이오 분야에서 유럽의 선두에 서도록 하는 데 상당한 기여를 한 것으로 나타났으며, 이들 지역에서 핵심 행위자들 사이의 협력과 소통이 활성화되면서 연구와 지역간 협력에서의 혁신을 촉진하는 지역적 환경의 형성에 기여한 것으로 평가되고 있다(http://www.bioregio.com). 독일의 바이오 지역 클러스터 정책을 통해 얻을 수 있는 주요한 시사점들을 추려보면 다음과 같다.

독일의 바이오 지역 육성정책은 기업 육성, 고용 창출, 지식 창조 등의 측면에서 상당한 성공을 거둔 것으로 평가할 수 있다. 심지어 동부 독일의 예나 지역에서조차 1997~2001년이라는 단기간에 일자리가 600개 이상 증가하였다.

대학, 연구기관, 기술이전센터, 혁신 기업 등 강력한 과학적 토대가 지식 집약 산업의 전제 조건이라는 것을 보여 준다. 이러한 조직과 기관, 개인들이 연구와 인재 육성, 기술과 자금 조달 등에서 효과적으로 네트워킹을 형성하면 클러스터로의 발전이 가능하다는 것을 보여 준다.

바이오 지역 경쟁 프로그램의 주요한 성과는 공공부문의 지원정책과 의사 결정에서 민간 투자 유치를 유도하는 데 주된 목표를 두었다는 점이다. 공공부문에서 자금 지원이 이루어질 때 높은 기대 수익을 가장 중요시하였다. 이러한 시장 중심의 정책으로 적은 공공자금 투입으로도 민간부문에서 적극적인 투자를 유도하는 긍정적인 결과를 만들어 낼 수 있었다.

이 프로그램에서는 또한 지역적 기업가적 활동을 지역적으로 활성화하고, 새로 창출되는 기업가들을 위한 지원과 조언에 비중을 두면서, 다른 한편에서는 지역간 경쟁을 적극적으로 유도하는 데 성공한 것을 들 수 있다.

한국의 상황과 비교해 볼 때 독일은 또한 지역 수준에서 강력한 산업과 고용 기반을 형성함으로써 혁신 네트워크가 핵심 인재를 유지하고, 이들을 지역의 혁신활동에 기여할 수 있도록 하는 데 성공한 점을 들 수 있다. 산업의 특성상 지식과 혁신 능력을 지닌 고급 인재와 연구 거점의 존재가 무엇보다 중요한 바이오 분야에서 핵심 인재의 현지 정착과 고용을 유지할 수 있는 강력한 지역 기반을 형성하고 있는 것은 인재 고갈에 시달리는 한국의 지역에 대해 여러 가지 측면에서 많은 시사점을 제공하고 있는 것이다.

(2) 바덴-뷔르템베르크(Baden-Württemberg)

1) 연방과 분권의 나라 독일

독일은 우리에게 가장 잘 알려진 연방국가이다. 하나의 국가 틀 속에서 지방정부들(Länder)의 광범위한 자율성을 허용하는 연방제 시스템은 독일의 중요한 특징이자 장점의 하나로 알려져 있다. 연방제를 기초로 한 분권 시스템은 독일 사람들의 다양성과 놀라울 정도로 잘 어울려 조화를 이루어 냈다. 연방제는 자유를 보호하고, 다양성을 촉진하며, 실험과 성장을 촉진하는 것으로 알려져 있다. 독일의 연방제는 뿌리 깊은 역사적 전통을 갖고 있다. 이러한 역사적 배경은 독일의 통일에도 긍정적인 영향을 미쳐 구동독 지역의 지방정부들이 큰 두려움 없이 그들의 문화적 정체성을 일정한 부분에서 유지하면서 독일 연방 공화국 체제로 통일되는 것을 가능케 한 요인이었다. 연방제는 독일인들에게 자연스러운 정치적 삶의 일부인 것이다.

사람들은 독일을 논의할 때 마치 독일이라는 단 하나의 민족적 특징만이 존재하는 것처럼 인식한다. 그러나 실제 독일을 찾아가 보면 독일에는 여러 유형의 독일, 그리고 다양한 독일인이 있다는 것을 금방 알아차릴 수 있다. 이러한 이유 때문에 괴테(Goethe)나 쉴러(Schiller) 같은 문호들은 일찍이 독일 통일을 눈앞에 둔 시점에서도 "국민들을 독일이라는 한 국민으로 구성하는 것은 거의 불가능하기 때문에 국민들은 각자 개성을 지닌 인간으로 살아가는 편이 낫다"라고 지적한 바 있다.

독일을 여행하면 지역적 다양성을 더욱 확연히 느낄 수 있다. 연방제의 틀 속에서 지역들은 지역적 다양성을 마음껏 꽃 피우고 있는 것이다. 북해와 스칸디나비아, 네덜란드, 영국을 바라보는 함부르크나 브레멘 사람들은 직설적이고, 개신교 전통이 강하며 사민당 지지자들이다. 그 대각선상으로 반대편에는 바로크적 문화에 젖은 바베리아 지역의 중심지 뮌헨이 자리 잡고 있다. 이 지역은 특히 여름철에는 알프스, 오스트리아, 이탈리아와 더 가깝다. 바베리아 사람들은 낭만적 성향이 강하고 맥주를 즐기는 것으로 알려져 있다. 그러면서도 뮌헨은 고급 패션, 영화, 문화센터로 많은 외국인들을 끌어들이는 매력적인 도시이면서도 종종 사민당이 집권한다. 반면 뮌헨 주변의 외곽 지역들은, 기독교 민주당의 보수적 자매정당인 CSU가 집권하고 있다. 남부 유럽 내에서도 가톨릭 바베리아인(Catholic Bavarians)과 개신교 스와비안(Protestant Swabians) 사이에 분명한 차이가 있다. 스와비안들은 말이 느린 반면, 근면하고, 금욕적인 것으로 알려져 있다. "스와비안은 다른 사람과 테이블을 같이하면 그것을 파티로 생각한다"라는 말이 있을 정도이다.

서부 독일 방면으로 향하면 프랑스와 베네룩스 국가들을 마주한 라인랜더(Rheinlander) 지방이 나온다. 이곳 사람들은 전통적으로 와인과 맥주를 즐기며 바베리아 사람들처럼 가톨릭이다. 오래 전 로마의 식민 도시였던 라인랜드의 중심도시 쾰른 지방은 박물관, 미술관, 거대한 성당 등으로 유면하고 이 지방의 문화 중심지로 개방적이고 활력 넘치는 분위기를 지니고 있다. 독일의 동쪽에는 1991년부터 통일 독일의 수도로 결정된 베를린이 자리 잡고 있다. 베를린 사람들은 원래부터 예리하고, 비판적이며, 위트가 넘친다. 바덴-뷔르템베르크는 부지런한 스와비안들이다. 노스라인베스트팔리아(North Rhein-Westphalia)는 역사적으로 프랑크적 특성을 갖고 있으며 한때 로마 제국의 일부였다. 매력적인 대학 도시 뮌스터(Münster)는 라인란드와도 분명히 구분된다. 베스트팔리아 사람들은 아주 신중한 것으로 알려져 있다. 베스트 팔리아 사람들과 친해지려면 소금 한 가마니는 먹어야 한다는 말이 있을 정도이다. 구 동독 지역들도 마찬가지로 지역들간의 차이가 많다. 메켄부르크(Meckenburg) 사람들은 느린 편인 반면 색슨(Saxon) 사람들은 부지런한 편이다. 메켄부르크 지역이 호수와 숲으로 둘러싸여 있다면 색슨 지역은 구동독의 산업 중심지이다.

이러한 차이는 언어로까지 확대된다. 북부 독일말(Hochdeutsch, High German)이라는 표준어가 있지만, 독일에는 풍부한 방언이 애용된다. 메켄부르크, 프리지안(Frisians), 스와비안, 바베리안, 심지어 베를린 사람들이나 쾰른 사람들이 각자 그들의 방언을 사용하기 시작하면 서로 말이 안 통할 정도라고 한다.

독일 사람들을 이해하는 핵심은 그들의 하이마트, 즉 고향(Heimat)이라는 말이 있다. 독일 사람들은 어디엔가 깊숙이 그들이 속한 지역을 갖고 있다. 이들의 소속은 큰 지방뿐 아니라 더 작은 지역, 지구, 작은 도시, 혹은 마을 같은 곳들이다. 독일 사람들의 강력한 공동체 의식은 타키투스(Tacitus)가 오래 전 게르마니아(Germania)에서 이야기했던 독일 사람들의

'종족성(tribalism)'에 그 연원을 두고 있는지도 모른다. 이러한 독일의 분권적 전통과 문화는 중세 신성 로마제국(Holy Roman Empire) 시대, 17~18세기에 300개 이상의 소국(Kleinstaaterei)으로 나뉘어 살던 시기로 거슬러 올라간다. 오늘날 고향도시(Heimatstadt)로 구성된 독일은 독일 연방 공화국을 구성하는 수많은 블록들의 일부이다(Radice, 1995).

자연히 제2차 세계대전 이후 연합군은 진주하자마자 지방정부(Länder)들을 재건하기 시작하였다. 이 랜더들의 대표들이 모여서 오늘날 독일 연방 공화국을 건설한 것이다. 미국은 연방제 독일을 강력히 선호하였다. 독일에서 독재가 다시 나타나지 않도록 하기 위해서는 권력의 견제와 균형기능이 필요하다고 보았던 것이다. 미국이 추구한 모델은 대단히 성공적이었고, 독일의 전통과 잘 맞아 떨어졌다. 역사적으로 볼 때 연방제는 중심과 주변의 균형을 유지하고 국가적 틀 내에서 지역적 다양성을 보존하는 독일식 해법이었던 것이다.

2) 바덴-뷔르템베르크의 혁신 기반

바덴-뷔르템베르크 지역은 전후 연방국가 독일의 발전과 혁신, 번영을 상징하는 대표적 지역이며, 중부 유럽의 하이테크 산업을 대표하는 유럽의 최고 선진 지역이다. 전통 산업은 물론 첨단 산업 분야 모두에서 고른 경쟁력을 보유하고 있는 유럽의 기술 혁신과 경쟁력의 선두 지역으로 오랫동안 안정된 지위를 누려 왔다. 이 지역에는 슈투트가르트, 칼스루에, 하이델베르크, 바덴바덴 등 전 세계적으로도 가장 강력한 경제적 경쟁력을 갖추고 널리 알려진 대표적인 유럽 도시들이 곳곳에 포진하고 있다(장재홍, 2004; 국가균형발전위원회, 2003).

이 지역은 1952년 Würtemberg-Baden 지역 Würtemberg-Hoenzollen 지역, Baden이라는 세 지역의 결합으로 만들어져 전후 독일의 발전과 번영을 선도해 온 지역으로 발전하였다. 바덴-뷔르템베르크는 독일 연방 공화국에서 세 번째로 큰 지역이며, 면적으로는 벨기에보다, 인구로는 덴마크보다 큰 규모를 자랑한다. 지역이 통합될 때 당시 이 지역에는 스와비안(Swabians), 북스와비안(Upper Swabians), 팔라틴(Palatines), 프랑코니안(Franconians), 알레마닉(Allemannics), 그리고 바덴(Baden) 지방 사람들이 함께 결합되었다. 이로 인해 이 지역은 독일에서도 문화적 다양성, 다양한 정체성, 풍부한 역사적 배경을 자랑하는 손꼽히는 지역으로 축적된 문화적 잠재력을 보유하고 있다.

지난 20세기 중반까지 독일의 남서부 지역은 수백 년 동안 공작령(duchies), 공국령(principalities), 영주령(counties), 황제도시(imperial cities), 교단(bishoprics) 등이 혼재해 왔으며, 이곳은 독일 전체 16개 주 중에서도 가장 성공적인 지역이 되었다. 쉴러, 횔더린, 헤겔, 하이데거, 호크하이머, 바이체커(독일 대통령) 케플러, 안네소피 무터, 디트마 호프(SAP 회장) 등과 같은 세계적 문호, 사상가, 기업가 등이 모두 이 지역 출신임은 잘 알려져 있다.

바덴-뷔르템베르크 지역이 유럽의 산업과 기술 혁신에서 이처럼 중요한 위치를 점하게 된 되에는 다음과 같은 요소들이 상당한 기여를 한 것으로 보인다.

· 생활화된 과학 문화: 바덴 지역에서는 과학기술이 생활의 일부이며, 지역 문화의 가장 중요한 요소로 자리 잡고 있다. 신기술과 발명은 지역 주민들에게 삶의 일부로 존재한다. 과거 자전거, 스파크 플러그, 내연기관, 비행선, 나이론, 자동차 등이 발명되었음은 주지의 사실이다. 에어백, ABS 브레이크 시스템, 원격조정 및 CMOS 칩 기술 등의 주요한 기술혁신도 이 지역에서 이루어졌음은 주지의 사실이다. 이 밖에도 극한 상황에서 인간이 수행하기 힘든 작업을 수행하는 로봇 기술, 우주로켓 분야 기술혁신 등이 이 지역에서 주도되고 있다.

슈투트가르트를 중심으로 항공우주공학 기술, 칼스루에 지역을 중심으로 의료기기 및 광학기술, 하이델베르크 등의 종양 연구 등이 과학 기술 혁신을 주도하고 있다. 과학적 상상력, 호기심, 발명가적 재능과 동기 부여 문화가 활성화되어 있어서 유럽 전체에서 1인당 특허 수가 가장 높은 지역이며, 기초과학 분야에서 4명의 노벨상 수상자를 배출하였다. 독일 전체에서도 연구 기반체계가 가장 잘 갖추어진 지역으로 그 위치를 확고히 하고 있다.

· 하이테크 기반: 고급기술 과학자, 첨단 연구 설비, 독특한 기술 인프라 등을 구비하여 첨단기술 분야에서 이상적인 기반이 제공되고 있다. 정보기술, 바이오텍, 메디컬 기술, 기계공학 엔지니어링, 일렉트로닉 엔지니어링 등의 분야에서 민간기업들과 긴밀히 협력하는 첨단 연구소들이 다양하게 분포하고 있다. 14개 막스 프랑크 연구소, 15개 프라운 호퍼 연구, 협력 연구를 수행하는 9개 연구소, 7개 대학 내 연구소, 300개 슈타인바이스(Steinbeis) 기술 이전센터 등이 산재하고 있다. 이러한 기관들을 기반으로 제품혁신과 신기술 분야에서 계속 선도적 위치를 유지하고 있는 것이다.

민간부문에서의 주요 기술혁신은 주로 보쉬(Bosch), 다이믈러 크라이슬러(Daimler Chrysher), 포르쉐(Porsche), 차이스(Zeiss) 등의 핵심 기술을 보유한 세계적 수준의 중소 규모 기업들이 주도한다. 이들 기업들은 고부가가치 제품을 수출하고, 대기업들에 대한 필수적 부품업체들로, 지역의 경제를 주도하는 역할을 수행한다. 이 지역에서 이루어지는 부가가치 생산의 2/3 정도가 중소기업들에 의해 주도되며, 주정부에서도 이들 혁신 중소기업들을 육성하고, 체계적으로 관리하기 위한 프로그램들을 개발하는 데 집중적인 노력을 기울이고 있다.

· 지정학적 위치: 지정학적으로 유럽 중부 경제의 중심 지역으로 주도인 슈투트가르트는 파리, 빈, 로마, 코펜하겐, 모스크바, 리스본 등 유

럽 각지의 주요 도시들을 4시간 이내의 비행 거리에 두고 있다.

· 매력적 시장: 높은 생산성, 높은 구매력을 보유한 역동적 시장 환경을 제공한다.

· 강력한 경제: 전 세계 인구의 0.2%에 불과한 지역이 전 세계 수출의 2%를 담당할 정도로 강력한 경제를 자랑한다. 이탈리아, 스위스, 프랑스 등 선진 유럽 지역뿐 아니라 지속적으로 성장하는 동유럽 배후지를 갖고 있으며, 보쉬, 다이믈러 크라이슬러, 포르쉐, 휴고 보스(Hugo Boss), SAP 등과 같은 세계적 다국적기업의 본사가 위치해 있다. 뿐만 아니라 ABB, 휴렛팩커드(Hewlett-Packard), IBM, 미쉘린(Michelin) 등이 유럽 지역 본부를 이곳에 두고 있다.

· 효율적인 물류 기반: 현대적 생산에 요구되는 항공, 육상 등의 완벽한 물류 시스템을 구축하고 있다. 3개 대륙간 고속도로, 프랑크푸르트 등을 비롯한 주요 공항들, 잘 발달된 철도 시스템, 수로 등이 이 지역에 집중되어 있으며, 서쪽으로는 프랑스로, 남쪽으로는 스위스와 오스트리아로 연결되는 유럽의 국제적 연결통로로 중요한 기능을 수행한다.

이 지역의 경제를 주도하는 주요 핵심 산업으로 가장 큰 것은 자동차를 중심으로 한 자동차, 기계 클러스터이다. 아우디(Oudi), 다이믈러 크라이슬러, 에보 버스(Evo-Bus), Neoplan, 포르쉐, ZF 등 100여 개 이상의 자동차 공장들, 200개 이상의 고부가가치 부품업체들이 이 지역에 포진하고 있으며, 항공우주 산업 분야에서 핵심 부품 생산, 제작에 종사하는 다수의 기업들이 입주해 있다. 전기전자, 정보기술, 플래스틱 및 유리, 정밀기계, 금속 제품 생산 등에서 높은 시너지 효과를 창출하고 있으며, 2,000개 이상의 자동차 기업들, 개발 파트너들이 바덴 지역 클러스터에 포괄되고 있다.

바덴 지역의 또 다른 산업 클러스터는 공정 및 제조기술 산업이다. 지역 노동자 20명 중 하나가 숙련 엔지니어일 정도로 숙련 노동력이 풍부하며, 자동차 산업 등과 더불어 강력한 시너지 효과를 만들어 내면서 페스토(FESTO), 하이델베르크 인쇄(Heidelberger Druckmaschinen), 트럼프(Trumpf), 포이트(Voith) 등이 이 지역에서 성공적으로 성장 기반을 구축하였다.

텔레콤, 정보기술, 미디어, 전자 등 이른바 TIME(TIME, Telecommunication, Information, Media, Electronics/electroal engineering) 부문으로 불리는 분야들은 이 지역에서 새롭게 등장하는 성장 동력 산업이 되고 있다. 바이오 기술을 중심으로 세계적 핵심 기업, 성장 기업들이 의료 산업을 이끌고 있으며, 환경 기술과 서비스 산업 부문에서의 경쟁력도 강력하다.

바덴 지역이 보유하고 있는 또 하나의 매력은 삶의 질이라는 요소이다. 다양하고 매력적인 문화 및 자연환경을 보유한 이 지역은 다양한 전통문화와 삶의 질을 누릴 수 있는 환경을 제공하고 있다. 슈투트가르트 발레, 오페라, 박물관, 전시관 등에서 손색없는 세계적 문화적 생활 기반을 구축하고 있는 것이다.

무엇보다도 바덴 지역의 가장 큰 자산은 역시 인적 자원과 교육체제이다. 아무리 좋은 비전과 아이디어도 사람이 없으면 현실이 될 수 없지만, 바덴은 지역의 미래에 필수적인 고급 인적 자원을 보유하고 있으며, 이들을 육성할 수 있는 능력과 인프라를 구비하였다. 바덴-뷔르템베르크 지역에서는 거의 100만에 가까운 사람들이 첨단 산업 분야에 종사하고 있다. 알카텔, SEL, 보쉬, 코닥, 차이스, IBM 등 세계적 기업들과의 네트워킹 등에서도 이 지역의 역량을 볼 수 있으며, 정보통신 산업 분야에서의 다양한 첨단 기술혁신을 이 지역에서 주도하고 있다. 9개의 대학, 37개의 응용과학 대학, 2개의 사립대학에서 세계적 수준의 인적 자원 육성이 이루어지고 있다. 응용학문 분야에서도 대학간 협력교육을 통해 산업과 무역에 필요한 인적 자원을 공급하고 있으며, 독일 특유의 발달된 직업 훈련 시스템을 통해 산업에 요구되는 훈련되고 유연한 기능을 지닌 숙련 노동력을 공급하고 있다.

주정부와 기업들은 740여 개의 직업 훈련기관들을 통해 숙련 노동력을 공급하고 있으며, 52%의 지역 노동력이 숙련 노동자들이다. 바덴 지역은 최근 IT, 텔레콤, 미디어 분야에서도 새로운 직업을 창출하고, 해당 인력을 배출하기 위해 노력중이다.

5. 요약 및 정책적 함의

(1) 연구 내용의 요약

지금까지의 연구에서 드러난 것처럼 유럽에서는 1990년대 이후부터 미국 등 여타 선진 지역들과 구분되는 지역혁신 클러스터의 육성 움직임이 본격화되고 있음을 알 수 있다. 유럽의 선진 클러스터 지역들은 크게 전통적 클러스터와 과학 기반 클러스터로 구분되지만, 다른 지역들에 비해 혁신역량과 발전 잠재력이 크고, 높은 경제적 성과를 보이는 것으로 판단되고 있다. 지역 경제에 대한 클러스터의 중요성 때문에 유럽에서도 EU 전체 수준, 국가 수준, 그리고 지역 수준에서 클러스터 육성을 위한 다각적인 노력들이 유럽 특유의 복층적 거버넌스 시스템을 통해 구체화되는 것을 알 수 있다.

유럽의 경우 지역 클러스터들은 기업 수나 고용에서 증가 경향을 보인다. 이는 많은 클러스터들이 성장성이 높은 과학 기반 클러스터이며 신생 단계의 특성을 보이는 것과 무관치 않다. 유럽의 혁신 클러스터들은 초국가적 지식과 생산 네트워크와의 관계를 의미하는 세계화 추세와, 지역적 자원 및 협력자들의 중요성을 의미하는 지역화 경향을 동시에 보이기 때문에 양자는 상호 보완적 속성이 강함을 시사한다. 전통적 클러스터에 비해 과학 기반 클러스터들은 역사적으로 축적된 사회적 자본이나 장기적 거래보다는 시장 거래나 일시적 연합에 의존하는 경향을 보이지만, 여전히 핵심 연구개발과 지원 서비스 분야에서의 지역 의존성은 증가하는 경향을 볼 수 있다.

클러스터 육성을 위한 지역의 정책들은 다원적 성격을 갖고 있지만, 최근 국가의 적극적인 조정과 개입이 상대적으로 과학 클러스터 육성 노력에서 뒤진 독일 등 대륙 국가들에서 나타나는 것을 볼 수 있다. 기술혁신의 속도가 증가하고, 지역의 범위를 넘어서는 과학기술에 대한 의존도가 증가하면서 클러스터 내에서는 장기간에 걸친 거래와 일시적 연합이 점점 증가하는 경향을 보이지만, 여전히 대부분의 발달된 클러스터 내에서 지역 특유의 사회문화적 요소들은 중요한 요소로 작용하고 있음을 볼 수 있다.

원칙적으로 클러스터 정책은 몇 가지 특징들을 공유한다. 우선 기존의 정책들은 지역 기업들의 시스템과 가치 창출 환경에 초점을 두며, 내생적 성장과정에 집중한다. 또한 승자 선출 전략을 택하며, 사회적 과정을 촉진하는 데 관심을 둔다. 다른 한편 회사들과 회사 및 지식기관들 간에 중개 역할을 수행하는 공공기관들의 역할에 주목한다. 그러나 클러스터가 성공하는 데 일반적으로 적용 가능한 법칙은 존재하지 않는다. 개별 클러스터들은 모두 나름대로의 성공과 실패요인들을 안고 있기 때문에 특정한 환경에서 그들 나름의 해결책을 도모해야 하며, 장애요인들을 제거해야 한다.

클러스터들에 대한 면밀한 비교 연구를 통해 성공 클러스터들의 교훈과 장단점을 효과적으로 학습하는 것은 매우 필요하다. 결과적으로 특정한 클러스터에는 이들의 환경에 적합한 정책들이 개발되고, 도입될 필요가 있다. 클러스터의 확인, 장단점의 분석, 선택 등이 클러스터 디자인에서 매우 중요하다. 클러스터 정책은 지역의 혁신역량 증대를 통해 지역 경제발전과 구조 전환을 촉진하는 것을 목표로 한다. 클러스터 정책이 효과적으로 수행되기 위해서는 경제발전과 개발정책, 내부 투자, 숙련 개발, 물리적 인프라, 기업가 정신의 형성 등 다양한 영역의 요소들을 효과적으로 통합하는 것이 필요하다. 지역적 환경에 적합한 정책수단들을 발전시키는 것과 더불어 지역 클러스터 육성정책은 기업간 협력과 비즈니스 네트워킹을 강화하는 것, 기업체들의 필요에 조응하여 지역의 제도적 두께(local institutional thickness)를 형성하는 것이 필요하다.

클러스터 정책의 첫 번째 일반적 목표는 '기업들 사이에 효율성을 증대하는 협력'을 촉진하는 것이다(OECD 2001:3). 협력은 공통의 인지적 '핵심 코드'로 기능을 할 수 있는 공통의 규범과 상식이 형성되면서 촉진될 수 있다. 이러한 사회적 규범들은 산업 공동체의 일상생활을 통해 유기적으로 형성되지만, 일부 규범들은 정책을 통해 의도적으로 형성되거나 촉진될 수 있다(Lorenzen, 2001; Asheim, 1998). 이러한 정책의 한 예로는 지역적 '클럽 자산(club goods)'으로, 지역에 속한 산업 공동체들이 함께 접근하고, 혜택을 공유할 수 있는 것들을 형성하는 것 등이다. 이러한 것들이 지역 클러스터들의 집단 학습을 촉진할 수 있다(Lagendijk, 2000).

지역의 공유 자산 형성의 중요성도 점차 강조되고 있다. 공동의 목표의식, 공공재를 위한 협력, 정보 공유 등이 잘 이루어지는 지역들이 상대적으로 더 높은 성과를 보여 주고 있다는 것이 계속 보고되고 있다(Enright, 2000; chapter 2.3). 이를 위해 특히 중요한 것이 직업 훈련과 교육기관이다. 클러스터의 훈련 요건이 많은 경우에 핵심요소이기 때문이다(OECD, 2001). 이러한 기관들의 주된 목적은 지역화된 기술과 역량을 제공하는 데 있다. 클러스터의 또 다른 문제의 하나는 연구개발기관들과의 협력이다. 이는 특히 혁신 중소기업들이 절실히 필요로 한다. 혁신 중소기업들은 연구개발기관들과의 협력을 조직하는 데 많은 한계와 어려움이 있기 때문이다. 따라서 정책 결정자들의 최근 고민은 지식 기반조직들과 기업들 간의 연계를 개선하고, 중소기업들의 개별 및 집단적 필요에 보다 적절히 부응하는 하부 구조를 형성하는 데 있다.

(2) 정책적 함의

유럽의 클러스터 지역에 대한 연구를 통해 드러나는 일반적인 이론 및 정책적 함의들을 간단히 요약해 보면 다음과 같이 정리될 수 있다. 전통적으로 지역의 정치, 경제적 자율성이 매우 높은 유럽에서는 국가적 차원에서 의도적으로 혁신 클러스터를 육성하지는 않았다. 그러나 미국 등 여타 선진경제 지역에서 클러스터의 중요성이 부각됨에 따라 유럽 각지에서 1990년대 이후 EU, 중앙정부, 지방정부 들을 중심으로 혁신 클러스터를 적극적, 의도적으로 육성하려는 움직임이 활성화되는 것을 볼 수 있다.

독일의 경우에도 바이오 클러스터 육성정책에서 관찰되는 것처럼 연방정부 차원에서 지역 정부들과 협력하면서 경쟁적으로 클러스터 형성과 네트워킹을 적극적으로 추진하는 경향을 보이고 있다. 독일의 경험에서 볼 수 있는 것처럼 지방 및 중앙정부가 지역혁신 클러스터의 육성에 보다 적극적으로 개입하고 참여하는 방식들은 과거에 비해 더 활성화되는 경향을 보이고 있으며, 클러스터의 혁신효과가 긍정적으로 드러나면서 앞으로도 그러한 경향이 강화될 것으로 전망된다.

유럽의 클러스터 형성과 발전 양상을 종합적으로 볼 때 클러스터의 발전에 대해서는 일반화된 이론 체계는 찾아보기 힘든 것이 사실이며, 지역의 실정에 적합한 방식으로 개성 있는 크고 작은 클러스터를 발전시키기 위한 지역, 국가 차원의 노력이 중요한 의미를 지니는 것으로 볼 수 있다.

이를 위해서는 지역 내외의 여러 기관들과 협력하여 클러스터가 순조롭게 육성, 발전할 수 있도록 하는 것이 매우 중요하다는 평범한 사실을 확인할 수 있다. 또한 클러스터의 영역은 지리적, 법제적 수준에서 매우 다차원적이므로 지역, 전국, 국제적 수준에서 상이한 행위자들 상호간에 긴밀한 조정과 협력이 이루어질 수 있도록 하는 것이 매우 중요하다.

클러스터 형성의 일반화된 경로는 존재하기보다는 창조되는 것이므로 지역의 혁신 클러스터를 육성하기 위해서는 개별적 접근이 효과적이다. 특정한 지역의 혁신 클러스터들은 그 자체로 고유한 역사적 배경을 갖고 있는 경우가 많으며, 그러한 이유 때문에 지역의 특유한 요소들에 주목하고, 이러한 요소들에 대해 더 많은 관심을 가져야 한다. 지역 수준의 고유한 가치 창출 환경, 내재적 성장과정, 사회적 과정들에 주목해야 하며, 이와 더불어 기업들과 지역조직들을 매개하는 공공기관들의 역할이 매우 중요하다.

다른 한편 클러스터 개발을 위해서는 지역의 독특한 조건이나 수요에 적합한 방식으로 이를 발전시키는 것이 중요한 것으로 판단된다. 이를 위해서는 보다 유연한 정책적 사고와 접근방식이 요구된다. 클러스터 자체의 유동성과 변화 가능성이 매우 크기 때문에 빠른 기술 변화 추세에 적절히 적응하기 위한 노력, 발전의 초점을 적극적으로 변화시키기 위한 대응 자세가 요구된다. 클러스터 형성을 위한 노력에서 참여 주체, 행위자들이 처음부터 적극적으로 참여하는 것이 중요하며, 클러스터 전략을 구성하는 초기 단계부터 클러스터 구성원 사이의 광범위한 토론과 협력을 통해 사회적 합의를 이끌어가는 것이 중요함을 알 수 있다.

또한 클러스터의 발전을 촉진하기 위해서는 자체의 역량만을 고집할 필요가 없으며, 지역적 시각과 세계적 시각을 균형 있게 유지하고, 이를 추구하는 것이 바람직하다. 핵심 기술과 학습이 지역을 중심으로 존재하는 경우에도 필요한 경우 일정한 요소들을 세계적 조달방식으로 구할 수 있으며, 다국적기업의 일정한 부서들을 유치함으로써 경쟁력을 강화할 수 있는 것이다.

클러스터 형성의 단계가 다양하고 상이하므로 시간적 지속성을 갖고 클러스터 개발 노력을 다양한 차원으로 전개하는 것이 요구된다. 특히 하이테크 분야에서는 기술 변화의 속도가 엄청나게 빠르기 때문에 정책 형성자들은 이러한 가변적이고 유동적인 기술 변화와 역동성에 영향을 미치는 크고 작은 요인들에 민감하게 적응해야 하며, 보다 넓은 장기적 시각으로 기술과 자원, 기회와 위협요인의 변화에 능동적으로 대처하기 위한 노력을 전개하는 것이 요구되고 있다.

클러스터의 거버넌스 구조와 조정 기제가 다양하므로 이 문제를 정확히 인식하고, 부족한 자원을 가장 효과적으로 적절히 활용할 수 있는 전략이 마련되어야 한다. 미래의 클러스터 정책을 주도하기 위해 지역 차원에서 미래지향적 비전을 도출하기 위한 노력을 전개할 필요가 있으며, 무엇보다 클러스터의 핵심역량을 지역에 뿌리내리고, 심화시키며, 보다 폭넓게 확장시키고, 활동을 풍부하게 만들며 혁신역량을 개선하기 위한 노력을 전개하는 것이 중요한 것으로 판단된다.

마지막으로 지역혁신의 올바른 발전을 위해서는 지역의 경쟁과 협력을 효과적으로 조직하고, 민주적 참여를 통해 지역혁신을 촉진할 수 있는 적절한 형태의 정치적 통치 모델, 즉 '지역 정권(regional regime)'의 구성이 필수적으로 요구된다. 중앙집권국가의 수직적 발전 동원 모델이 체질화된 한국의 지역들이 스스로 자립적 혁신역량을 구축하기 위해서는 지역 자체에서 효과적으로 자율적 협치역량을 육성하는 것이 무엇보다 중요하다. 이는 자율과 혁신의 시대에 지역이 중앙의 명령과 통제에서 벗어나 자신의 조건에 적합한 자율적 협치체제를 형성하여 지역 특성에 적합한 특성화된 발전을 추구해야 함을 의미한다.

참고문헌

국가균형발전위원회, 2004. 『세계의 지역혁신체계』. 서울: 한울.

국가균형발전위원회, 2003. 『유럽 지역정책 관련 자료집』. 서울: 국가균형발전위원회.

장재홍, 2004. 「대기업 주도의 혁신체계: 독일의 바덴-뷔르템베르크」. (국가균형발전위원회, 2004: 204-223).

Asheim and Isaksen, 1997. "Localisation, Agglomeration and Innovation: Towards Regional Innovation Systems in Norway," *European Planning Studies*, 5, 3: 299-330.

Baptista, R., 1988. "Clusters, Innovation, and Growth in Swann," Pl, Prevezer, M. and Stout, D. (Eds) *The Dynamics of Industrial Clustering: International Comparisons in Computing and Biotechnology*, Oxford University Press: Oxford.

BioM, 2003a. *The BioTech-Regio München-well positioned for the future*.

______, 2003b. *BioTech-Region München: From Idea to Success*.

Enright, M., 2000. "The Globalization of Competition and the Localization of Competitive Advantage: Policies toward Regional Clustering," in Hood, N. and Young S (eds) *Globalization of Multinational Enterprise and Economic Development*, Macmillan, London.

Christian M. Harding, Rebecca, 2003. "Why Invest in Biotechnology, and How Britain and Germany Compared?," Anglo-German Foundation for the Study of Industrial Society.

Christian Mullere and Takao Fujiwara, 2003. "The Entrepreneurial Environment for Biotech Start-ups in Germany and Japan," Int. J. Biotechnology, Vol. 5, No. 1, 2003.

European Commission, "Final Report of the Expert Group on Enterprise Clusters and Networks," EC, Enterprise Directorate-General.

Federal Ministry of Education and Research, 2004. *BioRegions in Germany: Strong Impulses for National Technological Development.*

Gwynne, Peter, 2005. "Bio Regions: Stimulating the Business of Life Science," http://recruit.sciencemag.org/feature/advice.ecr.shl.

Harding, Rebecca, 2003. "Why Invest in Biotechnology, and How Britain and Germany Compared?," Anglo-German Foundation for the Study of Industrial Society.

Kaiser, Robert, 2001. "Innovation Policy in a Multi-level Governance System: The Changing Institutional Environment for the Establishment of Science-based Industries."

Lagendijk A., 2000. "Learning in Non-core Regions: Towards 'Intelligent Clusters': Addressing Business and Regional Needs," in Boekema, F., K. Morgan, S. Bakkers and R. Rutten (Eds.), *Knowledge, Innovation and Economic Growth: The Theory and Practice of Learning Regions*, Edward Elgar, Cheltenham (165-191).

Lorenzen, M., 2001. "Localized Learning and Policy: Academic Advice on Enhancing Regional Competitiveness through Learning," *European Planning Studies*, 9, 2: 163-185.

OECD, 2001. "World Congress on Local Clusters: Local Networks Enterprises in the World Economy," *Issues Paper*, Paris, 23-24 January 2001.

Observatory of European SMEs, 2001. *Highlights from the 2001 Survey.*

______, 2002a. *Regional Clusters in Europe.*

______, 2002b. *High-tech SMEs in Europe.*

Porter, Michael, 1990. *The Competitive Advantage of Nations*, London: Macmillian.

______, 2001. *Clusters of Innovation: Regional Foundations of U.S. Competitiveness.*

Radice, G., 1995. *The New Germans,* London: Michael Joseph.

Rosenfeld, S. A., 1997. "Bringing Business Clusters into the Mainstream of Economic Development," *European Planning Studies*, 5: 3-23.

Sternberg, R., 2000. "The Munich and Upper Bavaria Technology and Economic Region in an Interregional and International Comparison," Local Economic

Policy Support 2nd Symposium, 24, July 2000, Munich.

Sternberg R., Tamasy, C., 1999. "Munich as Germany's No. 1 High Technology Region-Evidence, Theoretical Explanations and the Role of Small Firm/Large Firm Relationships," *Regional Studies* 33, No.4, 367-377.

Storper, M. and A. Scott, 1995. *The Wealth of Regions*, Futures, 27, 5: 505-526.

Storper, M., 2000. "Regional Technology Policies in Europe: A Reflection on TSER Research Projects, 1998-2000," European Commission, Research Directorate-General, Brussels, November 23-24, 2000.

Vatne and Taylor, 2000. "Small Firms, Networked Firms and Innovation Systems: An Introduction," in Vatne, E. and M. Taylor (Eds.), *The Networked Firm in a Global World. Small Firms in Net Environments*, Ashgate, Aldershot (1-16).

3장 혁신 클러스터 정책에 대한 이론적 검토와 OCSN 모델의 제안: 네트워크 구조를 중심으로

이기홍(한림대학교 사회학과 교수)

1. 들어가며

현대의 다양한 조직들을 설명하는 개념으로서, 네트워크가 유행이 되었다고 니틴 노리아(Nitin Nohria)는 말했다(Nohria and Eccles, 1992: 1). 이 말은 문맥으로 보아 이중적으로 해석하는 것이 타당하다. 네트워크 중심의 사회구조 연구의 급증을 긍정적으로 평가하면서도, 네트워크에 대한 이해가 불충분한 상태에서 그 개념이 임의적으로 응용된다는 비판의 의미를 지니기도 한다. 국내 사회과학계의 연구 동향을 보아도 그러하다. 연줄, 연고, 온라인 커뮤니티, 인터넷 쇼핑, 시민운동, 대기업 조직 등의 다양한 대상들을 네트워크로 통칭하고는 있으나, 각각의 사례에서 쓰이는 네트워크에 대한 정의는 일관성이 없는 경우가 많다. 그 주된 이유는 네트워크라는 매력적인 개념이 모든 조직 현상을 설명한다는 일종의 지적 환상 때문이라고 볼 수 있다.

PC는 과거에 소수의 전문가들이나 효율적으로 쓸 줄 알았던 고급 타자기 또는 계산기였지만, 인터넷이라는 거대한 네트워크를 형성한 후 대중의 삶은 바꾼 필수품이 되었다. 그뿐 아니라 개인주의의 물결에 힘입어 각자의 영역에서 생활하던 수많은 사람들이 비공식 네트워크를 통해 연결되어 촛불시위를 벌이고 월드컵 응원전을 펼치는 것을 목도하면 네트워크라는 것에 대한 그러한 환상이 생길 만도 하다. 하지만 그러한 현상에 대한 감동이 네트워크에 대한 일관성 없는 이해에 면죄부를 발급할 수는 없다.

국가 정책의 화두가 된 지 오래 된 혁신 클러스터는 그 이념형적 구조를 볼 때에 한 지역을 중심으로 기업, 학계, 공공부문 등이 함께 이루는 일종의 사회 네트워크이다. 혁신 클러스터에 관한 최근의 논의들을 검토해 보면, 그에 배태된 네트워크 개념이 불분명하여 명료화할 수 있는 여지가 많이 발견되는 듯하다. 이 글의 출발점은 발전론의 최신판으로서 혁신 클러스터 정책의 일부를 사회 연결망 분석의 중심인 네트워크 시각을 통해 이론적으로 검토함으로써, 혁신 클러스터 관련 논의가 더욱 정교한 방향으로 발전하도록 일조함에 있다.

최근 국내외에서 사회 연결망 분석, 네트워크 이론 등에 관한 연구는 급증하고 있으나, 혁신 클러스터와 관련된 네트워크 시각으로부터의 이론적 연구는 아직 미진한 듯하다. 대부분의 혁신 클러스터 관련 연구는 특정 지역의 사례 연구인데, 그러한 연구 결과들을 종합할 수 있는 이론적 틀이 앞으로 연구되어야 할 과제로 남아 있다. 이 글은 정책적 함의가 크다고 알려진 혁신 클러스터 관련 여섯 이론들을 검토한 후, 그중 가장 포괄적이라 할 수 있는 지역혁신체계이론을 중심으로 네트워크적 시각과 함께 재구성하여 유기적으로 조정되는 초지역적 네트워크(organically coordinated super-regional network: OCSN) 모델을 기존 이론들에 대한 보충적 대안으로 제안할 것이다.

(1) 발전론의 변천: 혁신과 경쟁력의 정책 담론화

과거 사회과학계가 논의해 온 발전론의 주요 주제는 발전의 주체에 관한 대립적 논쟁이었다고 압축할 수 있다. 경제-경영학 주도의 시각은 시장 또는 기업에 의한 자연적 진화에 의한 것이라는 결론이 압도적이었고, 정치경제학 주도의 시각은 국가의 의도적 개입이 낳은 긍정적 결과에 주목하여 거시적 이론의 대립 구도를 오랫동안 형성하였다.[1)]

경험적으로 보면 시장-기업 중심적 논의는 서구의 역사적 경험을 바탕으로 한 것인 반면, 국가 중심적 논의는 제2차 세계대전 후에 급성장한 동아시아의 경제와 산업을 설명하는 데에 친화력이 보였다는 비교가 가능한데, 양 이론의 극단에서는 서구와 동아시아가 모두 각자의 시각으로 설명된다는 주장이 펼쳐지기도 했다.

구 사회주의권의 쇠퇴 이후 세계는 시장경제체제로 통합되었으며, 그 이후의 발전론은 이전의 시장 또는 기업 대(對) 국가의 대립 양상에서 벗어나 모든 발전 주체들의 혁신과 경쟁력을 새로운 쟁점으로 떠오르게 했다. 이러한 경향은 최근 논쟁거리가 되고 있는 이른바 신자유주의 또는 신보수주의에 바탕을 둔 서구 선진국 중심의 정치 이데올로기와 밀접하다는 비판을 면치 못하는 측면이 분명히 있다. 그러나 정책의 차원에서는, 세계 경제가 불황을 벗어나지 못하는 1990년대 말 이후의 상황에 기인하여 선진국과 개발도상국을 막론하고 더욱 효율성 중심의 새로운 쟁점들로 빠져들고 있는 듯하다. 그러한 과정 속에서 근대화 이론(moderniza-

1) 이러한 대립적 논쟁에 관한 최근의 정리는 김승욱 외(2004)를 참조.

tion theory)의 후예라고 할 수 있는 세계화(globalization) 관련 논의도 매우 활발해졌는데, 한 국가의 특정 지역뿐 아니라 모든 지역이 이른바 글로벌 스탠더드(global standards)에 맞도록 변화해야 한다는 주장은 이전까지 상대적으로 경시해 왔던 지방화(localization)도 새로운 화두로 등장시켜 '세계지방화(glocalization)'라는 신조어를 유행시키기에 이르렀다. 발전의 원동력을 국가의 중앙으로부터 지방 또는 지역으로 옮기는 시각의 전환은 새로운 발전 패러다임을 모색중인 한국에서는 행정학과 지역 연구 부문에서 적극적으로 받아들이는 듯하다.

(2) 혁신 클러스터(Innovative Cluster) 개념의 대두

발전론적 시각에서 본 한국은 1960년대 이후 정책의 입안과 실행과정에서 소모될 수밖에 없는 거래비용(transaction cost)을 낮춘 권위주의적 정부의 중앙집권적 개입을 통해 급속한 경제성장을 시작한 대표적인 경우로 인식되는데, 민주화 이후의 정권들도 국가 경제에 대한 개입의 강도를 크게 낮추지는 않은 듯하다. 1990년대 초의 세계화 그리고 얼마 전부터 활발해진 지방화 관련 논의들도 민간 주도라기보다는 정부 주도로 시작되었다고 보는 것이 타당한 듯하며, 참여정부가 전파하여 이제는 인구에 회자되고 있는 다양한 혁신 관련 담론 역시 위에서 간략히 정리한 발전론의 변천과정과 연결되어 있다.

혁신을 국가 수준에서 논의할 때에 자주 등장하는 개념인 '국가혁신체계(national innovation system)'는 지방 분권, 국가균형발전 등의 지방화 관련 논의에서 애용하는 지역혁신체계(regional innovation system: RIS)라는 하위 개념과 맞닿아 있다. 최근 들어 최소한 담론의 수준에서는 기업, 학계, 지방 자치 단체 등의 다양한 영역들이 포괄적으로 구성하는 혁신 클러스터

(innovative cluster)가 지역발전의 거점으로 보편화되었다. 이러한 정부 차원의 인식 전환이 과거의 정책들과 확연히 다른 부분은 특정 기업 또는 전국적으로 분포된 특정 산업이 아니라, 이미 지방에 거점을 마련하고 활동 중인 중소기업들을 지역발전과 국가 경쟁력 제고의 필수적 행위자로서 명시하기 시작했다는 점이다. 또한 혁신 클러스터 정책에 내재된 중소기업관은 중소기업을 대기업과 안정적으로 연결되어야만 생존할 수 있는 피동적 행위자가 아니라 지역을 중심으로 다른 중소기업들 및 기관들과 연결되어 상생을 지향하는 능동적 행위자로 인식한다는 점에서 매우 혁신적이다.

(3) 최근의 정책

혁신 클러스터와 관련하여 제시된 최근의 정책 사례를 살펴보면 다음과 같다.

2004년 6월 제45차 국정과제회의에서는 '산업단지 혁신 클러스터화 추진 방안'을 확정하면서 기존의 2개 단지에 이어 6개 시범단지를 〈표 3-1〉

〈표 3-1〉 참여정부가 지정한 총 8개의 혁신 클러스터(2004년 6월)

구분	산업단지	발전비전
기존 조성 단지	대덕 R&D 특구	· 연구개발 클러스터
	오송	· 바이오 클러스터
6개 시범 단지	구미	· 디지털 전자 산업 클러스터
	창원	· 첨단 기계 클러스터
	울산	· 자동차 부품 글로벌 공급기지
	반월/시화	· 첨단부품 소재 공급기지
	광주	· 光 산업 클러스터
	원주	· 첨단의료기기 산업 거점

과 같이 추가로 지정하였다. 총 8개 단지 중 연구 중심의 이공계 대학들을 포함한 R&D 기관들을 중심으로 비교적 오래 전에 형성된 대덕을 제외하면 나머지는 모두 중소기업들의 역할이 큰 비중을 차지한다.

이어 2004년 7월 국가균형발전위원회 클러스터육성팀이 작성한 클러스터의 실패 사례 및 요인을 분석한 자료(균형발전위원회 클러스터 육성팀, 2004)는 혁신 클러스터 형성정책의 실행과정에서 발견된 문제를 크게 넷으로 분류하고 추가로 지정된 6개 시범단지의 육성에 관한 함의를 정리하였다. 그중 '지역 현실과 유리된 정책', '정책을 담당하는 공공부문의 실패', '클러스터 정책에만 의존하는 문제'는 정책 자체와 그 실행 주체인 지방자치단체에 관련된 요인이라고 분류되고, 더불어 지적한 가장 구조적인 문제는 '연계 혹은 네트워크 구축의 실패'이다(〈표 3-2〉 참조).

혁신 클러스터의 구조적 토대가 네트워크인데 그것의 구축에 실패했다는 것은, 위에서 지적한 네트워크에 대한 불충분한 이해의 문제와 연관

〈표 3-2〉 국가균형발전위원회 클러스터 육성팀이 지적한 "연계 혹은 네트워크 구축의 실패" (2004년 7월)

실패유형	6개 시범단지 관련사항
· 지역 내부 연계에 대한 지나친 집착	- 네트워크의 개념은 공간적 범위에 제약되는 것이 아니고 개방적이고 탄력적인 것을 전제로 함. - 개방적이고 협력적인 네트워크
· 산·학연계에 대한 환상과 대학 및 연구소에 대한 지나친 기대	- 산·학간에 상호 신뢰관계 구축이 시급하며 그러한 관계 속에 협력 가능한 부분부터 점차적으로 확대하는 전략이 필요 * 협의체 구성 · 운영으로 공동과제 도출
· 물리적 집적이 기능적 연계를 이루리라는 환상	- 혁신기관간 연계를 주도하는 기관이 있어서 시스템되어 활동(프로그램)이 이루어지는 것이 더 중요함. * 연계기관의 지정 · 운영

이 있다고 본다. 흥미로운 사실은 같은 자료가 "참여정부 국가균형발전 정책의 핵심방향인 지역혁신체계(RIS)나 클러스터 중시정책이 지방에서는 너무 생소하고 어렵다"라는 점을 지적한다는 것이다.

국가 정책은 그 속의 새로운 핵심 담론을 설득력 있게 전파함으로써 결국 구조(structure)의 변화를 달성하여야 성공할 수 있다. 따라서 위의 자료들로부터 다음과 같은 함의를 도출할 수 있다:

① 구조적 변화의 목표인 '연계 혹은 네트워크'의 구축 실패
② '혁신 체계 또는 클러스터 개념이 생소하고 어렵다'는 점
③ 혁신 클러스터의 대부분은 중소기업을 주요 주체로 한다는 점

이 같은 점을 고려하면 앞으로 혁신 클러스터 관련 정책의 성공적 실행을 위해서는 중소기업 중심의 네트워크 구조에 대한 인식이 더욱 명료화되어야 한다.

2. 사회 연결망으로서 지역혁신 클러스터

(1) 사회 연결망의 기본 요소

연결망은 네트워크의 번역어이다. 사회 연결망(social network)은 사람들 또는 그들의 집합체들이 모여 형성하는 연결망을 자연계에서 입자, 분자, 동·식물 등이 형성하는 연결망과 구분하기 위한 개념이다. 사회 연결망은 사회과학계에서 흔히 쓰이는 집단 또는 조직과 구분된다. 집단(group)

이 2인 이상의 사람들이 동일한 정체성과 목표를 갖고 형성하는 것이라면, 사회 연결망에 비해 그와 대동소이한 조직(organization)은 사회적으로 인정되는 명칭과 어느 정도의 지속성이 추가된 개념이다.

사회 연결망이 집단 또는 조직과 개념적으로 구별되는 점은 연결망을 구성하는 1) '결절점'들과 2) 최소한 그들의 일부를 직접적으로 잇는 '연결'이라는 요소가 무엇인지를 구체적으로 정의할 수 있어야 한다는 것이다.[2)] 이러한 사회 연결망의 핵심 요소는 행위자들의 관계를 연구하는 수학적 기초를 마련한[3)]그래프 이론으로부터 유래되었다.

결절점은 영어의 node, vertex 등의 개념을 의미한다. 추상적인 차원에서 행위자는 특정 환경 내에 존재하며 철저히 독립적으로 행위할 수도 있다. 현실적으로는 대부분의 행위자들이 다른 행위자들 또는 조직들과 관계를 맺으며 연결망을 형성한다. 결절점은 그렇게 연결된 행위자를 뜻한다. 따라서 속성상 유사해 보이는 행위자들도 소속된 연결망의 상황과 연결된 다른 결절점과의 관계에 따라 실은 매우 다른 결절점으로 존재할 수 있다는 점이 집단 또는 조직 내의 행위자 개념과 다른 부분이다. 혁신 클러스터에서는 개별 기업, 연구기관, 지방 자치 단체 또는 그들이 형성하는 산 · 학 · 관 등의 영역이 결절점이 된다.

연결은 영어의 link, connection 등의 개념과 대동소이한데, 좀더 구체적으로는 연대(solidarity)와 거래(transaction)를 의미한다. 연대는 두 결절점이 같은 특징을 공유함을 의미하고, 거래는 둘 이상의 결절점들이 정보, 재화, 용역 등을 주고받음을 의미한다. 연대는 방향성이 없는(undirected) 단순 연결을 형성하나, 거래의 경우 방향성이 있는(directed) 연결이 형성된다. 혁신 클러스터에서 연결의 내용물은 위에서 예시한 결절점들이 교환

2) 사회 연결망의 기본적 요소에 관해서는 Wasserman & Faust(1994), 김용학(2003)을 참조.
3) 그래프 이론의 기본에 대해서는 Gross & Yellen(2004)을 참조.

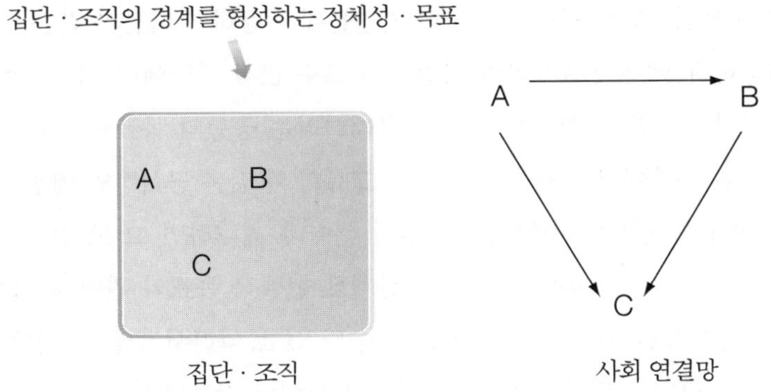

[그림 3-1] 집단 · 조직과 사회 연결망 원형의 비교

하는 모든 자원들이라 할 수 있다.

[그림 3-1]은 집단/조직과 사회 연결망의 원형을 나타낸다. 그 둘을 비교하면, 전자는 명목적인 집합체인 경우가 많은 반면, 후자는 선으로 연결된 구성원들의 집단적 행위가 명목적 목표를 초월하는 결과로 이어지는 경우가 많다고 할 수 있다. 같은 대학교의 학생들이 학사학위 취득을 공통의 목표로 하는 명목적 집단을 형성한다면, 그들 중 일부가 형성하는 시험 족보 교환 네트워크는 거기에 포함되지 못한 학생들에 비해 더욱 우수한 성적을 얻을 수 있다. 또한 같은 행위자가 집단의 구성원이 될 수도, 연결망을 구성하는 결절점이 될 수도 있다. 두 존재 형태의 차이를 결정하는 요소는 연결이다. 같은 지역에서 경제 행위를 하는 개인들은 그 지역의 경제인 '집단'으로 일단 묶일 수 있으나, 그들 사이의 거래가 없는 한 연결망을 형성하지 않는다. 하지만 그들 중 일부가 판매자이고 다른 일부가 소비자라면, 그들을 잇는 선의 내용물은 한 사람으로부터 다른 사람으로 이동하는 재화 또는 용역, 그리고 거래가 완결되기 위해 정반대 방향으로 이동하는 금전적 대가에 해당하여, 그들은 비로소 연결망을 형성한다고 인정된다.

이러한 차이를 특정 지역에 밀집한 기업들에 적용하면 다음과 같은 구분이 가능하다. 예컨대 A지역의 기업들은 모두 근접 지역에서 경제활동을 영위한다는 공통의 정체성과 이익 극대화라는 공통의 목표를 지니고 있다. 이러한 수준에서 그들은 '○○지역 교류회'와 같은 공식적인 명칭으로 묶일 수 있는 정도의 기업들의 모임일 뿐이다. 왜냐하면 그 모임의 구성원들이 각각 다른 업종에 종사하는 관계로 현실적 목표와 관련해서는 정체성이나 목표를 아예 공유하지 않을 수도 있고, 따라서 그들 중 일부가 형성하는 하위 집단은 다른 하위 집단과 연대의 강도가 다를 수도 있기 때문이다. 그들 중 연결의 강도가 강한 기업들끼리만이 사회 연결망의 일종인 산업 클러스터에 포함될 수 있다. 현대 기업의 대표적인 활동을 (상품의) 생산/판매와 (원료의) 소비라고 단순화시켜 생각하면, 클러스터의 일부인 기업간 연결망에서는 각 기업이 결절점이고, 그들 사이에 거래되는 재화, 용역 또는 금전이 그들을 잇는 선의 내용물이다. 단, 혁신 클러스터는 정의상 기업들뿐 아니라 대학/연구소와 지방자치단체도 포함되어야 하므로 결절점들 사이에 교환하는 내용물은 그보다 더욱 다양할 것이다.

(2) 혁신 클러스터의 구조 분석을 위한 네트워크 이론

사회과학적 개념으로서 구조는 문화(culture)와 대칭되는 개념이다. 구조가 보이는 것(the visible), 따라서 객관적으로 측정 가능한 사물과 행위 등을 의미한다면, 문화는 보이지 않는 관념, 사상, 담론(discourse) 등의 내용을 의미한다. 근현대 사회과학의 일차적 관심사는 구조이고, 각 구조에 상응하는 문화에 대한 연구는 보통 '문화 연구(cultural studies)'의 영역으로 따로 분류하는 경향이 있는데, 그 이유는 관념, 사상 등보다 객관적으로 인식하기에 더욱 용이한 구조적 인자를 중심으로 사회 현상, 변동 등을 설명하는 것이 더욱 설득력이 있고 실용적 함의를 끌어내기에도 더욱 효율적이기 때문이다. 물론 이러한 경향은 네트워크 이론에 바탕을 둔 연구에서도 존재하여 대부분의 사회 연결망 연구는 문화적 요인들 사이의 관계보다는 구조적 요인들 사이의 관계에 일차적인 관심이 있다. 이 글도 그러한 경향에서 크게 벗어나지 않을 것이다.

이러한 구조 분석 시각으로서의 네트워크 개념은 균형발전위원회에서 지적한 '연계 혹은 네트워크의 문제'의 세부 사항(〈표 3-2〉 참조) 세 가지를 심층적으로 이해하고 보완하는 데에 직접 응용할 수 있다. 세 가지의 지적 사항은 간결해 보이지만 과거 혁신 클러스터 정책에 대한 매우 중요한 성찰들을 담고 있다.

첫째, '지역 내부 연계에 대한 지나친 집착'에 관한 내용은 기존의 혁신 클러스터 관련 정책이 지역을 중심으로 수립되고 실행될 때에, 지역 내부의 주체들 사이의 연계뿐 아니라 그들이 지역 바깥의 혁신 관련 주체들과도 연계를 개방적으로 형성하여야 함을 지적하는데, 이는 일반적으로 네트워크 이론에서 주장하는 바와도 상통한다. 전통적 집단/조직 개념이 정하는 경계가 분명하다면, 네트워크 개념은 그러한 경계를 초월하여 형성되는 연계를 적극적으로 포함한다. 즉 특정 지역 중심의 혁신 클러스터가 성공하기 위해서는 지역 내의 상이한 영역들(예: 산업, 학계, 공공부문 등) 사이의 자원이 연결되는 **영역간 네트워크**(inter-sectoral network)가 이루어져야 함은 혁신 클러스터의 정의 자체에 내재되어 있는 기본 사항이며, 그것이 궁극적으로는 **초지역적 네트워크**(super-regional network)로 발전되어야 함을 의미한다. 지역의 혁신에 도움이 되는 자원이 그 지역의 바깥에 위치해 있다면 그것과도 과감히 연결하는 구조를 갖추도록 해야 한다는 것이다.

이러한 시각이 지속적으로 정책 실행에 반영된다면 혁신 클러스터의 문제는 일부 지역들에 국한된 것이 아니라 궁극적으로는 나라 전체가 하나의 혁신 클러스터로서 기능하는 '혁신 국가'에 이를 수 있음을 의미한다. 특히 한국이 인구밀도가 높으며 교통과 통신의 발달로 체감 영토가 축소되고 있음을 고려하면 혁신 클러스터 논의의 종착역을 혁신 국가로 설정하는 것이 완전히 비현실적인 생각은 아닌 듯하다. 경험적으로, 자동차, 메모리 칩, 이동통신기기 등의 일부 산업들에서는 한국이 국가 수준에서 혁신 클러스터를 이미 형성했다고 볼 수도 있는 것이다.

둘째, '산 · 학연계에 대한 환상과 대학 및 연구소에 대한 지나친 기대'는 기업과 학술/연구기관이 형성해야 할 네트워크가 구조적 통제력을 지닌 협의체에 의해 적절히 조절되어야 함을 지적한다. 특정 지역의 혁신 클러스터 내에 산 · 학간 **네트워크 내부 조정**(intra-network coordination)의 주체가 구조적으로 명확히 설정되어야 한다는 것이다. 물론 〈표 3-2〉에서 지적한 대로 이러한 기능이 제대로 수행되기 위해서는 네트워크 조정기능의 주체가 산 · 학 양측으로부터 신뢰를 받아야 함을 전제로 한다. 그 주체에 대해서는 실질적 통제력을 부여하기도 하되, 혁신 클러스터 주체들이 합의한 사항이 실행에 옮겨지지 않을 경우 책임을 물을 수 있는 기제 역시 확보해야 한다.

현재까지 혁신 클러스터 정책의 실행과정에서 공공부문을 중심으로 한 협의체, 연계 기관이 네트워크 내부 조정자의 역할을 하는 경우가 많았음을 감안하면

①공공부문이 기업체들과 학계 및 연구기관으로부터 충분한 신뢰를 받고 있는지를 필요할 때마다 점검할 수 있는 기제가 확보되어야 하며,

②내부 조정자가 혁신 클러스터에서 생산 등 실질적 경제활동을 수행하는 중소기업들과 더욱 밀접히 연결되는 방향으로의 변화가 필요함을 유추할 수 있다.

이러한 내부 조정기능과 관련하여 네트워크 시각에서 흔히 등장하는 커넥터(connector) 또는 허브(hub) 관련 논의(예: 바라바시, 2002)는 혁신 클러스터 내부 조정의 주체의 구조적 위치와 역할에 대해 이론적으로 시사하는 바가 크다.

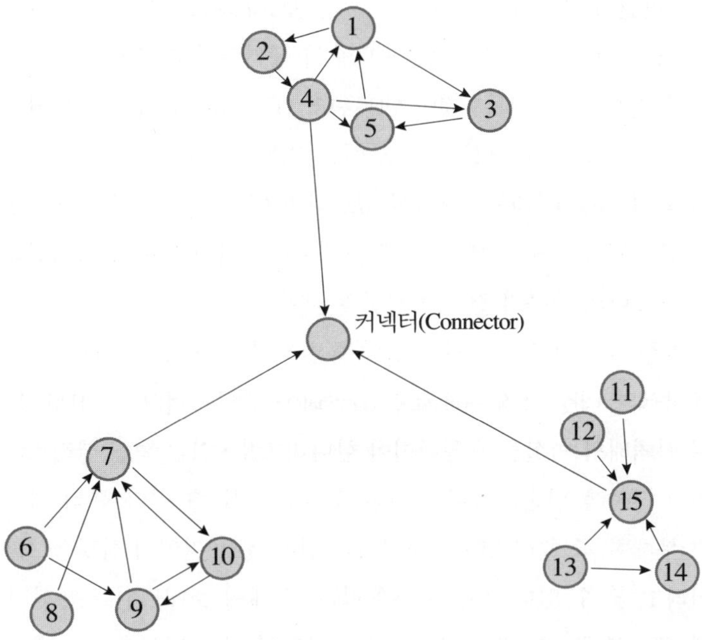

[그림 3-2] 네트워크 내의 커넥터

커넥터는 기본적인 성격은 네트워크 내에서 가장 강한 권력과 가장 많은 정보를 보유함으로써 가장 큰 자원 동원력을 갖는다는 것이다. [그림 3-2]는 가상의 네트워크와 커넥터를 예시한 것인데, 가장자리에 위치한 3개의 소(小)네트워크는 직접적으로 연결되어 있지 않다. 각 소네트워크 내 결절점들 사이에는 복잡한 연결들이 존재하는데, 그들은 다른 네트워크에서 내에서 교환되는 정보와 자원을 직접 얻을 수 없으며 커넥터를 통해서만 가능하다. 커넥터는 [그림 3-2]의 4, 7, 및 15번 결절점들처럼 다른 결절점들과 많은 연결을 확보하고 있지 않으나, 분리된 세 개의 소네트워크의 상황을 파악하고 있으며 유사시 네트워크들 사이의 조정자 역할을 수행할 수 있는 유일한 존재이다. 이러한 커넥터의 장점은 이른바 '약한 연결의 힘(strength of weak ties)' 명제(Granovetter, 1973; Granovetter 1983)와도 이론적으로 연결되어 있다. 단순히 생각하면 다른 여러 결절점들과 빈번한 연결을 유지하는 것이 네트워크 내에서의 권력과 정보의 확보에 도움이 될 듯하지만, 연결의 강도, 빈도, 또는 밀도보다 더 중요한 것은 소수의 핵심 결절점들과 연결되어 있느냐의 여부이다. 특히 여러 네트워크들이 분리되어 있을 때에는 커넥터가 각 네트워크의 핵심 결절점과 연결되어 있느냐의 여부가 결정적 관건인 것이다.

이러한 네트워크 이론의 통찰력을 빌리면, 혁신 클러스터가 형성하는 네트워크의 내부 조정자(internal coordinator)는 구조적으로 커넥터의 위치에서 커넥터의 역할을 수행하여야 한다. [그림 3-2]는 혁신 클러스터의 네트워크 구조를 단순화하여 예시한 것으로도 볼 수 있다. 특히 영역간 연계가 부재한, 즉 클러스터가 형성되어 있지 않은 지역의 상황을 시각화한 것이라고 볼 수 있다. 가장자리에 있는 세 개의 소네트워크는 각각 산업, 학계, 공공부문이라 할 수 있고, 선은 자원의 이동 방향을 나타내는데, 중심에 있어야 할 내부 조정자는 (적어도 이론적으로는) 세 영역 어디에도 직접 속하지 않는 동시에, 각 네트워크 내에서 다른 결절점들과의 연결이 많은 하나의 결절점과만 연결되어 있다. 내부 조정자가 여러 결절점들과 직접적으로 연결된다면 다수의 연결들을 유지하는 비용이 많이 들어가므로, 혁신 클러스터가 성공하기 위해서는 내부 조정자의 다른 혁신 주체와의 연결 수는 최소화하는 것이 좋다. 그렇지 않으면 혁신 클러스터 내부 조정자의 운영비용이 그것의 활동으로 얻을 수 있는 경제적 혜택보다

커지는 큰 결과를 야기할 수 있다.

셋째, '물리적 집적이 기능적 연계를 이루리라는 환상'에 대한 비판 역시 네트워크적 시각으로 보완할 수 있다. 혁신 주체의 후보들이 단순히 지리적으로 근접해 있다는 물리적 환경만으로는 혁신을 달성할 수 없으며 '혁신기관간 연계를 주도하는 기관'이 있어서 그것이 하나의 체계(〈표 3-2〉의 자료에서 '시스템되어'라고 표현한 부분)로서 기능을 해야 함을 의미한다. 이는 일차적으로 물리적 집적이 어느 정도 보장하는 혁신 주체들 사이의 낮은 거래비용의 혜택을 초월하여 그들 사이의 관계가 고도의 효율성으로 이어져야만 하는 절박성의 문제이다. 또한 위에서 지적한 조정의 문제와 더불어 혁신 주체들 사이의 연계방식 자체에 대한 문제이기도 한데, 혁신 클러스터의 네트워크 조정 기능의 주체가 분명히 정해져야 할 뿐 아니라 그것의 활동이 자원들과 영역들 간의 유기적 네트워크(organic network)를 구성하여 스스로 추동력을 갖추고 혁신 클러스터의 효율성을 지속적으로 증진하는 방향으로 변화해야 함을 의미한다.

마이클 포터(Michael Porter)의 혁신 클러스터 관련 연구들 중 주목을 끄는 샌디에이고 조사(San Diego Survey)[4]에서 사용한 질문지들을 연역적으로 분석하면 혁신 클러스터가 유기적 네트워크로서 성장하는 단계에 대한 통찰력을 얻을 수 있다. 그는 클러스터가 기본적으로 1) 아이디어의 생성(idea generation), 2) 아이디어의 발전(idea development), 그리고 3) 상품화(commercialization)의 단계를 거치며 성장한다고 보며 각 단계마다 산·학·관 관계의 성격이 변화한다는 가정을 질문지에 포함시켰는데, 유기적 네트워크로서의 혁신 클러스터 연구의 출발점이 될 만하다.

여기서 검토한 세 가지 사항을 종합하면, 혁신 클러스터가 발전하기 위

4) 다음의 웹 사이트에서 최종 보고서를 비롯한 관련 자료를 구할 수 있음: http://www.compete.org.

해서는 그 네트워크적 토대가 1) 초지역적이어야 하고 2) 내부 조정 기능이 구조적 커넥터에 의해 효율적으로 활성화되어야 하며 3) 유기적으로 발전할 수 있어야 한다는 잠정적 결론에 도달한다.

(3) 네트워크 시각을 통한 지역혁신 관련 이론들의 검토

지역혁신 관련 이론들은 정책 실무의 차원에서는 크게 여섯 가지로 압축할 수 있다(균형발전위원회, 2003: 26; 김성태 · 노근호, 2004). 새로운 모델의 제안을 위해 각각을 네트워크 이론에 비추어 간략히 검토하면 다음과 같다.

그중 네트워크적 인식을 구조적인 수준에서 비교적 적극적으로 차용하는 것은 1) 산업지구 이론, 2) 혁신 클러스터 이론, 그리고 3) 지역혁신체계 이론이다. 각 이론의 네트워크 관련 핵심 주장 및 그에 대해 네트워크 이론으로 검토한 바는 다음과 같다.

1) 산업지구 이론

산업지구 이론은 혁신 주체들의 능력과 지리적 근접성이 혁신을 가능케 하는 핵심적 원동력이라고 본다. 특히 지리적으로 근접한 기업들 사이의 공간적 유대감과 공통 가치를 중심으로 네트워크가 구축되어야 함을 중시한다.

이 이론의 일차적인 단점은 네트워크 구축의 바탕이 공간적 유대감과 공통 가치라는 문화적 자원이어서 구속력이 더욱 강한 구조적인 요인에 의한 네트워크 형성방식에 비해 취약할 수 있다는 것이다. 공간적 유대감의 문제는 위에서 지적한 '물리적 집적이 기능적 연계를 이루리라는 환상'의 문제와도 연결된다. 지리적 근접성이 주는 유대감이나 공통의 가치뿐 아니라 기업들 사이의 연관성 및 상호 의존성이 혁신 클러스터의 형성을 위해 더욱 중요하기 때문이다. 위에서 논의한 바와 같이 혁신 클러스터가 영역간 네트워크임을 고려하면, 산업 외 영역의 혁신 클러스터화에 대한 통찰력을 별로 제공하지 않는다는 것 역시 이 이론의 단점이라 할 수 있다.

2) 혁신 클러스터 이론[5)]

혁신 클러스터 이론은 다양한 영역의 주체들이 지역 내부적으로 그리고 동시에 지역 외부적으로도 효율적 네트워크를 구축해야 한다고 주장한다. 특정 산업을 중심으로 기업들만이 아닌 학계와 공공부문의 주체들이 더불어 네트워크를 형성해야 함을 강조하는데, 위에서 언급한 '산업지구' 개념에 비해 '클러스터'의 공간적 범위가 상대적으로 개방적이라는 것이 주된 차이점이라고 할 수 있다.

앞서 검토한 균형발전위원회 지적 사항과 연결지어 생각해 보면, 혁신클러스터이론은 구조적인 수준에서 영역간, 초지역적 네트워크가 형성되어야 함을 명료히 내포하고 있으나, 네트워크 조정의 주체에 대해서는 논의가 상대적으로 미진하다는 점이 보완되어야 한다.

3) 지역혁신체계 이론[6)]

이 이론은 구조적인 수준과 문화적인 수준에서 동시에 포괄적인 네트

5) 이 글 전반의 주제가 혁신 클러스터이지만 이 부분에서 다루는 '혁신 클러스터 이론'은 혁신 클러스터에 관한 하나의 이론 명칭임.

6) 이 부분에서 다루는 지역혁신 체계 이론 역시 하나의 이론 명칭임.

워크가 형성되어야 함을 강조한다. 특정 지역의 클러스터에서 그 구조적 토대로서의 네트워크 구축과 클러스터의 지배방식이자 문화 수준의 대응체 역할을 한다고 할 거버넌스(governance) 개념을 더불어 강조하는데, 지역단위 문화 자체의 중요성을 인정하면서도 지역을 개방된 체계로 간주하는 경향이 있다. 혁신의 주체들이 구조적 수준에서뿐 아니라 거버넌스를 중심으로 문화적 수준에서도 하나의 체계를 갖추어야 함을 강조하는 것이다.

거버넌스 개념은 산업지구 및 혁신 클러스터 이론에서 적극적으로 다루지 못하는 네트워크 조정기능의 문제를 어느 정도 내포하고 있으나, 개념 자체의 추상성과 문화적 편향관계로 지역혁신체계의 거버넌스가 구조적인 수준에서 구체적으로 어떻게 작동해야 하는지에 대한 논의는 아직 부족한 듯하다. 국내에서는 행정학 분야에서 거버넌스에 대한 연구가 비교적 활발한데, 최근의 한 연구에서는(이명석, 2002), 거버넌스 개념에 대한 합의가 없음을 비판하면서 그 잠정적 정의를 '공통의 문제 해결을 위한 사회적 조정방법'이라 하며, 신(新)거버넌스를 네트워크 개념을 강조하는 '특수한 형태의 사회적 조정방법'이라고 표현했으나 앞으로 더욱 정교화할 여지가 많은 듯하다.

혁신 클러스터보다 좀더 폭넓은 개념인 로컬 거버넌스에 관련된 선행연구에서도 조정 기능의 중요성이 자주 지적된다. 지방분권과 관련된 오재일(2004)의 연구는 지역 사회에서 로컬 거버넌스의 주요 주체들인 주민, NGO, 산업, 지방자지단체 등의 사이에서 혁신의 비전을 현실화시킬 수 있는 강력한 지도부, 즉 네트워크 조정자의 필요성을 역설하였다. 최영출(2004)의 연구도 로컬 거버넌스의 성공을 위해 참여하는 주체들 사이의 네트워크 구조 설정의 중요함을 강조한다.

거버넌스에 초점을 두지는 않았으나 권오혁(2004)의 연구는 현재의 지역혁신체계 모델이 지니는 이론적 조야함 등을 비판하고 그것이 혁신 클러스터를 구축하는 정책수단으로서 지니는 실효성에 근본적인 의문을 제기하기도 했다. 지역혁신체계 이론이 다른 이론들에 비해 진전된 부분이 많으나, 거버넌스 개념의 정교화를 비롯하여 앞으로 더욱 연구되어야 하는 부분도 많다. 제한적으로나마 위에서 소개한 커넥터 관련 설명은 거버넌스를 혁신 클러스터 내에서 구조화하는 방식에 대한 실마리를 네트워크 이론으로부터 제공한다.

위의 세 이론에 등장하는 네트워크 개념들은, '산업지구' → '혁신 클러스터' → '지역혁신체계' 순으로 발전하였다고 이해할 수 있다. 산업지구가 특정 지역 내의 기업 네트워크를 중심으로 하는 개념이라면 혁신 클러스터는 영역간, 초지역적 네트워크 개념을 도입했으며, 지역혁신체계에서는 네트워크 내부의 조정 기능이 포괄적인 거버넌스란 개념으로 추가된 것이다.

위의 세 가지 시각들에 비해 4) 혁신환경 이론, 5) 신 산업공간 이론, 그리고 6) 학습지역 이론들에서도 네트워크 관련 사항이 전혀 등장하지 않는 것은 아니지만, 기본적으로 강조하는 사항이 기술, 학습 등 문화적 자원에 가까운 것들이어서, 네트워크 개념이 구조적인 수준에서 응용되는 방식이 상당히 제한적이라고 평가할 수 있다. 그들을 간략히 검토하면 아래와 같다.

4) 혁신 환경 이론

혁신 환경 이론은, 네트워크 이론과 함께 응용되어 최근 사회 자본 이론가들이 자주 쓰는 신뢰와 호혜성 등의 문화적 개념을 강조하기는 하지만, 혁신 주체들이 형성하는 관계(또는 그것이 궁극적으로 형성할 수 있는 네트워크)보다는 기업의 학습 능력을 혁신 지향적으로 극대화할 수 있는 지역 환경의 중요성에 초점을 둔다.

5) 신 산업공간 이론

신 산업공간 이론은 신기술 특히 생산방식이 혁신을 추동한다고 본다. 그렇게 되기 위해서는 신기술 등이 기업들 사이의 교역 및 거래의 상호작용관계에서 잘 전파될 수 있는 방향으로 특정 지역의 문화와 규제방식이 작동해야 한다는 주장이다. 이 이론에서도 가상적으로 형성될 수 있는 네트워크의 역할이 다양한 영역의 혁신 주체를 아우르는 것이 아니라 기업에 국한된다는 것이 주된 한계라고 지적할 만하다.

6) 학습지역 이론

학습지역 이론은 지역 내 다양한 혁신 주체들의 학습능력이 혁신을 결정하는 요소라고 본다. 이 이론은 다양한 기관의 역할을 강조하지만 그들의 상호 학습구조가 이루는 제도적으로 집약된 관계를 형성함에 중심을 두어, 구조적인 수준에서 어떠한 네트워크가 형성되어야 하는지에 대한 논의가 부족하다. 이 이론이 문화를 학습의 원천으로 보는 시각 역시 문화편향적이라고 할 수 있다.

이 세 가지 이론들은 기술 자체 또는 기업들의 학습에 관련된 능력을 중시하므로, 앞서 검토한 세 이론들에 비해 혁신 클러스터의 네트워크 구조를 논함에 도움이 덜 되는 것으로 평가할 수 있다.

3. 혁신 클러스터의 발전적 구조에 대한 이론적 제안: 유기적으로 조정되는 초지역적 네트워크(organically coordinated super-regional network)

이 부분에서는 혁신 클러스터가 지역 및 국가의 구조 변화를 추진하는 네트워크로서 기능을 하기 위하여 앞서 균형발전위원회 자료를 검토하며 언급한 요소들, 즉 영역간 연계, 초지역성, 내부 조정기능, 유기성의 측면에서 어떠해야 하는지를 중심으로 재정리한다. 또한 기존 이론들을 보완하는 대안으로서 지역혁신체계이론의 정교화를 중심으로 한 유기적으로 조정되는 초지역적 네트워크(이하 이 글에서는 OCSN으로 약함)를 제시한다.

위의 여섯 이론을 앞서 정책 자료를 검토한 바에 비추어 대조하면 〈표 3-3〉과 같다.

〈표 3-3〉 혁신 클러스터 관련 여섯 이론의 비교

	산업지구	혁신 클러스터	지역혁신 체계	혁신 환경	신 산업공간	학습지역
영역간 연계	중	강	강	약	약	약
초지역성	-	○	○	-	-	-
조정 기능	-	-	거버넌스	-	-	-
유기성	-	-	○	-	-	-

(1) 영역간 연계

산 · 학 · 관의 영역간 연계는 혁신 클러스터가 구조적으로 내재해야 하는 부분이나 혁신 환경, 신 산업공간, 학습지역 이론에서는 기업의 혁신적 기술, 학습에 관련된 능력이나 지역적 환경이 관건이므로 적극적으로 논의되지 않았다. 따라서 혁신 클러스터의 구조적 개선을 논하는 차원에서는 그 세 이론을 주로 산업 영역 내의 문제 특히 기업들의 학습(corporate learning)에 무게중심을 두는 이론들로 범주화하여, 대안 모색시 산업 영역 내의 기업들 사이의 연계 문제에 국한하여 적용할 여지를 남기되 혁신 클러스터의 새로운 네트워크 구조 자체를 제안하는 차원에서는 배제하기로 한다. 비슷한 맥락에서 권오혁(2004)의 지역혁신체계 관련 연구도 학습이나 혁신을 중심으로 지방정부가 개입하는 방식이 비효율적임을 경험적 자료를 근거로 지적하며, 그 문제들은 선도 기업의 지역 내 유치 등을 통해 기업의 이니셔티브를 중심으로 해결할 것을 제안한 바 있다.

그 세 이론들을 배제하면, 대안적 모델을 제안하는 데에 사용할 수 있는 이론들은 산업지구, 혁신 클러스터, 지역혁신체계 이론들인데, 그중 여러 면에서 가장 포괄적인 이론은 〈표 3-3〉에서 정리한 바와 마찬가지로 지역혁신체계 이론으로 보고 OCSN 모델을 일단은 그 연장선상에 자리매김하기로 한다. 지역혁신체계 이론에서 아쉬운 점은 위에서 지적한 바와 같이 영역간 연계 등의 문제를 거버넌스라는 추상적인 개념을 위주로 설명하는 관계로 그 주체의 구조적 세부 사항을 적극적으로 논의할 수 없다는 것이었으나 OCSN 모델에서는 조정기능의 강화를 통해 보완할 것이다.

(2) 초지역성

남은 세 이론들 중 초지역성을 대안 모색을 위한 잣대로 삼으면 추가로 산업지구 이론이 배제된다. 산업지구 이론은 영역간 연계의 측면을 심층적으로 다루지 않을 뿐 아니라 지역 내부의 기업들간의 관계 형성에 초점을 두기 때문이다. 그에 반해 혁신 클러스터와 지역혁신체계 이론들은 개방적 네트워크 개념이 명시되어 있어, 지역의 발전을 위해 지역 외부에 위치한 자원과의 연계를 중시하는 OCSN 모델의 제안에 적합하다.

(3) 조정기능

이 부분은 균형발전위원회 지적 사항(〈표 3-2〉)에 나타난 협의체 구성/운영과 연계 기관의 지정/운영의 문제를 통합한 것이다. 기존의 이론들 중 내부 조정 기제에 대해 가장 확실히 명시하는 이론은 지역혁신체계 이론이다. 그 이론은 위에서 언급한 영역간 연계의 문제 등을 거버넌스 개념을 위주로 다루는데, OCSN에서는 거버넌스를 맡는 네트워크 내부 조정자에게 네트워크 이론에서 빌린 커넥터의 구조적 지위와 역할을 추가한다. 따라서 OCSN의 조정자는 산 · 학 · 관 영역으로부터 구조적으로 독립되어 있으며, 각 영역에서 신뢰받는 하나 또는 소수의 대표자들과 긴밀히 협조하는 관계를 상시적으로 유지하며, 권한과 책임을 동시에 부여받는 주체가 되는 것이다. 위에서 언급한 초지역성의 문제와 더불어 OCSN의 조정기능은 지역 외부의 자원들과의 연계도 내부 주체들의 요구에 따라 감당해야 할 것이다.

네트워크 거버넌스에 대한 연구는 아직 별로 축적되지 않은 듯하나, 존스 외(Jones, Hesterly, and Borgatti, 1997)의 연구가 약간의 단초를 제공한다. 그 연구는 거래비용 경제학과 사회 연결망 이론을 결합한 네트워크 형태의 기업 중심적 거버넌스를 이론화하였는데, 자산 구체성, 수요 불확실성, 업무 복잡성과 빈도와 같은 교환에 관련된 조건들이 기업들로 하여금 거래를 특정한 방식으로 구조화하도록 유도한다는 내용이다. 혁신 클러스터에서 부가가치의 창출을 궁극적으로 담당하는 기업의 중요성을 감안할 때, OCSN의 조정기능은 산업별, 지역별 특성을 고려하여 이루어지되 지역에 거점을 둔 중소기업들의 활동 조건을 우선적으로 고려하는 방향으로 설정되어야 할 것이다.

(4) 유기성

기존의 이론들에서는 유기성의 문제를 거의 다루지 않았으나, OCSN에서는 위에서 인용한 포터 질문지의 연역적 분석을 통해 얻은 결론 즉 혁신 클러스터가 유기체와 같이 단계적으로 성장한다는 내용을 일차적으로 조정의 문제를 중심으로 다각적으로 반영하도록 한다. 포터가 제시한 첫 두 단계들인 아이디어의 생성과 발전과정에서는 OCSN 내부 영역간 연계와 초지역적 연계를 조정할 때에 대학을 비롯한 R&D 영역의 적극적 참여를 유도하여 기업들과의 효율적 연계가 가능하도록 도움을 주어야 한다. 마지막 단계인 상품화 과정에서는 생산을 담당하는 기업들에게 유리한 활동 조건을 보장하는 데 주력하여, 기업간/초지역적 연계의 강화를 통해 대량생산과 유통이 효율적으로 이루어지도록 해야 할 것이다.

4. 맺으며

(1) 기존 이론들과의 비교를 통한 OCSN 모델의 재정리

이상에서 혁신 클러스터와 관련하여 기존의 정책, 이론들을 검토하여

OCSN 모델을 실험적으로 제안한 과정을 재정리하면 〈표 3-4〉와 같다. 여기서는 앞서 떼어 검토한 초지역성의 문제를 기존의 일부 이론들이 이미 언급했을 뿐 아니라 OCSN의 속성이라고 보아, 편의상 OCSN의 작동적(operational) 측면을 논하는 연계와 조정의 문제에 삽입시켰다.

〈표 3-4〉 혁신 클러스터 관련 기존 이론들과 OCSN 모델의 비교

	기존 이론	OCSN
연계	산업지구, 기업 학습 혁신 클러스터, 지역혁신체계	산업 영역 내 기업간 연계로 계승 영역간, 초지역적 연계로 계승
조정	지역혁신체계의 거버넌스 혁신 클러스터, 지역혁신체계의 개방성	커넥터 개념 추가로 구조화 초지역적 조정 기능으로 계승
유기성	사실상 부재	유기체적 성장 단계를 추가

① OCSN의 연계방식은 먼저 산업지구 및 기업 학습 중심의 지역발전 이론에서 다룬 기업간의 네트워킹 방식을 계승한다. 기업들 사이의 근접성, 혁신적 기술 및 학습 능력에 바탕을 둔 연계는 OCSN 모델에서도 산업 영역 내 기업들 사이의 네트워크에 별다른 수정 없이 적용할 수 있다. 추가적으로 혁신 클러스터 및 지역혁신체계 이론들로부터는 OCSN이 영역간 그리고 초지역적 연계방식을 계승한다.

② OSCN의 조정방식은 지역혁신체계 이론의 거버넌스 개념에 커넥터의 구조적 성격을 첨가함으로써 더욱 정교화한다. 더불어 초지역적 연계의 관리 역시 조정기능에 부가하여, OCSN 모델의 커넥터는 내부 주체들 사이의 관계 조정뿐 아니라 지역 외부의 자원들과의 관계에 대해서도 조정기능을 담당하도록 설정한다.

③ OCSN의 유기체적 측면은 기존 이론들에서 거의 다루지 않은 것이다. 일단은 포터의 단계론적 관점을 빌려 와서 추가하였으나 앞으로 더욱 연구되어야 할 부분이다. 단, 위의 두 작동적 측면들을 포함한

OCSN의 전반적 기능이 혁신 클러스터의 성장단계별로 유연성 있게 변동해야 한다는 것이 현 단계에서 강조하고자 하는 핵심이다.

(2) OCSN 모델의 한계와 후속 연구용 함의

OCSN 모델은 혁신 클러스터와 관련된 기존 이론들을 네트워크적 시각으로부터 재조명하고, 최근의 정책 검토로부터 도출된 문제점을 보완하기 위해 제안한 구조 중심적 논의의 결과이다. OCSN의 이러한 태생적 한계는 문화적 요인들에 대해 충분히 검토하지 못한 점인데, 이 점은 구조 중심의 네트워크 연구 경향과 무관하지 않다. 따라서 앞으로의 혁신 클러스터 연구는 네트워크 시각과의 더욱 체계적인 결합을 추구하는 동시에 혁신 클러스터의 성공을 유인하는 문화적 요인에 대한 연구로도 이어지기를 제안한다.

참고문헌

국가균형발전위원회, 2003.『자립형 지방화를 위한 지역혁신체계 구축방안』.

국가균형발전위원회 클러스터 육성팀, 2004. "클러스터 및 RIS정책에 대한 사례 검토(요약정리)."

권오혁, 2004. "지역혁신체계론의 이론적 전개와 정책적 함의에 관한 비판적 검토,"『응용경제』 6(2): 5-26.

김성태 · 노근호, 2004. "지역혁신 클러스터 추정과 지역경제성장에 미치는 효과 분석,"『응용경제』 6(2): 63-97.

김승욱 · 김재익 · 조용래 · 유원근, 2004,『시장인가? 정부인가?』. 부키.

김용학, 2003.『사회 연결망 이론』. 박영사.

바라바시, A. L., 2002.『링크』(원제:『Linked』). 동아시아.

오재일, 2004. "지방분권과 로컬 거버넌스,"『지방행정연구』 18(1): 3-18.

이명석, 2002. "거버넌스의 개념화,"『한국행정학보』 36(4): 321-339.

최영출, 2004. "로컬 거버넌스의 성공적 구현을 위한 정책과제,"『지방행정연구』 18(1): 19-50.

Granovetter, Mark, 1973. "The Strength of Weak Ties," *American Journal of Sociology* 78(6): 1360-1380

_______, 1983. "The Strength of Weak Ties: A Network Theory Revisited," *Sociological Theory* 1: 210-233.

Gross, Jonathan L. and Jay Yellen, 2004. *Handbook of Graph Theory*, CRC Press.

Jones, Candace, William S. Hesterly, and Stephen P. Borgatti, 1997. "A General Theory of Network Governance: Exchange Conditions and Social Mechanisms," *The Academy of Management Review* 22(4): 911-945.

Nohria, Nitin and Robert G. Eccles (eds.), 1992. *Networks and Organizations*, Harvard Business School Press.

Wasserman, Stanley and Katherine Faust, 1994. *Social Network Analysis*, Cambridge University Press.

2부

클러스터와 지역혁신, 사회적 대응

4장 지역혁신과 클러스터의 역할: 강원도를 중심으로

안동규(한국지방분권아카데미 원장)

1. 지역혁신과 클러스터

(1) 지역혁신체계(Regional Innovation System: RIS)

참여정부는 국가균형발전위원회와 정부혁신지방분권위원회를 중심으로 3분 정책 — 분권, 분산, 분업 — 을 국정 최우선과제로 추진하고 있으며 수도권과 중앙정부에 집중된 권한과 재정과 자원을 지역 및 지방정부에 이전하여 지역 간의 균형발전을 이룩하려고 한다.

참여정부가 추진하고 있는 국가균형발전의 기본목표는 지역혁신체계 구축을 중점 추진방향으로 설정하여 국민통합과 국가경쟁력 강화를 궁극적 목표로 삼고 중장기적으로 전국이 개성 있게 골고루 잘사는 사회를 이루고 권역간 균형과 권역 내 효율을 추가하는 것이다(성경륭, 2003).

분권과 분산은 중앙정부의 주도성이 요구되는 과제라면 자치와 혁신은 지방정부와 지역이 중심이 되어 추구할 과제이다. 따라서 지역과 지방정부는 성공적 균형발전의 두 번째 요소인 자치와 혁신역량을 확보 · 강화하는 것이 필수적이다. 지방정부가 자치역량을 강화하는 것은 분권 · 분산된 자원과 권력을 효과적으로 사용하는 길이다.

자치를 지방의 정치중심모델이라 한다면 혁신은 지방의 경제중심모델이다. 지역혁신은 지역의 주체들이 지역발전을 목표로 주어진 자원과 권한을 효율적으로 결합하고 운영하는 구조를 통해 이루어진다. 따라서 산 · 학 · 연 · 민 · 관 · 언 등 지역의 주요 주체들이 총체적으로 결합하여 지역에 맞는 지역혁신체계를 구성하여야 한다. '산'은 지방기업과 금융기관 및 생산 주체들을 의미하며, '학'은 지방의 국립 · 사립대학을, '연'은 정책연구소와 연구개발센터를, '민'이란 지역주민과 시민단체 등의 지역사회를, '관'은 지방자치단체와 의회를, 그리고 '언'은 언론기관을 의미한다. 지역혁신체계에서 고려할 점은 다음과 같다(안동규, 2004).

① 지역혁신체계는 지역경제를 중심으로 한 발전체계이다. 따라서 세계화 및 정보화시대에 맞는 지역혁신은 지식과 기술을 바탕으로 이룩되어야 한다.

② 지역혁신체계는 장기적으로 의존형 지방화에서 자립형 지방화로 가는 수단이다. 따라서 지역상황에 맞는 지역혁신체계 구축이 필요하다

③ 단기적으로 지역혁신체계의 중심축은 지방대학이다. 대학은 지역의 기술혁신과 지역발전의 중심기지의 역할을 하고 지역혁신체계의 기획을 담당하고 지역문화의 창달과 지역 인재의 산실 역할을 하여야 한다. 즉 비전 제시자(Vision Provider:VP)의 역할을 대학이 담당해야 한다.

④ 지역혁신의 하부구조인 사회간접자본과 인프라(도로, 통신, 철도, 항만)의 확보는 지역 외부, 즉 중앙정부의 투자에 의해서 확보되어야 한다. 그렇지 않으면 지역간 불균형이 고착될 우려가 있으며 교정적 차원의 분산정책 및 인프라 투자가 선행되어야 한다.

⑤ 지역혁신의 구체적 표현은 지역 전략 산업을 발굴하고 집중 육성하여 지역에 맞는 특성화 산업과 특성화 전략으로 나타나야 된다. 이러한 산업중심의 지역혁신체계는 클러스터를 통해서 실현된다. 클러스터란 관련 기업과 관련 기관 등이 네트워크를 통하여 시너지를 창출하는 집적체를 의미한다. 따라서 지역별로 전략 산업군집을 육성하여 지역이 국가의 분야별 산업수도인 클러스터로 성장하여야 한다.

⑥ 장기적으로 볼 때 지역혁신체계의 상부구조라 할 수 있는 정치 · 교육 · 문화 인프라 등도 혁신의 틀 안에서 변화시켜야 한다. 특히 교육과 문화의 혁신은 지역혁신의 원동력이기 때문에 장기적으로 지역에 맞는 교육과 지역을 만들어 내고 끌고 가는 문화혁신이 필요하다.

지역혁신체계의 핵심은 지역혁신능력을 지역 스스로 창출하는 자립형 지방화로 이해할 수 있으며 지역발전의 원동력을 지역 내부에서 창출한다는 점에서 내발적 발전론(endogeneous development)과 같은 의미이다. 내발적 발전이란 지역주민의 삶의 질 향상을 목표로 중앙정부의 사업이나 외부 대기업 유치에 의존하는 것이 아니라, 지역 내부의 기술과 산업 및 문화역량을 토대로 지역 산업 연관이 존재하는 지역경제구조를 형성하고 지역주민의 참여를 통해 학습, 계획, 경영함으로써 자생적 지역발전을 꾀하는 것이다.

다음의 그림은 지역혁신체계를 사람의 형상으로 단순화시킨 모형이다.

머리인 지방 산업의 발전을 목적으로 지방대학과 연구소 그리고 지방자치단체가 허리가 되어 기술과 지식을 제공하고 추진력과 행정력을 실어주며 지역사회와 언론이 받쳐 주고 지원하는 그러한 모형이다. 모형에서 알 수 있듯이 머리인 지역 산업이 산업 클러스터의 핵심을 이루어 지역혁신체계의 주체가 되는 경제 중심의 모형이라고 단순화할 수 있다. 산업 클러스터란 특정 분야에서 상호 경쟁관계에 있으면서도 협력하고 있는 기업들, 전문화된 공급자, 서비스 제공업체, 관련 산업, 관련 기업 등이 지리적으로 집중된 일종의 산업공동체를 의미한다(Porter, 1990).

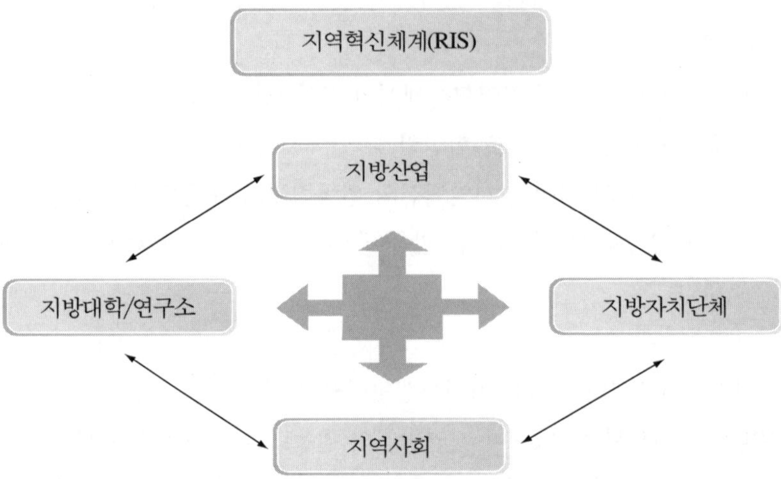

[그림 4-1] 지역혁신체계(RIS)

국가균형발전 모델이 제시하는 지역혁신체계 모형은 지역경제 주체의 역량혁신 및 네트워크화를 목적으로 두 가지 요소를 중심으로 추진하고 있다. 첫째는 지방대학육성이며 둘째는 지역 전략 산업 및 산업 클러스터 육성이다. 이 양자는 서로에게 인재 및 지식 기반을 그리고 대학 및 문화활성화 토대를 제공하며 지역혁신체계의 중심역할을 하고 있다. 지방대학은 지역발전의 중심기지, 기획센터 역할과 지역의 기술혁신, 기업지원 서비스제공, 지역문화 창달의 산실역할을 담당하고, 산업 클러스터는 미래 지역경제를 주도할 전략 산업을 발굴하여 육성하고 지역의 특성과 강점을 살리는 특성화된 발전전략을 담당하고 있다. 또한 지역혁신의 인프라로서 문화, 언론, 사회간접자본, 물류, 유통 기반, 정보통신, 마케팅 등을 강조하고 있다.

협의의 지역혁신체계, 경제 중심의 지역혁신체계, 지역 산업 중심의 지역혁신체계를 클러스터라고 할 수가 있다. 또한 지역혁신체계의 수단으로서 클러스터를 이해할 수가 있다. 지역이 클러스터를 활성화시켜서 지역혁신체계를 달성하고 이러한 지역간의 발전을 통해서 국가의 지역균형발전이 실현되는 것이다.

(2) 클러스터(Cluster)

1) 클러스터의 정의

집적 또는 클러스터에 대한 학문적 정의는 연구자마다 다양하고 현상과 사례의 다양성으로 인하여 객관적인 정의를 내리는 것은 쉽지 않기 때문에, 실제적으로 진행되고 있는 클러스터의 현상들과 사례를 통해서 그 개념을 도출하고 유형화하는 것이 바람직하다. Porter 교수가 제시한 경쟁우위와 경쟁력에서 클러스터에 관한 개념이 도입된 이후 산 · 학 · 연 · 관에서 클러스터에 관한 실용적 연구가 활발하게 진행되고 있으며 실리콘밸리를 비롯하여 많은 종류의 클러스터 사례가 발표 · 연구되고 있다 (Porter, 1990). Porter가 제시하고 있는 클러스터의 개념은 "국가나 지역에 존재하는 특정분야에서 관련기관, 전문공급업체, 서비스 제공자와 유관 기관들의 지리적 집적지"이다.

미국의 상무부는 '수직 · 수평 네트워크를 형성하고 있는 경쟁 · 협력 업체간 집적지'로, 네덜란드는 '생산 네트워크(기업), 지식, 기술(대학, 연구소), 중개기관(브로커, 컨설팅)등이 부가가치를 창출할 수 있도록 긴밀하게 연계된 구역'으로, 한국의 산업자원부는 '산업 클러스터(Industrial Cluster, 산업집적)란 비슷한 업종의 다른 기능을 하는 관련 기업, 기관들(연구개발 기능을 담당하는 대학 및 연구소, 생산기능을 담당하는 대기업 및 중소기업, 각종 지원기능을 담당하는 벤처 캐피털과 컨설팅 등)이 일정 지역에 모여 네트워크 구축과 상호작용을 통해 사업전개, 기술개발, 부품조달, 인력, 정보교류 등에서 시너지 효과를 발휘하는 것'으로 정의를 내리고 있다.

클러스터는 다양하게 정의될 수 있다. 우선 협의의 클러스터는 '특정 지역에서 부의 창출을 주도하는 상호 관련된 기업군 및 산업들'을 의미한다. 즉, 클러스터를 '생산 주체인 관련 기업(경쟁기업, 대기업, 중소기업, 벤처기업)과 관련 기관(대학, 연구소, 지자체, 지원기관 — 금융, 법률, 컨설팅) 등이 함께 네트워크를 통하여 시너지와 부가가치를 창출하는 집적된 지역'으로 정의한다. 이러한 정의의 핵심은 1) 관련 기업, 2) 관련 기관, 3) 네트워크, 4)집적지역 4가지 요소이다..

4가지 구성요소의 결합 형태 — 누가 주도하는가, 클러스터의 핵심역량은 무엇이며, 누가 소유하는가, 네트워크의 방식은 무엇인가 — 등에 따라서 다양한 유형화가 가능하다. 산업 클러스터의 구성 주체에 따라서 비전 제시자(Vision Provider: VP), 시스템 통합자(System Organizer: SO), 전문 공급자(Specialized Suppliers: SS)로 구분할 수가 있다. 비전 제시자는 원천기술을 개발하고 클러스터의 발전방향을 제시하고 인력과 창업을 공급하며 비전을 세우고 끌고 가는 주체를 의미하고 따라서 대학, 연구소, 공공기관 등이 그 역할을 담당하며 때로는 개인도 클러스터의 비전 제시자가 될 수 있다. 시스템 통합자는 원천기술을 상업화하고 요소기술과 부품을 통합하여 제품화 서비스화 하는 생산주체로 주로 대기업 및 선도기업이 맡게 된다. SS인 전문 공급자는 부품과 요소기술을 제공하는 중소기업, 벤처기업, 금융, 법률, 회계, 광고 등을 담당하는 지원 서비스 업체를 의미하며 지자체도 그 역할을 수행할 수가 있다.

2) 클러스터 유형 모델

위에 제시된 클러스터의 정의에 따라서 다음과 같은 5가지 유형 모델을 제시하고자 한다.

〈표 4-1〉 클러스터 유형 모델

유 형	경쟁우위	사례
기업 특유 모델	선도기업의 기술과 핵심역량	키스타 클러스터, 핀란드 울루지역, 도요타 클러스터
기관 특유 모델	정부 및 지자체의 강력한 추진력과 지원	샌디에이고 바이오 클러스터, 대만의 신죽과학공업원구, 싱가포르, 아일랜드
네트워크 특유 모델 또는 시너지 모델	각 구성원간의 네트워크	밀라노, 프랑스의 소피아앙티폴리스
절충 모델	구성원간에 핵심역량을 상호 보유	미국의 실리콘밸리, 중국의 중관춘 클러스터
지역 특유 모델	지역 자체에 존재하는 지역의 문화조건이나 자연환경	할리우드 클러스터, 라스베이거스(Las Vegas)

클러스터 유형 모델은 경쟁우위의 원천이 무엇인가에 따른 분류 형태이기도 하다. 즉 클러스터가 경쟁력을 갖게 되는 핵심역량에 따라서 구분을 한 형태이다.

① **기업 특유 모델**(Company Specific Model)

기업 특유 모델은 앞에 제시한 키스타 클러스터를 들 수가 있다. 기업 중심 클러스터는 키스타처럼 에릭슨이라는 대기업의 역할(비전 제시자 및 시스템 통합자)을 통해서 클러스터의 경쟁력이 유지되기 때문이다. 즉 선도기업 에릭슨은 클러스터의 핵심역량이다. 선도기업의 기술과 핵심역량이 기업 특유 모델의 성공을 좌우하는 것이다.

다른 사례로는 핀란드의 울루 지역이다. 노키아(휴대폰시장 세계 점유율 35% 이상)를 중심으로 에릭슨, 컴팩, 후지쓰, 지멘스, HP 등 정보통신사업을 주도하는 250개의 다국적기업들을 중심으로 강력한 네트워크가 형성되어 있으며 울루대학을 중심으로 북유럽 최초의 사이언스 파크를 형성하고 인구 또한 계속 증가하여 2002년 20만으로 성장하고 있다. 기업 특유 모델인 울루의 성공요인은 1) 노키아를 기반으로 하는 기업의 핵심역량, 2) 강력한 네트워크, 3) 울루대학과 종합기술전문대의 교육과 연구, 4) 중앙정부, 울루시 등의 지원 등이다.

세계 최고의 자동차 클러스터를 이루고 있는 도요타시는 소위 '도요타 클러스터'라고 불리며 도요타 본사 및 7개 조립공장과 도요타 중앙연구소가 자리 잡고 있다. 도요타의 경쟁력과 핵심역량을 중심으로 부품업체(관련 업체 3,000개)간의 강력한 네트워크가 형성되어 있으며, 도요타공대 등 40개 대학과 30개 외부 연구기관과 회사내 도요타 인스티튜트(2002년)를 통해서 자동차 관련 기술과 연구를 계속하고 있다. 클러스터 내 공장, 연구소, 부품업체간 정보/지식 네트워크의 발달로 시너지를 창출하고 있다.

② **기관 특유 모델**(Institution Specific Model)

기관 특유 모델은 샌디에이고 바이오 클러스터가 대표적이다. 샌디에이고 바이오 클러스터의 성공은 비전 제시자인 샌디에이고 대학에 기인한다. 비전 제시자이며 고급연구인력과 연구 결과들을 계속해서 창출해 내는 샌디에이고 대학은 지원기관이기 이전에 클러스터와 지역혁신체계를 선도하는 기관차의 역할을 담당하고 있다. 샌디에이고 대학을 비롯한 각종 대학과 연구기관, 연구소 등이 지식 중심의 신산업 클러스터인 바이오 클러스터의 경쟁력을 지속시키고 있다.

정부 및 지자체의 강력한 추진력과 지원을 바탕으로 형성된 공업단지형 클러스터는 기관 특유 모델의 전형적인 유형이다. 정부의 철저한 계획 아래 기술 및 교통과 인프라를 유치시키고 전략 산업을 집적시켜 시너지 창출을 통하여 클러스터를 만들어 내는 것이다. 중국 상해의 포동 지역과 대만의 신축 지역과 한국의 기존 공단형 클러스터 등이 속한다.

대만의 신축과학공업원구는 대만의 총 GDP의 2.8%를 차지하며 중앙정부의 지원 하에 미국의 실리콘밸리를 모델로 산업지역, 연구개발지역. 주거 및 여가지역으로 개발하여 국내외 첨단기업이 335개가 있으며 세계적인 반도체 및 컴퓨터 공급기지와 부품공급자의 역할을 담당하고 있다. 대표적인 연구소는 공업기술연구원(ITRI)이고 칭와대와 차오뚱대가 클러스터의 인력자원과 연구역량의 지원기관이다. 신축의 성공요인을 분석해 보면, 1) 중앙정부의 강력한 비전과 강력한 리더십(VP), 2) 연구소, 대학, 벤처기업 간 산 · 학 · 연 협력과 네트워크, 3) 인프라 및 외부 환경, 4) 해외 고급인력유치 등이다.

싱가포르 전체를 하나의 지식 클러스터로 본다면 국가 그 자체가 클러스터의 개념을 갖고 발전된 경우이다. 싱가포르는 클러스터 계획으로 1992년부터 'IT 2000'이라는 정보화 환경조성계획을 통하여 통신망을 구축하고 기술표준화 등 인프라를 완성하고, 1996년에는 국가 전역을 'Singapore ONE'이라는 광대역 멀티미디어 네트워크로 연결하고 있다. 이 외에도 Manpower 21(인적 자원개발계획), Infocomm 21(정보 네트워크), Industry 21(지식 산업 클러스터), Biomedical Park(BT 클러스터), Science

Park(부오나비스타의 IT 클러스터), 주롱 클러스터(석유화학 산업 클러스터) 등 국가 전체를 클러스터 중심으로 개발하여 소위 '클러스터 국가'의 성격을 띠게 되었다. 싱가포르의 성공요인을 분석해 보면, 1) 비전 제공자, 시스템 통합자로서의 정부의 역할 및 경제정책, 2) 외국 자본 중심의 클러스터 전략, 3) 다국적 기업활동과 클러스터에 맞는 환경 등이다.

아일랜드는 영국 서쪽에 있는 인구 400만의 작은 섬나라인데 유럽 최강의 '외국 기업 중심의 클러스터'를 형성하고 있다. 특히 소프트웨어 산업은 MS, 오라클(Oracle) 등 세계 10대 기업들이 진출하여 더블린을 중심으로 클러스터가 발전되어 있다. 1970년 비정부기관인 외자유치전담 산업개발청(IDA)을 중심으로 해외 스타기업들을 유치한 것이 주요 성공요인이다. 다국적기업의 기업활동을 유리하게 해 주는 각종 제도와 환경이 갖추어져 있고 유럽 시장에 대한 접근성이 유리하고 안정된 노사 환경과 풍부한 금융과 고급인력의 확보가 클러스터의 성공요인으로 들 수 있다.

③ 네트워크 특유 모델(Network Specific Model)

네트워크 특유 모델은 각 구성원간의 네트워크가 클러스터의 경쟁력을 갖고 있는 경우이다. 즉 네트워크를 통해서 시너지 창출이 그 클러스터의 핵심역량을 이루는 것을 의미한다. 이는 특정한 지도기관이나 기업보다는 구성원간의 네트워크에서 발생하는 시너지가 경쟁력의 원천이 되는 경우이다. 연구개발과 생산, 판매, 지원을 담당하는 구성원간에 협력뿐만 아니라 경쟁을 통해서 시너지가 창출된다. 또한 수평적 형태의 네트워크를 통해서 고수익 · 고위험 분야에 자원을 집중하여 위험을 구성원간에 분산시킬 수가 있다.

세계 최대 패션디자인 클러스터인 밀라노가 대표적 네트워크 특유 모델이다. 밀라노는 이탈리아 북부에 위치한 인구 130만 명의 제2도시로 경제, 문화, 교통, 관광에서 국가발전을 주도하고 축적된 기술과 경험으로 세계 디자인 산업을 이끌고 밀라노를 중심으로 섬유 및 의류 산업이 전체 국가 수출의 11~13%를 차지하고 있다. 베네통을 비롯한 세계적 패션업체들이 존재하고 밀라노에 위치한 세콜리, 마랑고니 같은 디자인 스쿨들의 인재공급과 기술 및 연구제공을 통하여 디자인의 발전을 주도하고 있다. 밀라노 클러스터의 성공요인은 여러 가지가 있지만 그중 핵심역량은 경쟁력을 바탕으로 수평적 네트워크를 구성하고 있는 것이다. 하청기업도 자체적으로 신제품을 개발하는 기획 제안형 기업을 이루고 있으며 모기업과의 협력과 경쟁을 통해서 시너지를 창출한다. 구성원간에 아이디어를 교환하는 세계적인 전시회와 박람회 그리고 패션쇼 등을 통해서 네트워크를 활성화하고 있다. 수평적 협업업체는 업체간 정보교환, 생산물량조절, 물류, 연구개발, 마케팅 등에서 혁신을 유도하고 있다. 교육기관 및 연구기관도 실용적인 연구와 교육을 통해 산 · 학 · 연의 네트워크를 구성하고 있다.

네트워크 특유 모델의 다른 사례는 프랑스의 소피아앙티폴리스를 들 수 있다. 유럽 최대 첨단 연구개발 클러스터이고 프랑스 남부 휴양도시 니스와 칸느, 그라스, 앙티브의 관광휴양지에 위치하며 유럽통신표준연구소(ETSI), 국립정보과학대학(ESSI)등 70여 개의 연구교육기관과 IBM 등 68개국 1,260개의 기업이 집적되어 있다.

1982년 미테랑 정부의 분권화 정책으로 지자체가 지역혁신체계를 수행하여 공기업과 연구소가 입주하면서 성장하게 되었다. 산 · 학 · 연 간의 혁신을 주도하고 기술개발과 노하우를 집중개발하는 기관을 설립하고 1983년 INRIA(국립 정보기술 및 자동화 연구소)를 설립하여 니스대학과 연구개발의 중심을 마련하였다. 1990년대는 대기업 구조조정과정에서 분사된 엔지니어들이 중소 규모의 기업을 설립하여 모기업간의 공식/비공식 네트워크를 형성하였다. 클러스터의 핵심역량은 구성 주체간 교류 및 협력 네트워크의 활성화이다. 즉, 중소기업과 벤처기업이 주도적으로 경쟁력을 확보하고 INRIA 등 연구기관과 대기업, 대학 등이 참여하는 다양한 네트워크를 형성하고 클러스터 안에 각종 전문가모임과 협회 등이 지속적 혁신을 모색하며 네트워크를 통한 시너지를 창출하고 있다. 이러한 기업, 연구기관, 대학 등이 공식 비공식 네트워크를 구성하여 클러스터의 핵심역량을 구축하고 있다.

④ **절충 모델**(Eclectic Model)

절충 모델(Eclectic Model)은 절충적으로 구성원간에 핵심역량을 서로 보유하고 있는 경우이다. 한쪽에서 일방적으로 주도하는 것이 아니라 모든 주체가 경쟁우위를 갖고 있는 매우 발전된 형태이다. 절충 모델에 속하는 대표적인 사례는 미국의 실리콘밸리를 들 수가 있으며 유사한 사례는 중국의 중관춘 클러스터라 할 수가 있다. 성공 클러스터의 전형이라고 할 수 있는 실리콘밸리는 이미 널리 알려진 사례이다. 1970년대 초반부터 반도체와 컴퓨터 산업의 중심지로 시작하여 IT와 바이오 관련 기업이 1만여 개가 있으며 세계 첨단기업의 본사의 20%가 이 지역에 위치하고 있다. 샌프란시스코와 산호세를 중심으로 10여 개의 도시로 구성되어 있으며 40% 정도가 첨단 산업 관련 직종이며 평균급여가 미국의 다른 지역보다 2배 이상의 수준이다.

초기 클러스터의 비전 제시자인 스탠퍼드 대학과 소속 주요 교수들의 주도 하에 리튼 연구소(Litton Engineering Laboratories)와 HP사가 설립되고, 스탠퍼드산업단지가 조성되어 반도체와 컴퓨터 관련 첨단기업들이 몰려들게 되었다. 이곳은 후에 스탠퍼드연구단지(Stanford Research Park)로 개칭되었으며 버클리, 산호세주립대, 산타클라라대와 함께 연구의 메카 지역으로 성장하고 있다. 1990년대 후반에는 인터넷과 통신, 소프트웨어, 연구개발, 멀티미디어 산업의 발전이 지역 클러스터의 견인차 역할을 담당하였다. 실리콘밸리의 성공요인을 요약해 보면, 1) 다양한 구성 주체간에 유기적으로 연결된 네트워크, 2) 핵심역량과 정보교류의 네트워크, 3) 고도의 기업 지원 서비스, 4) 대학연구소와 지역기관들 비전 제시(VP)와 효과적 지원, 5) 선도기업과 벤처기업의 조화, 6)다양한 인력자원의 공급과 효율성, 7)첨단 클러스터에 어울리는 문화와 지역 환경 등이다. 즉 기업, 기관, 네트워크, 지역적 요소 등의 경쟁우위가 절충된 클러스터 모델이다.

이와 유사하게 발전되고 있는 아시아의 실리콘밸리라 할 수 있는 곳이 중국의 중관춘 클러스터이다. 베이징의 중관춘 지역을 중심으로 형성된 클러스터는 초기에 민간 차원의 전자상가가 1988년 국가급 개발구인 첨단 산업 기술개발구로 지정되었으며 중국 최고의 대학, 국가연구기관, 다국적기업의 연구개발센터(IBM, SUN, Nokia, MS, Bell, Motorola, Intel, 마쓰시다, 후지스)가 모여 있다. 북경대, 청화대, 중국인민대 등 70여 개의 대학과 중국 정부와 베이징시, 그리고 연구소(230개)와 기업(대표기업 렌샹)들이 산 · 학 · 관 · 연 협력 첨단기술개발을 통하여 베이징시 전체 공업 생산의 60%를 차지하고 연평균 30% 이상의 성장을 지속하며 클러스터를 성장시키고 있다. 중관춘은 민간 전자상가→대학, 연구소 중심의 사이언스 파크→두뇌 혁신 클러스터→아시아의 실리콘밸리로 발전하여 절충적 클러스터에 유사한 모델을 이루고 있다.

중관춘의 성공요인을 분석해 보면, 1) 중앙정부와 지방정부의 강력한 리더십, 2) 우수대학(청화대, 북경대)과 연구기관의 기업활동 참여 및 첨단산업 성장의 핵심역할, 3) 해외유학생의 유입을 통한 첨단기술과 창업문화 선도, 4) 대학 · 연구기관 · 벤처기업 · 정부의 활발한 네트워크, 5) 외국기업의 직접 투자 등이다.

⑤ 지역 특유 모델(Location Specific Model)

지역 특유 모델은 클러스터의 핵심역량이 지역 자체에 존재하고 있는 모델이다. 이는 지역만이 갖고 있는 경쟁력을 중심으로 클러스터가 형성이 되는 경우이다. 이러한 클러스터는 특별하게 지역의 문화 조건이나 자연환경을 중심으로 형성될 수가 있다. 국가균형발전을 위한 지역혁신체계(RIS)를 완성하기 위해서 지역에 클러스터를 조성하려는 우리나라의 경우, 지역 특유의 핵심역량을 바탕으로 클러스터를 조성할 수가 있다. 따라서 지방정부나 지자체가 중심이 되어 기존에 존재하고 있는 지역의 경쟁우위요소를 바탕으로 지역 특유 모델을 시도하는 것이 바람직하다.

세계 영화 산업의 메카라 할 수 있는 할리우드는 영화 산업 클러스터를 이룩하고 있다. 할리우드 클러스터가 성공한 가장 중요한 요인은 영화 산업의 특성에 맞는 문화와 조직을 할리우드 지역만이 갖고 있기 때문이다. 할리우드를 떠나서 영화를 이야기할 수 없다는 고정관념은 바로 할리우드의 지역 특유 요인이다. 할리우드의 비전과 성공을 좌우하는 것은 바로 사람이다. 영화 산업의 메이저들이 거대한 투자자금과 마케팅 능력으로 할리우드의 허브 역할을 하고 있으며, 각종 독립영화사와 지원회사가 발달되어 있는 것이 클러스터의 성공수요조건이다. 스필버그나 루카스와 같은 영화 산업의 천재적 비전 제시자들을 통해서 할리우드의 명성은 쉽게 변할 수 없는 클러스터를 형성하고 있는 것이다. 할리우드만이 갖고 있는 강력한 영화 동족사회는 구성원 및 영화 산업 관련자들이 지역을 중심으로 되어 있는 인간관계에 의해서 가능하다.

세계영화 산업의 산 증인인 할리우드는 앞으로도 영화 산업에서 절대적인 비중을 차지할 것이며 지역 특유의 휴먼 네트워크 중심의 영화 제작을 통해서 영화 산업의 세계적 경쟁력을 계속 유지하는 클러스터로 성장시킬 것이다. 우리나라의 경우 한국 영화의 본산지인 충무로와 떠오르는 영화 산업의 중심지 강남을 영화 클러스터로 발전이 가능하다. 이미 불고 있는 한류열풍과 한국의 아시아에 대한 중요성이 커짐에 따라 장기적으로는 홍콩을 능가하는 아시아 영화 산업의 메카로 클러스터 발전 전략을 세우는 것이 바람직하다.

다른 사례로는 관광 · 도박 · 유흥 · 컨벤션 등의 지역경쟁력을 갖고 있는 라스베이거스(Las Vegas)를 들 수 있다. 도박 및 유흥에서 시작되어 관광과 컨벤션 등으로 세계적인 종합 엔터테인멘트 클러스터를 라스베이거스가 소유하고 있는 것이다. 따라서 라스베이거스를 클러스터로 간주한다면 그것은 바로 지역만이 가지고 있는 경쟁력을 중심으로 산업이 발전되어 클러스터가 형성되었기 때문에 지역 특유 모델의 범주로 볼 수 있다. 이와 유사한 사례는 세계적 관광지를 들 수가 있다. 이탈리아의 세계적 관광도시인 로마는 그 전형적인 사례이다.

우리나라의 경우 강원도의 설악산을 중심으로 하는 관광 클러스터, 제주도 클러스터, 금강산 클러스터를 구상할 수 있다. 우리나라 전승도자 산업의 최대집적지인 경기도 이천은 떠오르고 있는 도자기 산업 클러스터이다.

3) 클러스터의 성공요인

클러스터의 성공요인을 이 연구에서는 6가지로 정리할 수 있다.

① 기업의 기술 및 경쟁력
② 대학의 연구역량과 인적 자원
③ 수평, 수직, 공식, 비공식 네트워크
④ 제도 및 정부 지원
⑤ 비전을 제시하는 리더십
⑥ 문화 및 인프라

이러한 요인들은 성공적 클러스터의 필요조건들이다. 즉 위에 제시한 요인들 없이는 클러스터의 성공은 이룩될 수가 없는 것이다. 6가지 성공 요인의 공통점을 한 가지로 압축한다면 그것은 사람이다. 6가지 요소마다 사람이 그 중심을 이루고 있다. 우리나라의 경우 핵심경쟁력은 앞으로도 과거와 마찬가지로 사람에게서 나온다. 지역에 인재를 키우고 정착시키는 환경을 조성하는 것이 무엇보다도 필요하다. 분권 시대에 맞는 그리고 클러스터의 핵심 기반이 될 수 있는 인력자원의 개발, 양성, 지원, 투자, 배치, 모두가 중요한 것이다. 지역혁신체계를 이끌고 가는 주체 역시 사람이다. 지역혁신에 맞는 클러스터, 클러스터에 맞는 인재를 육성하는 것이 클러스터를 통한 국가균형발전의 가장 바람직한 장기적 정책일 것이다(안동규, 2004).

2. 강원도의 지역혁신과 클러스터

강원도의 지역혁신은 산업과 농산어촌, 그리고 관광의 세 부문에서 출발한다. 강원도 산업혁신은 지식 기반 산업을 육성하여 낙후된 산업구조를 혁신시키고 농산촌지역에서는 주민들을 일깨우고 특화발전에 대한 의욕을 고취시키는 운동을 전개한다. 또한 강원도의 관광은 단순히 '시혜적 경제효과'를 벗어나 목표시장을 창출하고 새로운 상품을 개발하는 산업으로서의 관광으로 다시 일어서야 한다.

특히 강원도의 산업 비전인 세계 속의 '생명 · 건강 산업'과 관련된 지역 전략 산업과 지연 산업을 알아보고 지금 실행되고 있는 각종 클러스트의 사례를 알아본다.

(1) 강원도의 지역혁신발전 전략
— 제1차 강원도 지역혁신발전 5개년 계획(2004~2008)

1) '생명 · 건강 산업의 수도' 육성

① 춘천권 바이오, 원주권 첨단의료기기, 강릉광역권 해양생물 등 삼각 테크노밸리 중심의 특성화된 산업 클러스터를 조성한다.
—4대 전략 산업: i) 바이오, ii) 의료기기, iii) 신소재 · 방재, iv) 관광 문화.
② 고랭지 농 · 특산물 등 건강식품 중심의 지연 산업과 농 · 산 · 어촌에 대한 그린 투어리즘 개발 등 친환경 생명농업 산업 집중육성한다.
—건강 · 의료 · 생명 관련 다양한 시설 조성.
③ 자연생태환경 보존 · 체험 등 최고의 환경을 육성한다.
— '국제 환경품질인증'(ISO 14001) 획득.

2) 동북아의 '관광 허브지대' 조성

① 강원 관광은 기본적으로 '2days-4seasons', 즉 '2일 이상 체류하는 4계절 관광지'로 조성한다.
—강원 관광의 고급화, 다양화, 국제화 추진.
② 도 전역의 '관광 · 스포츠 · 레저 · 건강특구' 개념을 설정하여 권역별 또는 지점별로 특화한다.
—5도 2촌 사업 등 강원도적 농 · 산 · 어촌 만들기 추진.
③ 영동고속도로 주변을 아시아 제1의 동계 스포츠 밸리로 만들어 나가는 등 세밀한 전략을 중점 추진한다.
— 오는 2006년까지 내국인 7,500만 명, 외국인 200만 명 관광 시대

를 열어나갈 계획임.

3) '환동해권 물류 중심지' 조성

① 최근 남북관계가 진전되고 중국 · 일본 · 러시아 등 환동해 연안 국가의 경제가 급성장하는 등 여건이 크게 변화된다.

—강원도는 수도권과 부산 · 대구 경제권에서 동북아 지역으로 연결되는 요충지.

② 도에서는 이러한 여건 변화에 맞추어 국내 관련 지역과 산업, 관광, 해양과 연관된 클러스터를 조성하고, 광역적으로도 환동해권 각국과의 연관된 클러스터를 형성해 나갈 계획이다.

— 원주에서 철원에 이르는 지역은 '내륙물류 중심축'을 형성.

— 동해안은 'Peace Sea 비전'을 수립, 경북 · 울산 등 3개 시도가 참여하는 광역적인 추진체계 본격 가동.

(2) 강원도 지역혁신협의회 구성 · 운영

혁신 마인드를 갖춘 실질적인 인사 36명을 위촉하여 지역혁신협의회를 두고 그 산하에 37명으로 구성된 운영위원회와 기획조정, 전략 산업, 문화 · 관광 산업, 지연 산업, 지역 인적 개발 등 총 92명이 참여하는 5개 분과협의회를 구성하였다. 특히, 강원발전연구원에 도내 대학교수 160여 명이 참여하는 인간 · 생명RIS연구회를 구성하여 협의회의 싱크탱크 역할을 담당토록 하였다.

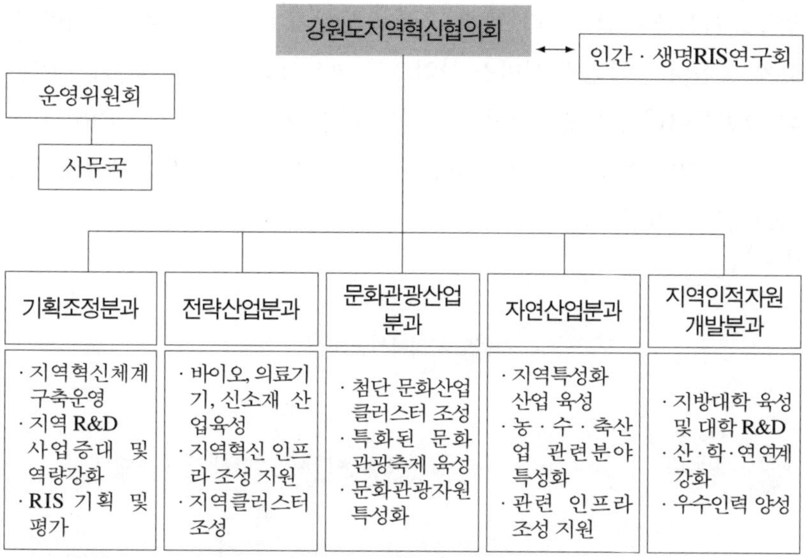

[그림 4-2] 산업별 대기업의 유형자산 증가율 추이

출처: 강원도지역혁신협의회 제공

3. 강원도 지역혁신의 비전

강원도의 고유가치인 자연과 가장 경쟁력 있는 상품인 지식을 접목하고 기존 계획의 지향과 강원도가 추구하여야 할 산업활동의 방향 및 강원도의 장점을 고려하여 '생명 · 건강 산업 수도'의 비전을 제시한다. 이를 구현하기 위한 전략으로 첫째, 취약한 제조업 기반을 지식 산업구조로 업그레이드시키므로 산업의 고도화를 촉진시킨다. 둘째, 산 · 학 · 관은 네트워킹을 통하여 각각 내부 혁신을 이루며 이것이 선순환함으로써 산업구조혁신을 촉발시킨다. 셋째, 공급자 중심의 관광지 개발이 아니라 수요자 중심의 종합관광 서비스 산업으로 혁신시킨다. 넷째, 농 · 산 · 어촌의 그린투어리즘을 활성화시킨다. 이런 비전과 전략을 통해 GDRP의 증대, 지식 기반 제조업의 기반 형성, 시 · 군마다 경쟁력 있는 대표상품을 확보하는 목표를 달성하고자 한다.

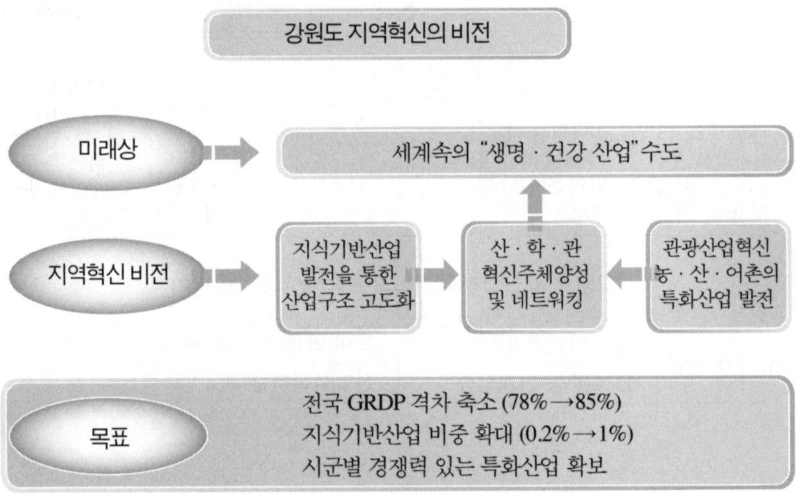

[그림 4-3] 강원도 지역혁신의 비전

출처: 강원도지역혁신협의회 제공

(4) 생명 · 건강 산업과 관련된 지역 산업

정부의 분류에 따르면 '지역 전략 산업'이라 하면 총량적인 강원도의 경제성장을 주도할 전략 산업을 의미하며 '지연 산업'이란 시 · 군 또는 마을이 주체가 되어 총량적 성장을 지원하고 주민에게 성장배분을 담당할 산업을 말한다.

1) 생명 · 건강 산업 기반으로서의 지역 전략 산업

강원도의 자원 · 지리적 특성과 지식 기반 산업 육성 의지와 부합되는 바이오, 의료기기, 신소재 · 방재 및 관광문화 산업을 지역 전략 산업으로 정한다.

〈표 4-2〉 생명 · 건강 산업 기반으로서의 지역 전략 산업

전략 산업		선정근거
업종명	세부업종	
바이오 산업 (BT)	· 청정 · 실버바이오 · 해양바이오	· 삼각테크노밸리 산업의 추진으로 춘천권, 강릉권에 산업 기반 형성 · 대학의 인적 자원과 혁신역량 축적
의료기기 산업	· 정밀의료기기 · IT, ET 등 연계상품	· 국내 의료기기 생산량의 40% 차지 · 산업혁신역량 보유
신소재 · 방재 산업	· 세라믹, 환경 신소재 · 신소재와 연계한 방재	· 시멘트 중심의 소재 산업을 첨단 산업으로 전환 · 첨단신소재와 방재 부문의 결합을 통해 안전한 강원도 실현과 지식 기반 산업 육성 연계
관광문화 산업	· 관광 산업 · 엔터테인먼트문화 산업	· 관광1번지 강원도의 부각 · 자연 중심의 관광을 문화와 지식 산업으로 연계

출처: 한국은행, 신지방시대하의 강원경제 혁신방안, 2004. 10.

2) 생명 · 건강 지향의 강원도 10대 지연 산업의 내용

지연 산업은 지역 고유의 재료, 문화, 산업전통과 연계함으로써 전통성

〈표 4-3〉 생명 · 건강 지향의 강원도 10대 지연 산업

분야	내용	비고
식물자원 산업	· 과채류, 곡률, 화훼류, 허브 등 전통식물 산업과 신규자원 산업을 포괄(산림농업 포함)	· 친환경농법에 의하여 청정성과 품질성의 확보 · 지역별 브랜드화를 통하여 특화 육성 · 주민의 자긍심 확보와 특화 상품의 홍보 및 연계 산업 발전을 위하여 관광 이벤트 추진
동물자원 산업	· 한우, 돼지, 닭 등 가축과 산양을 비롯한 야생동물, 낙농업, 메뚜기 같은 곤충류 등 산업부문을 포괄	
어류자원 산업	· 전통 수산업과 함께 산천어, 지역 특화 어류 등 각종 어류자원 산업 포괄	
향토식품 산업	· 전통 명주를 포함하여 닭갈비, 감자떡, 생선회, 황태, 젓갈 등 지역의 고유성과 문화가 살아 있는 지역 특화 식품 개발 · 현대인의 기호에 맞는 새로운 메뉴 개발도 포함	· 관광 산업과 밀접히 연계 · 옛 맛과 손맛 및 새로운 메뉴의 개발 · 음식 명인의 자문 · 프랜차이즈 육성을 통한 브랜드화 추진
관광공예 산업	· 관광객들이 기념품으로 선호할 지역 고유의 상품개발(메이드인 강원 또는 ○○제품)	· 노인들의 소일거리와 연계 · 명인, 명품의 개발
건강이벤트 · 축제 · 회의 산업	· 건강달리기, 마을축제, 회의 및 연수 등 산업의 활성화	· 축제의 특성화, 산업화 · 휴양림 등 기존 시설 활용
목재 · 건강 자재 산업	· 목재가공 및 건강자재의 개발, 산업화 · 생명건강 이미지 추구	· 산림자원의 활용체계 구축
한방 · 약초 산업	· 강원도의 자연과 약초, 허브 및 건강식품을 기반으로 휴양과 치료를 병행하는 한방 및 대체의학 산업을 육성	· 실버산업 등 관련 산업과 연계
환경 · 산소 산업	· 강원도의 생명, 환경을 지키고 육성하는 환경 산업 및 산소 산업의 육성 · 신기술 산업을 기반으로 함	· 휴양 산업, 건강주택 등 연계
실버산업	· 실버타운, 실버서비스 등 실버층 대상 산업	· 관광, 의료 산업 등과 연계

출처: 한국은행, 신지방시대하의 강원경제 혁신방안, 2004. 10.

(역사성), 문화예술성, 세계성(global standard)을 확보하고 결과적으로 경쟁력 있는 지역상품 또는 관광상품이 될 수 있어야 한다. 이러한 기준과 시 · 군의 육성의지 등을 고려하여 생명농어업 분야, 관광 분야 및 지식기반 분야의 3대 분야 10대 산업 부문을 선정한다.

3) 삼각 테크노밸리 2단계 발전 전략

강원도는 21세기 생명 · 건강 수도로 발전하기 위해 2006년부터 2010년까지 1조 3,235억 원을 추가 투입해 시 · 군별 핵심사업을 집중 육성할 계획이다. 춘천권과 원주권, 강릉권 등 기존의 삼각 테크노밸리 전략 산업의 핵심역량을 강화해, 강원도 전 지역을 생명 · 건강 산업 광역 클러스터로 조성할 방침이다.

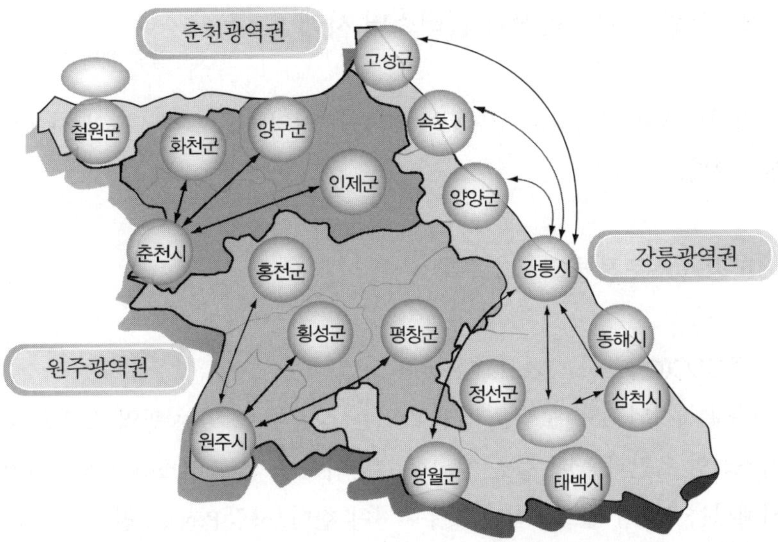

[그림 4-4] 삼각 테크노밸리 2단계 발전 전략

출처: 강원전략산업기획단 제공

춘천은 바이오, 철원은 플라즈마, 화천은 목질계 바이오, 양구는 바이오 기능소재, 인제는 바이오매스 등 춘천권 자체가 바이오 산업단지로 조성돼 첨단 의약품과 의약제조기 연구단지 등이 들어선다.

원주는 의료기기, 홍천은 영상진단, 횡성은 한방바이오, 평창은 그린바이오 등이 추진돼 첨단의료기기 산업은 물론 인간 생명과 연계한 그린 한방타운의 메카로 육성된다.

강릉은 파인세라믹을 연계한 해양생물, 동해는 친환경신조재, 삼척은 방재, 속초는 해양가공식품, 고성은 해양심층수, 양양은 해양수족자원 등 해양자원과 연계한 산업이 집중화된다. 내륙지역인 태백은 신재생 에너지, 영월군은 탄화규소, 정선군은 바이오코스메틱 등 무공해 청정자원을 소재로 한 산업이 육성된다.[1)]

(5) 강원도 지역혁신과 클러스터 사례

강원도에서 시행되고 있거나 계획중인 지역혁신 클러스트의 사례를 알아본다.

1) 강원 스포츠 클러스터 구축

① GSC(Gangwon Sports Cluster) 모델

아래 제시된 GSC 모델은 경쟁력 있는, 성공할 수 있는 광역 스포츠 클러스터의 조건과 상황 등을 정리한 그림이다. 우선 클러스터가 성공하기 위해서는 3가지 필요조건이 갖추어져야 한다. 사람(People), 인프라, 그리

1) 강원일보 4월 28일자 기사 참조.

고 제도 및 기관(Institution)이 스포츠 관련 산업과 클러스터의 경쟁력을 결정하여 준다.

스포츠 관련 경쟁력(Sports Competitiveness)은 두 가지 조건을 통해서 경쟁력 있는 스포츠 클러스터가 형성된다. 그것은 i) 관련 프로젝트 및 정부 지원과, ii)유관 산업 및 조건 등이다. 각각의 세부계획과 설명은 다음 장에서 계속이 되며, 아래 모델을 통해서 GSC를 형성하는 것이 이 연구의 목적인 것이다.

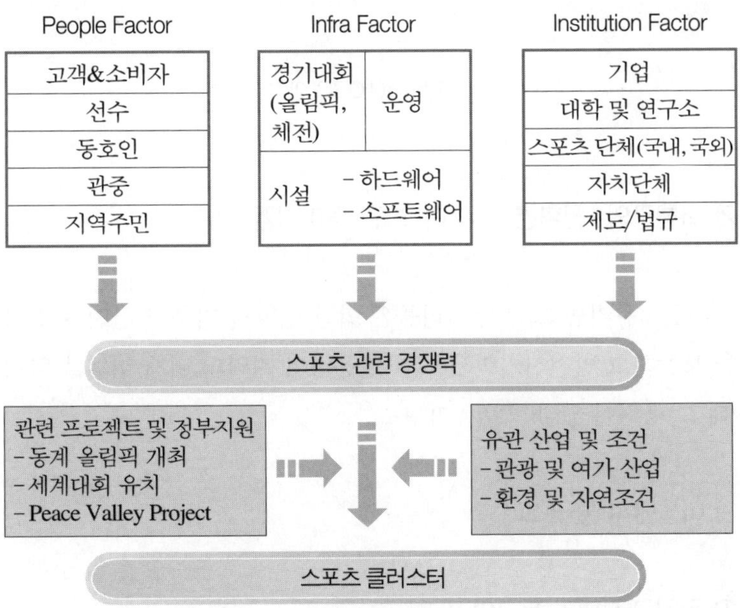

[그림 4-5] GSC 모델

② GSC 위치

GSC 위치는 동계올림픽의 제안서에서 구체적으로 보여 주듯이 평창, 강릉, 원주, 횡성, 정선이다(구체적인 자료와 그림은 참고자료를 살펴볼 것).

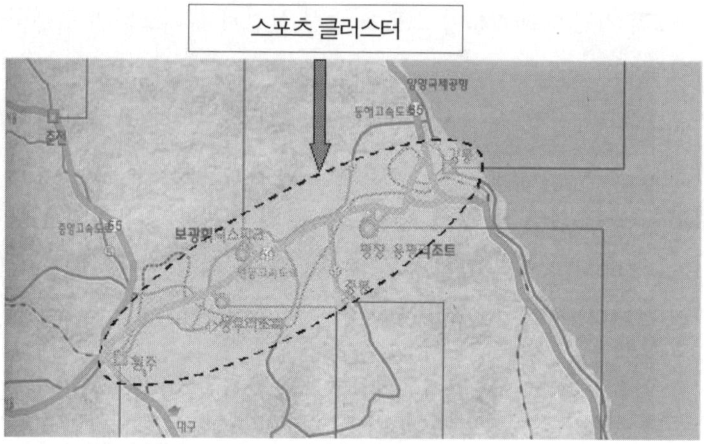

[그림 4-6] GSC 위치

2) 화천군의 '친환경 · 유기농 그린 투어리즘' 구축

친환경 · 유기농 그린 투어리즘은 인간 생명의 기초 조건인 환경과 농업을 보존하고 발전시키면서 이를 활용하여 지역의 미래 비전을 열어 가는 데 그 목적이 있다([그림 4-7] 참조).

3) 마을단위 클러스터

① 화천군 신대리 토고미 마을

화천군 상서면 신대리는 88가구, 290명의 주민이 살고 있는 산간 농촌 마을로서 인근 신풍리, 구운리, 장촌리까지 포함하여 토고미 마을이라 한다. 이 고장에 기름진 옥토가 많아 부자가 많이 살았는데, 농사일에 품을 팔면 꼭 쌀로 품삯을 받았다 하여 토고미(土雇米)라 불렀다고 한다.

1998년 한상열 씨를 중심으로 2년간 무농약쌀 재배방법을 연구한 후

Actor: 혁신 리더 발굴과 역량 강화

생산농가	농업지원기관	연구기관	관련기업	사회단체	일반 군민	기타
· 전업농 · 영세농 · 영농조합	· 농협 · 농업기술 센터	· 강원대학교 · 한림대학교 · 한국지방분권아카데미	· 이롬라이프 · 영동기능식품 · 화천영농조합법인	· 작목반(작목회) · 지역NGO · 전농	· 지역농가 · 마을유지 · 상공인	· 공무원 · 기업인 · 회사원

Actor 관련 사업	· 아카데미 운영: 지역 리더와 일반 주민을 대상으로 혁신역량 강화 · 농업인 기술교육: 친환경 농업의 현실적 적용을 중심으로 한 기술교육 · 벤치마킹: 친환경농업지구 견학과 워크숍, 농업 관련 기업탐방 · 지역혁신협의회 운영 활성화, 그린 투어리즘센터 운영

System: 혁신 환경 조성

생산협약(1차 혁신)	그린 투어리즘(1·3차융합)	포럼·공동연구(1·3차융합)	멘토링
· 참여: 군청, 생산농가 350호, 선도마을 5개소, 농업 지원 기관 · 협약: 품질관리의무, 하자 보상 등	· 그린 투어리즘 협의체 신설 · 거점마을 육성 · 거점마을 홈페이지 및 전자상거래망 구축	· 유기농명품생산 포럼 · 그린 투어리즘 개발 포럼 · 공동연구: 브랜드 개발 및 기술연구	· 모니터링 · 전문적 조언 · 타당성 판단 · 네트워킹

System 관련 사업	· 실천협약: 유기농 명품 생산을 위한 행동규칙, 생산비 증가분의 일부를 보상 · 포럼 운영: 유기농 생산, 그린 투어리즘 프로그램 개발, 브랜드 개발 · 조직 지원: 친환경농업생산자협회, 유통센터 등 조직 및 운영 지원 · 공동연구: 고품질 유기농 생산을 위한 공동 기술연구 및 전략개발 · 멘토링(내·외부 전문가) 고용: 신활력전문가를 장기 고용하여 프로젝트 관리

Project: 선도사업 추진

사업 1: 친환경 생산농가 확대	사업 2: 유기농 전환	사업 3: 그린 투어리즘
· 친환경 특산물 개발 · 재배면적 확대 · 기반시설 및 시스템 구축 · 가공식품 연구개발	· 지역특성 유기농 확대 · 명품 브랜드 개발 · 유통 네트워크 사업 · 품질인증제	· 거점마을 체험 프로그램 · 인근 관광지 연계 프로그램 · 관광업자·주민 서비스 교육 · 이벤트 발굴 사업

Goal: 친환경·유기농 클러스터 육성

· 친환경과 유기농 생산확대에 따른 농가소득 증대, 그린 투어리즘 활성화를 통한 소득
· Eco-Paradise 브랜드 구축

[그림 4-7] 화천군의 지역 혁신 클러스터

출처: 화천군, 신활력사업계획서, 2005

2000년에 7가구로 오리농법 작목반을 결성하였다. 판로 문제로 고민하던 마을 주민들은 당시 화천군 농업기술센터에 근무하던 최수명 연구원 등과 머리를 맞대고 논의한 끝에 2001년부터 오리쌀 판로 확보를 목적으로 도시 회원을 모집하고 토고미 오리축제를 개최하였다. 오리축제는 매년 6월 6일 개최하고 있으며 회원 가족들이 벼를 심은 논에 직접 새끼오리를 풀어주는 것 등을 주요 행사 내용으로 치러진다.

회원 대상의 마케팅 방법은 도시 회원이 3만 원을 내면(새끼오리 15마리 상당, 2004년 현재 35,000원) 추석에 무공해쌀 한 말(8kg)을 우송하는 것으로서 무농약 이미지를 강조하기 위해 광목과 한지로 포장지를 제작하였다. 실제로 우송할 때는 쌀 외에 다른 농산물 및 가공식품을 함께 부쳐 넉넉한 농촌 인심을 과시하기도 한다. 이러한 도시 회원을 '나눔의 농사 가족'이라고 부르며 현재 활발하게 교류가 이루어지고 있는 토고미 가족만 해도 1,000여 명에 가깝다.

회원들에게는 오리쌀 외에도 각종 농촌과 관련된 '체험과 향수'를 제공한다. 철마다 나물 캐기, 물고기와 다슬기 잡기, 허수아비 만들기, 장 담그기, 고구마 캐기, 전통 두부 만들기, 소달구지 타기 등 다양한 행사로 어린이 회원들에게는 체험을, 어른들에게는 어렸을 적 향수를 즐길 수 있도록 해 준다. 이러한 적극적인 프로그램 개발로 2002년에는 4,500명이, 2003년도에는 9,500명이 마을을 찾는 등 해마다 체험 관광객이 늘어나고 있다. 관광객의 구성도 다양해져서 가족단위뿐 아니라 기업체 직원, 초등학생 등 단체로 확대되었으며 마을에서는 폐교된 학교를 개조하여 숙소 및 '자연학교'로 활용하고 있다.

토고미 마을의 친환경 농산물 판매액은 1999년 600만 원에 불과했던 것이 2001년 1억 9,200만 원, 2002년 3억 2,500만 원을 넘어 2003년에는 4억 1,000만 원으로 증가하였고 2004년에는 5억 원을 달성할 것으로 기대하고 있다. 토고미 쌀의 판매가격은 20kg 한 부대에 68,000원(회원가격)

으로 시중의 일반미 가격이 4만 원 내지 5만 원인 데 비하여 상당히 비싼 편임에도 품질에 대한 신뢰를 바탕으로 형성된 토고미 회원 네트워크 덕분에 판로 확보에 별다른 애로사항이 없다고 한다.

마을이 성공하기까지는 일찌감치 마케팅에 눈을 뜬 한상열 이장을 비롯한 마을 주민과 최수명 계장 등 헌신적인 공무원 및 강신겸 박사를 비롯한 외부 전문가의 협력이 있었다. 한상열 이장은 농협에서 근무한 경험에 뛰어난 아이디어와 친화력으로 마을 주민들을 이끌었고 최수명 계장은 마을이 필요로 하는 행정 · 재정적 지원은 물론 외부 전문가 소개 등 마을과 외부를 연결하는 채널 역할을 수행하였다.

이러한 노력에 대하여 행정자치부는 이 마을을 정보화 시범마을로 선정하여 기본적인 정보통신 인프라를 제공하였으며 마을에서는 정보화위원장으로 한상열 씨를 선임하였다. 이를 계기로 인터넷을 활용하는 적극적인 마케팅이 시작되었으며 도농 교류 네트워크가 구축되기에 이르렀다. 사이트의 주요 내용은 다음과 같다.

- 토고미 가족 사이트: 인터넷을 통한 회원 모집, 마케팅, 네트워크 구축
- 토고미 자연학교 소개: 체험(자연 체험, 농촌 체험, 문화 체험) 학습
- 토고미 영농일기: 매달 한 차례 마을의 영농 상황을 일기 형식으로 탑재
- 토고미 장터: 온라인 쇼핑

이 마을의 성공원인을 분석하면 무엇보다도 지역 산업과 관광을 접목시켜 부가가치를 높인 점을 들 수 있다. 친환경 농업에 농촌관광을 접목해 1만 명 가까운 도시민들에게 농촌 체험의 기회를 제공하고 생산된 농산물을 전량 판매하고 있다.

이러한 시도가 성공한 요인으로 첫째 농특산물 판매를 중심으로 한 사업 모델이 있었다. 접근성에서 뒤떨어지는 오지 마을의 약점을 '토고미 오리쌀'의 브랜드화와 택배 판매로 극복하였다. 둘째, 도시민과의 신뢰에 바탕을 둔 교류가 뿌리를 내렸다. '나눔의 농사 가족'이라는 독특한 회원

제 시스템을 통해서 도시민들과 지속적인 교류가 이루어지고 있다. 셋째, 연중 도시민을 불러들이는 다양한 체험 프로그램과 독특한 마케팅 전략이 있었다. "고향을 팝니다"로 상징되는 추억과 감동을 제공하는 데 성공하였다.

끝으로 모든 사업이 철저하게 주민 주도로 이루어지고 있었다는 점을 들 수 있다. 주민들은 스스로 경험하고 학습할 수 있는 기회를 거쳐 소득 창출에 대한 동기를 부여받는다. 그뿐만 아니라 성공적인 자원개발과 관리를 통하여 도시민들의 기대와 체험 욕구를 충족하는 수준의 하드웨어 및 소프트웨어를 구축하였고 첨단 정보기술을 활용하여 교류의 기반이 되는 마케팅과 네트워킹에 성공하였다.

② 인제군 용대리 황태마을

황태는 겨울이 유난히 길고 추운(평균 -10°C) 지역의 덕장에서 건조 생산되는 명태를 지칭하는 것으로서 건조과정에서 밤중에는 꽁꽁 얼었다가 낮에 다시 녹는 과정을 12월 중순부터 이듬해 3월까지 약 4개월간 반복하게 된다. 명태 어획량이 많고 겨울이 추운 함경도 지방이 원산지였다고 하며 한국동란을 거치면서 피난 온 실향민들에 의하여 전승되어 그 기후가 유사한 진부령 일대에서 다시 뿌리가 내린 것으로 파악(1960년대)된다.

용대리 일대는 매서운 추위와 세찬 바람으로 인하여 1990년대 초까지 개발에서 소외되었으나 한류성 고기압을 설악산이 막아 주는 등 오히려 황태 생산에 최적의 입지 조건으로 주민에게 보답해 주고 있다.

용대리는 접경지역인 인제군에 위치하고 있다. 인제군은 소양강 댐, 군 과학화 훈련장 건설 등으로 지역공동화 현상이 심화하여 1968년 6만 1,000명이던 인구가 2003년 현재 3만 2,000명 수준으로 감소하였으며 군사시설보호법, 자연환경보전법 등 규제로 개발 가능지역이 전무하나(전체

면적의 98%가 산림) 이의 긍정적 효과로 생태계가 보존되어 생물학적 환경자원의 보고라 할 수 있다.

용대리 일대는 수려한 자연환경 및 풍부한 관광자원을 보유하고 있다. 설악산, 백담사, 십이선녀탕, 용바위, 도적폭포, 미시령계곡, 용대리 자연휴양림 등이 원형을 보존하고 있으며 주 5일 근무제의 도입과 함께 황태산업과 연계한 체류형 관광 클러스터 육성의 가능성을 보여 주고 있다.

지금까지 인제군 일대의 발전에 제약으로 지적되어 왔던 접근성에서 획기적인 개선이 이루어질 전망이다. 44번 국도의 확 · 포장과 미시령 동서 관통도로의 조기 준공이 예상되며 양양 국제공항 개항으로 중국을 중심으로 하는 동북아 관광통상이 증가할 전망이다.

황태가 용대리의 지역특산품으로 부각되기 이전에는 산악지형에서 자생하는 치커리, 인진쑥, 도라지, 가시오가피, 당귀, 영지, 곰취, 더덕, 얼레지 등을 채취하여 판매하는 것이 지역 주민들의 유일한 농외수입원이었다. 1980년대 중반 비닐 포장을 도입하여 매출액을 대폭 신장한 것을 계기로 제품개발 및 상품 디자인의 중요성을 인식하게 되었으며 관련 가공업체 및 판매업체 수가 증가하였다.

황태를 생산하기 시작한 것은 1960년대부터였는데 이제는 단순히 명태를 가공 · 판매하는 차원을 탈피하여 황태를 테마로 하는 지역관광의 성공 사례로 발전하고 있다. 용대리가 이와 같은 마을단위 지역혁신의 성공 사례로 떠오르기까지는 시스템 통합자 역할을 하는 주도 업체의 출현이 중요한 역할을 하였다.

1990년대에 들어서며 관련 업체 수의 증가에 따라 이를 결집하여 조직화할 필요성이 대두되었으며 개인 사업자 중심의 영세성을 탈피하기 위하여 북설악영농조합을 결성하였다. 북설악영농조합에서는 인진쑥, 도라지 등 산채 가공제품과 황태를 원료로 하는 복합조미료를 개발해서 출시하였으며 농특산물 종합전시장을 개장하고 해외 판촉활동을 주도하여

1999년부터 미국, 일본, 동남아 지역에 수출을 개시하였다. 그뿐만 아니라 인터넷 전자상거래 기반 구축으로 도시민과의 직거래(http://www.yongdaeri.com 참조) 채널도 열어놓고 있다.

북설악영농조합에 이어 용대황태가공유통영농조합을 조직하였는데 이는 겨울철 이상 난동에 따른 상품가치 하락에 대처하기 위한 냉동창고의 건립에서 출발하였다. 냉동창고의 건립으로 황태의 상품가치 하락을 방지할 뿐 아니라 명태를 적기에 확보하고 보관할 수 있게 되어 가격 경쟁력을 높일 수 있게 되었다. 황태의 생산 및 유통, 마케팅에 주민이 공동 참여할 수 있는 조직으로 발전한 것이 마을단위 지역혁신의 중요한 계기라고 볼 수 있다.

주도 업체의 출현과 함께 황태 관련 업체의 육성이 이루어졌는데 황태 생산업체는 1998년 9개 업체에서 2003년 37개 업체로 증가하였고 황태 가공업체, 황태 판매업체, 황태 전문음식점 등이 함께 증가하였다. 용대리 주민의 80%가 황태 관련 업종에 종사하고 있으며 바람직한 마을단위 혁신 클러스터 모델로 성장하고 있다.

용대리는 지역 주민 참여의 모범 사례로 꼽힌다. 주민의 30%를 차지하는 30~40대 청장년층이 중심이 되어 북설악영농조합과 용대황태가공유통영농조합의 결성을 주도하였으며 황태의 생산, 유통, 마케팅에 공동 참여하고 있다. 용대리 주민들은 지역혁신에 필요한 인재 육성의 중요성을 무엇보다도 깊이 이해하여 노력과 투자를 아끼지 않고 있다. 한 학년 20명 내외인 용대초등학교에 매년 장학금을 지급하고 있으며 지역 출신 대학생에게도 소정의 장학금을 지급하고 있다.

지역경쟁력 강화를 위한 노력도 주목할 만하다. 지역혁신을 선도하고 있음에도 국내외 벤치마킹을 게을리하지 않고 있다. 주민, 업체 대표, 이벤트사 대표, 공무원 등이 함께 중국 하얼빈시의 빙등제 등을 관람하여 얻은 아이디어를 바탕으로 백담사 만해 마을 주변에 아이스 테마파크를 조성하고 황태의 보완재로서 관광자원화할 계획이다.

용대리 성공을 뒷바라지하고 있는 것은 신뢰받는 마을 지도자들이다. 마을 주민들도 이장에게 모곡으로 지급하던 것을 월급제로 전환하여 마을 일에 전념토록 제도화하였으며 이장으로 하여금 용대향토기업 대표이사를 겸직하도록 하였다.

이 같은 용대리 주민들의 노력에 대하여 중앙 및 지방정부는 2001년 새농어촌 건설운동 우수마을 선정(강원도), 2001년 신지식인 마을 선정(행정자치부), 2001년 북설악영농조합 석탑 산업훈장 수상, 2003년 농촌관광체험 우수마을 선정(농림부), 2004년 지역향토 산업 선정(중소기업청) 등으로 보답하였다.

이 마을 주민들은 시상금을 지역발전계획 수립에 활용할 정도로 혁신 감각을 갖추고 있다. 새농어촌건설운동 시상금 5억 원에 마을 자체자금 2억 원을 합하여 미시령 삼거리 일대에 황태촌 조성 부지를 매입하고 "황태마을 개발계획 및 사업타당성 검토" 용역을 발주(3,000만 원)하여 2003년에는 마련된 부지와 용역 보고서를 토대로 인제군에 행정 지원을 요청하기에 이르렀다. 인제 군청측의 긍정적 검토에 따라 건립될 황태촌에는 황태판매장, 상설공연장, 황태박물관, 어린이놀이터, 휴게소 등의 시설이 입주할 예정이다.

마을단위 지역혁신체계의 중요한 축인 지방자치단체의 지원을 살펴보자. 인제군청은 황태 산업만으로는 부족한 연계관광코스 개발에 적극적인 역할을 담당하였다. 매바위 인공폭포 조성으로 황태축제와 연계한 빙벽타기대회 등을 개최할 수 있게 하였고 연계 관광상품으로 백담사 만해마을을 조성하여 용대리를 설악산, 백담사 등 인근 관광자원과 연계한 새로운 유형의 관광단지로 육성하고 있다. 순수 민간 주도로 시작한 황태축제에 대한 지원에도 적극적으로 나서고 있어서 축제 기간 중에 관광객 편의시설을 제공한다거나 홍보활동, 오물 수거, 의료봉사활동 등을 지원하여 축제의 성공을 돕고 있다.

마을단위 혁신의 최종 목표인 주민 소득증대와 고용 창출 측면을 살펴보자. 황태 특산품 업체는 1998년 9개 업체 64억 원 매출에서 2003년 37개 업체 173억 원 매출로 성장하였으며 37개 업체에서 450명을 고용하기에 이르렀다(대부분 마을 주민). 전국 황태 생산량의 70%를 점유하고 있으며 용대리 주민의 80% 이상이 황태 관련 업종에 종사하고 있다. 인근 주민(원통 일대) 2천여 명이 황태 생산 시기에 관태 끼우기 등으로 농한기 소득을 창출하고 2003년에만도 황태 생산을 위한 명태 확보액이 115억 원에 이르고 있다. 명태 할복, 명태 내장 젓갈 담그기 등으로 동해안 지역의 소득 증대에도 일조하고 있다. 체류형 관광지 조성을 목적으로 황토민박 등 숙박시설에 민간 투자가 늘고 있다. 황토방 45동 40억 원, 펜션 등 경관주택 30동 50억 원, 내설악용대관광지 41필지가 84억 원에 분양 완료되기에 이르렀다.

③ 원주 의료 산업특구

원주시는 재정경제부가 지역특성화 사업 육성을 위하여 추진하는 지역특화발전 특구지정사업에 '첨단의료건강 산업 특구'로 지정되었다.

'첨단 의료건강 산업 특구'는 문막의료기기전용공단을 비롯한 테크노밸리센터, 상지대 한방의료기기 진흥센터, 상지대 한방병원, 태장농공단지 내 의료기기기술 산업단지, 원주기독병원 등 6개소에 520,631m^2(15만 7,490평)가 특구로 지정됐다.

'첨단의료 · 건강 산업 특구'로 지정됨으로써 현행법에서 규정한 건폐율 및 용적율이 150% 범위 내에서 지역실정에 맞게 조정할 수 있는 특례규정이 적용되고, 야립 · 가립 간판 등 광고물에 대하여 장소, 색깔, 모양, 규격 등을 자유롭게 설치할 수 있으며, 외국인 연구 인력에 대한 입국사증 발급 및 체류 기간 연장을 특화사업자인 원주 시장이 발급할 수 있어 외국인에 대한 출 · 입국에 대한 절차가 완화되었다.

앞으로 주무 부서인 재정경제부에서는 산림, 농지, 환경 등 개별법에서 엄격히 규제되고 있는 사항들을 부처 협의를 통해 점차 완화하고자 노력하고 있어 앞으로도 추가적인 규제특례사항들이 많아질 것으로 기대된다.

이러한 직접적인 인센티브 외에 전국에서 처음으로 '첨단 의료 · 건강산업 특구' 로 지정됨으로써 특구라는 브랜드 가치는 국내 굴지의 의료기기업체는 물론이고 외국의 세계적인 의료기기업체의 유치에도 많은 효과가 있을 것으로 예상된다.

원주 의료기기 산업은 "2004년 전국 7대 산업클러스터 시범단지" 지정, 2005년 "첨단 의료 · 건강산업특구" 지정되었으며, 2004 · 2005년 "지역산업진흥사업" 평가와 2005년 "혁신 클러스터 시범단지" 평가 1등, 그리고 2006년 "지역특화 발전특구" 평가에도 "전국최우수"로 대통령 단체 표창을 수상하여 명실공히 세계적인 경쟁력을 갖춘 첨단 의료 · 건강 산업으로 탈바꿈하고 있다.

참고문헌

강원도, 2004. "제1차 지역혁신발전 5개년계획," 강원도.

강원도, 2004. "지방분권시대 강원도의 대응전략: 지방분권과 균형발전과제를 중심으로."

성경륭, 2003.『지방분권형 국가만들기』. 나남출판사. 서울.

안동규, 2003. "지방분권과 지역균형발전 모형," 신뢰연구 13권. 한림대학교.

______, 2004. "마을단위 혁신체계 구축과 지역고용창출 전략," 국가균형발전위원회 정책용역과제 최종보고서.

______, 2005. "혁신정책과 분권의 이해," 한국지방분권아카데미.

안동규 외, 2004. "외국의 지역혁신 클러스터 모델,"『분권과 혁신』. 소화.

한국은행, 2004. "신지방시대하의 강원경제 혁신방안," 한국은행. 지역경제세미나 결과보고서.

화천군, 2005. "친환경 · 유기농 그린투어리즘」. 신활력사업계획서.

Porter, M., 1990. The Competitive Advantage of Nations, NY: Press.

5장 울산 지역경제와 지역혁신활동: 자동차 산업을 중심으로

이성균(울산대학교 사회학과 교수) · 조형제(울산대학교 사회학과 교수)

1. 들어가며

현재 울산의 지역경제발전 전략에서 가장 중요하게 부각되는 공공사업은 오토밸리사업이다. 이 사업은 정부의 지역별 전략 산업육성정책과 산업단지 혁신 클러스터육성정책의 일환으로 시작되었다. 정부는 전국 각 지역의 산업경쟁력과 산업집적도 등을 기준으로 지역별 전략 산업을 선정한 바 있다. 예를 들어서, 산업자원부는 울산, 창원, 원주 등 6개 지역의 산업단지 혁신 클러스터 사업을 선정하였고, 국가균형발전위원회는 각 부처의 사업과 예산들을 조정하고 있다(국가균형발전위원회, 2004; 산업자원부, 2004). 또한 울산시도 완성차업체와 부품업체 등 자동차 산업발전을 통하여 지역경제를 혁신하기 위해 노력하고 있다. 1990년대 중반기부터 시작된 지역경제위기가 1997년의 외환위기를 계기로 더욱 심화되자,

울산시는 산업자원부 등 중앙행정부서와 함께 지역경제 회생 전략을 수립하였고, 이러한 전략의 핵심은 자동차, 석유화학, 조선 등 기존 산업의 부가가치를 높이는 것이었다(울산광역시, 2004). 특히 지역경제에서 가장 높은 비중을 차지하는 자동차 산업을 발전시켜 울산 지역경제뿐만 아니라 한국 자동차 산업의 경쟁력을 강화할 목적으로 2001년부터 오토밸리 사업을 추진하고 있다. 선택과 집중을 기초로 한 이러한 지역 산업 혁신 전략이 성공한다면, 지역 차원에서는 경제가 활성화될 것이며 전국적인 차원에서도 자동차 산업의 경쟁력이 강화될 것이다.

또한 오토밸리 사업은 한국 사회에서 지역 차원에서의 혁신체계가 성공적으로 형성될 것인가를 판단하는 데에도 중요한 사례이다. 현재 정부가 추진하는 전략 산업육성정책은 대부분 '지역혁신체계'라는 개념에 기초한다(산업연구원, 2000). 이 개념은 기업, 공공기관, 연구개발기관, 대학 등 경제행위자들의 상호관계가 '지역' 차원에 뿌리내려지는 것(embeddedness)을 의미한다(박경 · 박진도 · 강용찬, 2000; 박삼옥, 1999). 경제지리학자들이나 경제사회학자들이 선진국의 사례를 연구한 바에 따르면, 기업의 생산활동은 기업 내부뿐만 아니라 기업 외부에 존재하는 경제 행위자들의 상호 교류에 의하여 결정되며, 특정 지역의 경제활동상태도 일부 기업뿐만 아니라 기업 · 공공지원기관 · 연구소 등의 상호 작용과 밀접히 관련된다(박삼옥 · 추성재 · 남기범 · 황성주, 1999; Cooke, 1995; Granovetter, 1985). 따라서 지역 차원에서 전략 산업을 육성하거나 기존 산업의 부가가치를 높이기 위해서는 기업, 공공기관, 연구개발기관, 대학 등 관련 경제행위자들의 상호관계를 유기적으로 형성해야 한다. 울산 지역의 오토밸리 사업을 예로 들면, 완성차업체와 부품공급업체 등 생산담당자들이 상호 교류관계를 형성해야 하고, 중앙정부와 지방자치단체, 대학, 연구 지원기관 등 기술혁신 지원기관들과도 협력적 네트워크를 발전시켜야 한다.

이 글은 울산 지역에서 진행되는 오토밸리 사업을 자세히 살펴보고, 자동차 산업을 중심으로 지역혁신체계의 발전 방안을 모색한다. 현재 울산의 오토밸리 사업은 시작단계에 불과하다. 중앙정부와 지방자치단체가 2001년부터 오토밸리 사업을 시작하였으나, 오토밸리 사업을 위한 산업단지가 완공되었다거나 자동차 관련 사업체들이 오토밸리에서 새로운 자동차 부품들을 생산한 경험도 아직 없다. 따라서 이 글은 오토밸리 사업 자체를 분석하기보다는 울산 지역 자동차 산업의 현황과 특징을 살펴보고 오토밸리 사업이 지역혁신체계로 발전하는 데 필요한 정책적 시사점을 찾고자 한다. 먼저, 울산 지역경제의 변화과정과 자동차 산업의 문제점을 살펴본다. 경제위기를 계기로 나타난 지역경제의 문제점과 울산 지역 자동차 산업의 현황을 정리하고, 지역 산업지구의 특성을 파악한다. 둘째, 울산 지역 자동차 관련 사업체를 대상으로 한 설문 조사 결과를 분석하여 사업체별 혁신활동과 경제행위자 간의 관계, 지역 내 비중 등을 구체적으로 파악한다. 특히 지역혁신체계에 필요한 사업체간 네트워크와 연구기관 등의 지원 정도를 살펴보고, 자동차 생산기지로서의 울산 지역의 장단점을 정리한다. 마지막으로 현재 계획된 오토밸리 사업 등 울산 지역의 산업발전 전략을 간략히 요약하고, 오토밸리 사업이 지역혁신체계로 정립되기 위한 발전 방안을 찾아본다.

2. 지역경제와 자동차 산업

(1) 울산 지역경제의 형성과 자동차 산업의 비중

울산은 중화학공업발전을 위하여 인위적으로 조성된 공업도시로서 한국 경제발전의 상징적 거점이라고 해도 과언이 아니다. 정부가 1962년에 정유와 비료 산업을 중심으로 하는 울산 특정 공업지역을 조성한 후, 유공과 삼성석유화학 등 대기업체들이 울산 지역 임해석유화학단지에서 석유정제 및 화학제품을 본격적으로 생산하였다. 또한 현대자동차와 현대중공업 등 현대그룹의 대규모 기계장치 산업 공장들이 울산시 북구와 동구에 입주하면서 울산은 자동차와 선박 등을 생산하는 대규모 중화학공업단지로 발전하였다(조형제 · 이성균, 2001).

울산이 제조업 중심의 공업도시라는 사실은 다른 대도시와 비교하면 쉽게 알 수 있다. 울산의 인구 혹은 경제활동인구는 주요 광역시 가운데 가장 적은 규모이지만, 광공업 종사자가 경제활동인구 가운데 차지하는 비중은 가장 높다. 특히 울산 지역 제조업체들의 총생산액이나 1개 사업체당 평균 생산액은 다른 광역시보다 훨씬 높다. 2002년을 예로 들면, 울산 지역의 제조업체 수는 전국의 1.4%에 불과하지만, 제조업 부가가치는 전국의 10.3%이며, 울산 지역의 수출액은 274억 달러로 우리나라 수출액의 14.2%를 차지한다(〈표 5-1〉).

〈표 5-1〉 울산 지역경제의 전국 비중(2002)

구분(단위)	전국	울산	울산의 비중(%)
지역 내 총생산(억 원)	5,815,160	282,900	4.9
제조업체 수(개)	110,356	1,523	1.4
제조업부가가치(억 원)	2,422,997	250,620	10.3
수출액(백만 달러)	193,817	27,485	14.2
수입액(백만 달러)	178,827	22,651	12.7

출처: 통계청(2002)과 울산광역시(2004)에서 재인용

울산 지역경제는 자동차 · 조선 · 석유화학 등 특정 산업을 중심으로 구성되어 있으며, 이러한 3대 산업 가운데 가장 높은 비중을 차지하는 산

〈표 5-2〉 울산 지역 제조업의 구조(2002)

(단위: 개, 명)

구분	사업체 수 (%)	종업원 수 (%)
합계	1,523(100)	132,370(100)
자동차 및 트레일러	175(11.5)	37,385(28.2)
조립금속	230(15.1)	6,062(4.6)
석유정제 및 화학제품	176(11.6)	20,495(15.5)
목재제지	61(4.0)	1,584(1.2)
기타 운송장비	129(8.5)	36,765(27.8)
섬유	76(5.0)	2,279(1.7)
영상음향 및 통신	39(2.6)	7,606(5.7)
기타	637(41.8)	20,194(15.3)

출처: 통계청(2002)과 울산광역시(2004)에서 재인용

업은 자동차 산업이다(〈표 5-2〉를 참고). 1970년대 들어서 조선 산업과 자동차 산업에 대한 투자가 대규모로 진행되고 기존의 석유화학공단이 생산활동을 확대한 후, 자동차 · 조선 · 석유화학은 울산 지역경제의 핵심 산업으로 성장하였다. 특히 1980년대 중반에 (주)현대자동차가 완성차를 생산하고 중소 부품업체들이 완성차업체인 부근에 집중되어, 자동차 산업은 울산 지역경제의 핵심 산업으로 성장하였다(조형제, 2004). 현재 울산 지역에 있는 현대자동차의 1차 협력업체는 38개(고용인력 1만 1,000여 명), 2차 협력업체는 300여 개 사(1만 5,000여 명 고용)이며, 완성차업체와 부품업체를 모두 포함한 자동차 관련 사업체는 울산 지역경제와 노동시장에서 가장 높은 비중을 차지한다.

울산의 완성차업체와 부품공급업체들은 전국적인 수준에서 볼 때 가장 많은 자동차 관련 제품을 생산한다. 사업체 수를 기준으로 하면, 경기도와 경남 지역에 가장 많은 자동차 관련 업체가 분포되어 있으나, 생산액이나 부가가치액을 기준으로 한다면 울산에서 가장 높다. 자동차 관련 업체들이 집중된 경기도와 울산을 비교하면, 자동차 관련 업체의 수는 경기

도의 1/4에 불과하지만, 울산의 생산액은 경기도의 3배 이상이다(〈표 5-3〉).

또한 울산 지역의 자동차 생산은 울산 지역뿐만 아니라 경상남도, 경상북도, 부산, 대구 등 영남권의 생산활동에도 많은 영향을 미친다. 원래 자동차 산업은 다른 산업에 대한 연관효과가 크며, 소재 및 부품의 생산과 판매에 이르기까지 다른 지역경제에 미치는 파급효과도 적지 않다. 예를 들어서, 현대자동차에 부품을 공급하는 업체 가운데 울산 지역에 소재한 부품업체는 18.6%에 불과하며, 48.9%는 영남권에, 20.2%는 수도권에 분포한다(조형제 · 이성균, 2001). 따라서 울산의 완성차업체가 울산뿐만 아니라 인근지역의 자동차 부품업체들과도 긴밀한 연관을 맺고 있다는 점을 고려할 때, 울산 지역의 자동차 산업발전은 울산을 포함한 영남권 자동차 부품업체의 활성화를 위해서 매우 중요한 일이다.

〈표 5-3〉 한국 자동차 산업에서 울산의 비중(2000)

(단위: 개, 명, 원)

지역	사업체 수	종업원 수	생산액	부가가치액
전국	2,604	188,643	32,786,716	12,714,504
서울	92	1,311	74,995	37,909
부산	194	11,161	653,323	322,948
대구	385	13,586	1,489,598	552,158
인천	252	25,810	936,646	400,825
울산	134	36,683	7,915,836	2,809,413
경기	591	43,619	2,494,668	1,126,977
경북	171	9,761	1,151,848	458,471
경남	421	18,002	1,422,682	553,930

출처: 한국자동차공업협동조합(2001)

(2) 지역경제변동과 자동차 산업의 문제점

자동차 산업 등 특정 산업이 지역경제구조에서 높은 비중을 차지한다는 점은 해당 산업의 변동이 지역경제상황을 결정할 가능성이 높다는 것을 뜻한다. 자동차 산업이 성장하면 지역경제가 활성화되지만, 자동차 산업 자체가 위기를 맞이하면 울산이나 인근 지역의 경제도 매우 어려운 상황에 직면한다. 또한 전반적인 경제여건의 악화는 산업활동을 위축하여 지역경제를 더욱 어렵게 하는 악순환이 나타난다.

이러한 사실은 소위 'IMF 경제위기'로 지칭되는 1990년대 후반기에 명확히 나타났다. 이미 1990년대 중반부터 경기침체가 지속됨에 따라서 지역경제에서 중심적인 지위를 차지해 오던 사업체들도 위기를 경험하였다. 울산의 자동차 산업도 1997년 후반기부터 1년 동안 생산 규모가 급격히 감소하였고, 완성차업체인 현대자동차의 파업사태가 장기화되어 본 공장뿐만 아니라 부품공급업체들도 조업단축 및 생산중단의 어려움을 경험하였다. 1998년 8월의 울산 지역 생산현황을 1년 전과 비교하면, 대부분의 산업 생산이 축소되었으며 특히 자동차(-90%),[1] 기계장비(-42.7%), 조립금속(-33.1%) 등의 생산이 급격히 감소하였다(통계청 울산출장소, 1998).

울산 지역의 경제활동은 전국적으로 경제위기에서 벗어난 2000년 들어서 다시 호전되었다. 1999년 5월을 기점으로 경제여건이 좋아지고 내수시장이 살아나면서 울산 지역 주요 산업의 생산활동도 성장세를 기록하였다. 자동차 산업의 경우에도 1999년 중반기부터 생산활동이 증가하여, 1999년 7월에는 1년 전에 비하여 153%의 생산활동 성장률을 기록하였다(통계청 울산출장소, 1999). 또한 울산 지역에서 생산한 자동차의 수출

1) 괄호 안의 수치는 전년 동월을 기준으로 한 업종별 생산증감지수를 의미.

도 꾸준히 증가하여 자동차 산업이 경제위기상황을 벗어나기 시작하였다(〈표 5-4〉).

〈표 5-4〉 울산의 주요 제조업 수출활동(2000~2001)

(단위: 백만 달러, %)

품목	2000년		2001년				
			2월		1~2월		
		비중		증가율		증가율	비중
전체수출	19,972	100.0	1,843	14.4	3,534	26.3	100.0
선박	3,185	15.9	610	73.5	965	174.4	27.3
자동차	5,407	27.1	308	-9.4	679	1.9	19.2
석유화학제품	2,130	10.7	158	-18.9	316	-15.4	8.9
경유	1,679	8.4	131	-16.7	293	1.8	8.3
제트유, 등유	1,210	6.1	106	38.6	278	88.1	7.9

출처: 통계청 울산출장소(2001)

그러나 경제위기가 일시적으로 극복되는 징후가 나타났음에도 불구하고, 울산의 경기회복상황이 장기적으로도 지속될 것으로 단정할 수 없다. 더구나 최근에는 내수와 투자가 부진하여 지역경제성장률이 다시 하락하였으며, 기업의 국내 투자 감소 등으로 인하여 울산 지역 내 제조업이 장기적으로 공동화될 것을 우려하는 목소리가 높아지고 있다.[2)]

이러한 우려는 내수시장이 위축되어 생산활동 자체가 불안정한 울산 지역 자동차 산업에서도 예외는 아니다. 2000년대 초반을 보더라도 자동차 산업의 생산이나 수출이 1년 전에 비하여 하락하였으며(〈표 5-4〉), 최

2) 한 예로 울산 지역의 한 경제인포럼에서 울산 지역 10인 이상 제조업체 63개를 대상으로 실시한 설문조사에 따르면, 전체의 37.1%가 경영악화로 인한 이윤 감소와 비싼 공장부지 등을 이유로 경주, 양산, 김해 등을 울산 인근지역으로 공장이전을 계획하고 있다(울산매일, 2004년 7월 22일).

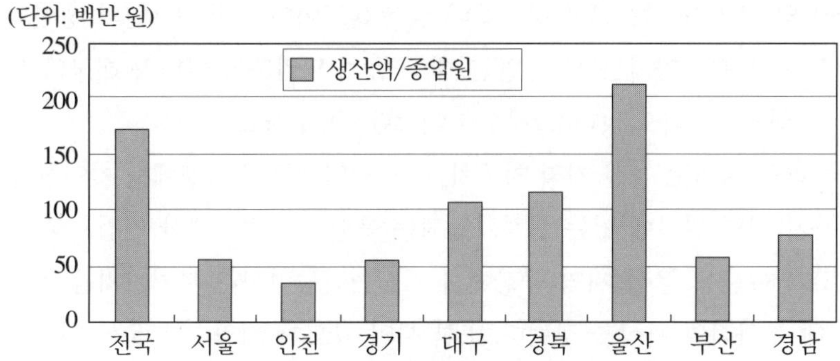

[그림 5-1] 지역별 자동차 산업의 생산액/종업원

출처: 조형제 · 이성균(2001)

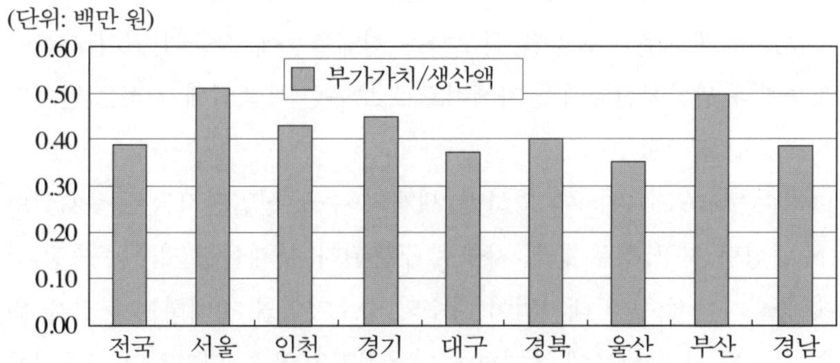

[그림 5-2] 지역별 자동차 산업의 부가가치/생산액

출처: 조형제 · 이성균(2001)

근에는 내수시장의 위축으로 인하여 어려움을 겪고 있다.

울산 지역 자동차 산업을 고려할 때 제기되는 가장 큰 문제는 높은 생산성에도 불구하고 낮은 부가가치율을 보인다는 점이다. 전국적으로 종업원 1인당 생산액은 1억 7,000만 원이며, 생산액 당 부가가치는 0.39이다. 그러나 울산의 경우에 종업원 1인당 생산액은 2억 원 이상이지만, 생산액 당 부가가치는 전국 평균보다 낮은 0.35이다. 노동자 1인의 생산액은 많지만, 부가가치는 서울, 인천, 대구 등 수도권뿐만 아니라 대구와 부산 등 영남권보다도 낮다([그림 5-1]과 [그림 5-2]를 참고).

이러한 결과는 울산 지역 자동차 관련 사업체들의 특성에서 기인한다. 본사가 지역 외부에 있는 완성차업체는 울산 지역을 '생산' 거점으로 고려하기 때문에, 울산 지역 공장에서 기술혁신능력이나 부가가치를 높이는 데 부차적인 관심을 갖는다. 또한 사업 규모가 커질수록 울산 지역에 국한되지 않고 전국적, 세계적 수준에서 사업을 진행하고 있으며,[3] 울산에 있던 기술연구소를 경기도로 이전하여 울산 지역 내부에서의 기술혁신기회가 계속 축소되고 있다. 울산 지역 자동차 부품업체들의 경우에도 우수한 자동차 부품을 생산하는 데 필요한 기술능력을 향상시키기보다는 완성차업체로부터 물량을 확보하는 영업활동에 집중해 왔기 때문에 설계능력과 생산혁신능력을 자체적으로 보유한 부품업체가 적은 편이다(조형제 · 이성균 · 힐, 2002).

마커슨(Markusen, 1996)에 의하면, 세계의 주요 산업단지들은 부채살형 지구, 위성형 지구, 정부 중심 지구로 구분된다. 부채살형 지구는 특정 산업에 종사하는 소수의 대기업이 다수의 중소기업을 지배하는 특징을, 위성형 지구는 지역 외부에 존재하는 다국적기업 또는 대기업의 분공장들이 중심을 이루는 특징을 갖는다. 이러한 산업지구 유형화를 적용할 경우에, 울산은 부채살형과 위성형 산업지구유형을 혼합한 특성을 보인다.[4] 모기업과 하청기업 간의 장기계약과 지역 내부 거래가 증가하고, 금융, 기술, 사업 서비스를 지역 내부에서 조달하는 비중이 점차로 증가한다는 점에서 '부채살형' 산업지구의 특성을 갖는다. 동시에 지역경제의 핵심적

---

3) 현대 자동차는 5개의 해외 법인 11곳, 5개의 해외 연구소, 5개의 해외 사무소 등을 두는 글로벌 자동차회사로 성장하였다.

4) 마커슨의 유형화에 따른 울산 지역 분석은 조형제 · 이성균 · 힐(2002)을 참고.

인 기능을 수행하는 대기업의 본사가 여전히 다른 지역에 있고, '실행기능'을 수행하는 분공장이 울산 지역에 집중되어 있다는 점에서 '위성형' 산업지구의 특징도 갖는다. 따라서 경제위기를 전후하여 울산 지역의 자동차 산업이 보여 주는 문제점은 이러한 산업지구의 특성을 반영한 것이라고 할 수 있다.

3. 울산 지역 사업체들의 교류현황과 혁신체계의 가능성

울산 지역 자동차 산업의 문제점을 해결하고 경쟁력을 높이기 위해서는 현재 울산 지역에서 활동하는 자동차 관련 사업체들의 네트워크를 좀 더 자세히 분석할 필요가 있다. 자동차 산업 자체가 2만 여개의 부품 생산을 기초로 하기 때문에, 울산 지역의 완성차업체와 부품공급업체들은 매우 긴밀한 교류관계를 형성하며 자동차 관련 제품을 개발하는 과정도 연구소나 공공기관과도 밀접히 관련된다(홍장표, 1999). 따라서 울산 산업지구의 특성이나 자동차 산업의 문제점은 행위자들의 교류과정에서 명확히 나타날 것이며, 기술혁신이나 생산혁신을 추진하기 위한 방안도 '기업이나 연구 지원기관 등 혁신 관련 행위자들의 네트워크'라는 맥락에서 찾아볼 필요가 있다. 여기에서 사용한 설문조사자료는 울산대학교가 울산 지역의 자동차 관련 사업체를 대상으로 실시한 자료로서, "지역혁신자원과 기업간 교류관계 실태조사"(2000)와 "자동차 사업체의 고부가가치화와 기업집적단지(오토밸리) 조성을 위한 기업체 조사"(2001)이다.

지역단위의 기업간 상호 교류관계를 자세히 살펴보고 오토밸리 사업이 지역혁신체계로 정립하는 데 필요한 시사점을 찾아본다.

(1) 기업간 교류와 혁신체계 구성요소간 관계

울산 지역 자동차 관련 사업체들은 지역 내부의 사업체들과 제품교류 관계를 형성하고 있다. 울산 지역의 자동차 관련 사업체 가운데 절반 정도는 자사의 제품을 울산 지역 내 관련 업체에 판매하며, 필요한 부품을 울산 지역 내 업체로부터 구매하는 경우도 48%에 이른다. 또한 부산, 대구, 경남, 경북 등 인근 영남권 지역을 포함한다면, 울산 지역 사업체 가운데 70% 정도는 인근 지역과 판매 및 구매관계를 형성한다. 한 예로 경상북도 경주시의 외동 산업단지에는 현대자동차에 납품하는 자동차 관련 업체가 150여 개 있으며, 대구 인근의 경산에 있는 중소기업들도 현대자동차와 거래하고 있다(경상일보, 2004년 3월 3일). 완성차업체와 부품공급업체 간의 교류관계가 울산 지역과 울산 인근지역에 뿌리내렸다고 할 수 있다.

그러나 기업간 거래관계를 규모별로 구분하면, 규모가 클수록 비영남권과의 교류가 높다. 예를 들어서, 300인 이상의 사업체 가운데 수도권 등 기타 국내나 해외로부터 필요한 부품을 구입하는 경우가 28%이지만, 300인 미만 사업체에서는 이러한 경우가 15%에 불과하다(〈표 5-5〉). 이것은 일정 수준의 자동차 부품 생산에 필요한 자원들을 울산이나 영남권에서 확보하지 못하고 수도권 등 다른 지역에 의존한다는 점을 의미한다.

'울산 지역의 중요성'은 이 지역 자동차 관련 업체들의 혁신활동에서 상대적으로 낮아진다. 예를 들어서, 울산 지역 자동차 관련 사업체 가운데 50.6%가 울산 지역 내 사업체들과 판매거래를 유지하고 있으나, 혁신활동정보를 지역 내에서 얻는 경우는 34.8%에 불과하며 이러한 비중은 기업 규모가 클수록 더욱 낮다. 울산 지역이 연구개발보다는 제품의 가공 및 생산을 중심으로 하는 전형적인 산업도시이므로, 혁신정보교류가 물자교류보다 더 적은 비중을 차지한다.

또한 울산 지역의 지방자치단체나 연구기관은 기업의 혁신활동에 많

〈표 5-5〉 자동차 관련 기업간 교류관계의 공간적 분포

(단위: %)

거래관계 유형	전체 평균	기업	규모
		300인 미만	300인 이상
판매 관계			
울산	50.6	48.3	46.4
인접 시도	21.1	24.9	23.8
기타 국내	18.0	17.2	18.8
해외	10.1	9.4	10.6
구매 관계			
울산	48.3	49.2	48.1
인접 시도	30.2	33.5	21.8
기타 국내	15.4	12.6	21.7
해외	4.6	3.7	6.1
혁신정보의 출처			
울산	34.8	37.5	30.7
인접 시도	22.8	24.1	17.3
기타 국내	27.8	27.7	28.8
해외	14.6	10.7	23.1

주: 수치는 응답업체의 교류에서 해당 지역에 대한 의존도(%)를 의미
출처: 조형제 · 이성균(2000)

은 도움을 주지 못하였다. 울산의 자동차 관련 사업체 가운데 대학 및 연구기관과 공동으로 기술을 개발한 사업체는 35%이며, 이러한 산 · 학 · 연 협력경험이 "혁신활동에 도움을 준다"라고 응답한 경우는 28%에 불과하다. 특히 소규모 업체일수록 산 · 학 · 연 협력의 경험이 적고 이로부터 도움을 얻는 경우도 적다.

반면 자동차 관련 업체들은 혁신활동을 수행할 경우에 관련 기업들에 의존한다. 울산의 자동차 관련 사업체들이 생산활동을 혁신하는 데 필요한 정보를 얻을 경우에도 일차적으로 거래관계에 있는 기업에 의존하며, 특히 '공급기업'이 혁신활동에 가장 많은 도움을 준다(〈표 5-6〉). 결국 자

동차 부품의 생산과 공급을 통하여 형성해 온 기업간 거래관계가 공공적 성격을 갖는 연구기관과의 교류관계보다 훨씬 중요한 역할을 해 왔다고 해도 과언이 아니다.

〈표 5-6〉 지역 내 관련 기업의 존재가 혁신에 도움 되는 정도: 규모별 구분

(단위: 개, %)

지역 내 기업(기관)이 혁신활동에 도움 되는 정도	전체	300인 미만	300인 이상
고객 · 판매관계 기업	71.7	70.1	73.1
동종기업	49.9	48.3	51.8
공급기업	75.8	74.6	76.9
지방자치단체	35.1	34.5	36.0
연구기관	28.3	25.9	36.0

주: 수치는 해당 규모의 사업체 가운데 "도움된다"고 응답한 비율.
출처: 조형제 · 이성균(2000)

이러한 조사결과는 울산 지역의 산업지구적 특성을 반영한 것이다. 울산 지역의 자동차 산업은 지역 내부의 완성차업체와 중소 부품업체 간의 거래관계에 기초해 왔으며, 특히 중소 부품업체들은 이러한 기업간 거래관계를 통하여 일정 수준의 기술혁신능력을 획득하였다. 그러나 '부채살형'과 '위성형' 산업지구의 특성이 혼합된 울산 지역에서는 완성차업체의 기술개발경험이 점차로 외부화되고 있으며, 기업 규모가 큰 부품업체들도 필요한 혁신정보를 지역 외부에 의존하는 경우도 많다. 또한 연구기관이나 지방자치단체 등 지역 내부의 공공적 기관들이 자동차 관련 사업체의 혁신활동에 미치는 영향은 미흡하다. 민간기업의 상호 교류에서 자연발생적으로 축적되어 온 기술혁신능력을 뛰어넘어, 공공기관과 연구기관 등 지역혁신체계를 구성하는 다양한 경제활동 행위자들의 적극적 역할과 네트워크가 필요한 이유가 이러한 조사 결과에서 명확히 나타난다.

(2) 자동차 생산혁신지역으로서 울산

그렇다면 울산 지역은 자동차 관련 사업체들의 혁신지역으로 가능한가? 이에 대한 해답을 찾는 데 중요한 고려사항은 혁신활동의 주요 담당자인 자동차 관련 사업체의 울산 지역에 대한 평가이다. 이들이 "새로운 자동차 생산집적지를 형성할 필요성을 느끼는가, 그리고 울산 지역을 어떻게 평가하는가"에 의하여 새로운 자동차 생산집적지를 형성하고 집적지에서 발전된 교류관계를 정착시킬 가능성이 결정된다.

일반적으로 자동차 관련 사업체들은 자동차 부품을 생산하는 데 필요한 정보를 얻거나 부품을 공급하는 데 지출되는 물류비용을 절감하기 위하여 완성차업체 부근에 집적되는 경향이 있다. 이러한 점은 현대자동차에 부품을 공급하는 사업체를 대상으로 한 설문 조사 결과에서 확인되는데, 응답 업체들은 모기업에의 접근성(24.7%)을 가장 중요한 기업입지요인으로 인식하고 있다(조형제 · 이성균, 2001). 현재 울산의 현대자동차에 납품하는 부품업체 가운데 18.6%만이 울산 지역 내부에 있으며, 나머지는 수도권과 영남권 등 전국 각지에 있다는 점을 고려하면, 완성차업체와 멀리 떨어져 있는 부품공급업체들이 '모기업과의 거리 및 운송비용' 때문에 경영상의 어려움을 겪을 것이라는 점은 쉽게 이해할 수 있다(〈표 5-7〉). 또한 "울산의 공장부지가격이 높아서 울산 외부에 공장을 운영했던 부품업체 가운데 일부가 운송비용 등을 이유로 울산으로 이전한" 사례는 완성차업체와 떨어져 있는 기업의 어려움을 잘 나타낸다.[5]

완성차업체 혹은 부품거래업체와의 공간적 거리감을 해소하는 방안

5) 실제로 울산의 자동차 관련 사업체 가운데 공장부지가 싼 경주로 이전했던 기업 가운데 일부는 울산의 산업인프라, 모기업과의 접근성, 기술인력 수급 등을 이유로 울산으로 다시 복귀하였다. 이에 대한 사례는 울산매일신문(2004)을 참고.

가운데 한 가지는 자동차 관련 사업체나 기관 등을 동일한 공간에 집적하는 것이다. 이러한 방안은 현대자동차의 부품공급업체들로부터 많은 지지를 받는다. 응답 업체 가운데 43%가 "집적지 형성이 약간 효율적이다"라고 동의하였으며, "매우 효율적"이라고 응답한 업체도 29.2%를 기록하였다. 반면 생산집적지의 효율성에 대하여 부정적인 부품업체는 5%에 불과하다.

그러나 울산 지역의 오토밸리 사업이 또 하나의 산업단지를 조성하는 것이 아니라, 자동차 부품 및 완성차의 생산과정에 포함되는 경제행위자들의 혁신활동을 지원하는 산업지구로 정립되기 위해서는 현재 자동차 관련 업체들의 경영상의 문제점과 집적지에 대한 희망사항을 좀더 자세히 살펴볼 필요가 있다.

〈표 5-7〉에서 확인하듯이, 부품공급업체들은 현재 지역에서 경영할 때 가장 불편한 점으로서 '모기업과의 거리 및 운송비용'뿐만 아니라 '인력

〈표 5-7〉 현재 지역에서 경영활동의 애로사항: 지역별 비교

(단위: 개, %)

지역	모기업과의 거리 · 운송비용	인력 확보	정보 · 자료수집 어려움	전문연구 기관부족	정부 · 관련기관 업무협조	구매 및 판촉활동 곤란	외국거래선 및 전문가의 접촉 불편	관련 산업 미발달	합 계
울산	8 (13.3)	15 (25.0)	10 (16.7)	8 (13.3)	5 (8.3)	7 (11.7)	4 (6.7)	3 (5.0)	60 (100)
영남	61 (36.3)	31 (18.5)	23 (13.7)	18 (10.7)	5 (3.0)	10 (6.0)	8 (4.8)	12 (7.1)	168 (100)
수도권	20 (35.7)	14 (25.0)	7 (12.5)	4 (7.1)	1 (1.8)	5 (9.0)	3 (5.4)	2 (3.6)	56 (100)
기타	10 (27.8)	8 (22.2)	10 (27.8)	1 (2.8)	3 (8.3)	0 (0.0)	1 (2.8)	3 (8.3)	36 (100)
합계	99 (31.0)	68 (21.25)	50 (15.6)	31 (9.7)	14 (4.3)	22 (6.9)	16 (5.0)	20 (6.3)	320 (100)

* 복수응답(2개) 결과

출처: 조형제 · 이성균(2001)

확보'와 '정보 및 자료수집의 어려움' 등을 지적하였다. 울산 지역의 부품업체는 모기업과의 거리 및 운송비용에 대한 부담이 크지 않지만, 인력 확보의 어려움과 전문연구시설의 미비, 그리고 정보 및 자료수집의 어려움은 다른 지역보다 울산 지역에서 가장 해결하기 어려운 문제이다(〈표 5-7〉). 또한 울산 외부의 부품공급업체들도 인력 확보, 전문연구시설, 그리고 정보 및 자료수집에서 많은 어려움을 겪고 있다. 따라서 울산 외부의 사업체들이 울산 지역으로 이전할 경우에 모기업과의 거리 때문에 발생하는 문제점을 일정하게 해결할 수 있으나, 인력 확보, 전문연구, 그리고 정보 획득의 문제점은 여전히 해결과제로 남을 것이다.

이러한 사실은 자동차 관련 사업체들이 집적지 형성의 필요성에 동의하는 이유에서도 확인된다. 부품공급업체들이 집적지에 동의하는 가장 큰 이유는 '정보교환의 원활화'이며, '지원시설의 공동이용'도 중요한 원인이다. 특히 1차 부품업체의 34.6%가 '정보교환의 원활화'를 위하여 자동차 생산 집적지를 필요로 하며, 2~3차 부품업체의 경우에는 정보교환보다는 '지원시설의 공동이용'을 위하여 자동차 생산 집적지를 필요로 한다(〈표 5-8〉). 따라서 동일한 업종의 사업체들이 단순히 공간적으로 집

〈표 5-8〉 집적지 형성의 필요성에 동의하는 이유

(단위: 개, %)

집적지 형성에 동의하는 이유	1차 부품업체	2~3차 부품업체	합계
지원시설의 공동이용	62(28.6)	13(39.4)	75(30.0)
정보교환의 원활화	83(38.4)	9(27.3)	92(36.8)
공동사업 실시	34(15.7)	4(12.1)	38(15.2)
수요기업의 업체관리	38(17.5)	7(21.2)	45(18.0)
계	217(100)	33(100)	250(100)

* 복수응답(2개) 결과

출처: 조형제 · 이성균(2001)

적한다는 점보다는 집적을 통하여 상호 교류 및 지원체계를 형성하는 작업이 더욱 중요하다.

한국 최대의 완성차업체가 울산에 있다는 점, 그리고 울산뿐만 아니라 수도권의 부품공급업체들도 모기업과의 거리감을 가장 큰 문제점으로 지적한다는 점을 고려하면, 울산은 자동차 생산 집적지로서 매우 중요한 지역으로 부각될 것이다. 그러나 자동차 생산 집적지가 사업체들을 동일한 공간에 모으는 것 이상의 기능을 요구한다면, 현재의 울산 지역에서 보강되어야 할 점은 매우 많다. 이와 관련하여 관련 사업체들의 평가를 좀더 자세히 파악할 필요가 있다.

전반적으로 보았을 때, 자동차 관련 사업체들의 울산 지역 기반시설에 대한 태도는 매우 긍정적인 반면, 연구개발 부문에 대해서는 부정적이다. 울산 지역의 기반시설에 대한 태도에서 가장 긍정적인 항목은 운송과 관련한 인프라 시설이며, 연관 산업의 집적과 기술진의 확보에 대한 평가도

〈표 5-9〉 울산 지역의 기반시설에 대한 의견

(단위: 개, %)

평가항목	합계	매우 양호	약간 양호	보통	약간 불리	매우불리
운송과 관련한 인프라 시설	159 (100)	51 (32.1)	60 (37.7)	40 (25.2)	7 (4.4)	1 (0.6)
지가 및 공장용지 확보	164 (100)	8 (4.9)	34 (20.7)	65 (39.6)	42 (25.6)	15 (9.1)
연관 산업의 집적	163 (100)	31 (19.0)	76 (46.6)	43 (26.4)	12 (7.4)	1 (0.6)
기술진의 확보	161 (100)	12 (7.5)	68 (42.2)	49 (30.4)	26 (16.1)	6 (3.7)
숙련노동력 확보	167 (100)	11 (6.7)	63 (38.2)	62 (37.6)	20 (12.1)	9 (5.5)
대학 및 연구시설 집적도	154 (100)	1 (0.6)	36 (23.4)	74 (48.1)	33 (21.4)	10 (6.5)

출처: 조형제 · 이성균(2001)

매우 긍정적이다(〈표 5-9〉). 완성차업체와 부품공급업체들이 울산시 북구에 집중되어 있어 운송부담이 적으며, 울산의 교통체계가 화물운송 위주로 마련되고 항만과 고속도로가 자동차 생산지와 연결되어 있기 때문에 운송 관련 시설에 대한 만족도는 비교적 높은 수준이다.

그러나 기반시설 가운데 '지가 및 공장용지' 혹은 '대학 및 연구시설 집적도'에 대해서는 부정적이다. 또한 울산 지역의 기술개발 및 연구 기반을 별도로 평가하면, 이 부분에 대한 평가결과는 기반시설에 대한 평가보다 더욱 부정적이다. 항목별로 볼 때, 연구개발경험이 축적된 점에 대해서는 긍정적이지만, 연구개발에서 상호 협력적 분위기, 그리고 시험기자재와 연구전문인력을 확보하지 못한 점을 문제점으로 지적하였다(〈표 5-10〉).

〈표 5-10〉 울산 지역의 기술개발 및 연구 기반에 대한 의견

(단위: 개, %)

평가항목	합계	매우 양호	약간 양호	보통	약간 불리	매우불리
연구전문인력	166 (100)	4 (2.4)	54 (32.5)	87 (52.4)	17 (10.2)	4 (2.4)
분석 및 실험장비	161 (100)	6 (3.7)	59 (36.6)	74 (46.0)	18 (11.2)	4 (2.5)
연구개발의 축적	156 (100)	9 (5.8)	65 (41.7)	64 (41.0)	14 (9.0)	4 (2.6)
상호 협력적 분위기	161 (100)	8 (5.0)	48 (29.8)	92 (57.1)	10 (6.2)	3 (1.9)

출처: 조형제 · 이성균(2001)

결국 두 가지 분야의 평가에서 공통적으로 확인된 사실은 울산 지역의 연구활동 수준이 '제조업 생산기지'라는 위상에 걸맞지 않게 낮다는 점이다. 예를 들어서 1999년에 울산에서 연구개발 투자가 가장 활발한 산업은 자동차 산업이지만, 자동차 산업의 연구개발비용(814억 원)은 울산 지

역 자동차 산업 총생산액의 1%에 불과하며, 자동차 산업의 매출액 대비 연구개발 투자비율의 평균치(3~4%)보다 낮다(울산광역시, 2000). 또한 울산시에는 4년제 대학이 1개에 불과하여 자동차 관련 제품을 개발하는 데 필요한 인력과 지식을 제공하는 기관도 부족하다. 이러한 점이 울산 지역 혁신체계의 현 주소를 명확히 나타낸다. 즉, 자동차 관련 사업체들은 개별 기업 혹은 동종업계 협회 차원의 교류를 통하여 기업간 교류를 진행하고 있으나, 대학 · 연구소 · 공공행정조직 등 혁신 지원기관과의 교류관계는 낮다. 따라서 울산의 오토밸리를 지역혁신체계로 정립하기 위해서는 시험기자재와 전문연구인력을 확보하고 이들이 부품공급업체들의 신제품개발 등 혁신활동을 지원하는 체계를 정착시켜야 한다.

4. 울산 지역의 새로운 실험

(1) 울산시의 지역 산업발전 방안

울산시는 경제위기상황에서 나타난 지역경제의 문제점을 해결하고 지역 산업의 경쟁력을 향상시키기 위하여 다양한 발전 방안을 마련하였다(〈표 5-11〉). 사업 종류로는 자동차와 화학 등 지역 내 주요 산업 육성 방안과 지역혁신역량 강화사업 등이 있으며, 사업단위로는 구 · 군 등 기초자치단체에서부터 경상남도와 부산을 포함한 동남권지역의 연계발전 방안을 포함한다.[6]

6) 울산시는 지역혁신 5개년 계획을 마련하고 혁신 기반(광역권), 혁신특별사업(초광역

〈표 5-11〉 울산 지역의 산업정책 개요

사업 분야	사업 내용
지역 산업 연구 인프라 구축	- 4,000평 규모의 정밀화학센터 설립. - 국 · 공립 연구기관 유치(한국화학연구원 울산 분원과 한국화학시험연구원 영남 지역본부 등). - 울산 테크노파크 조성. - 조선해양기술통합혁신센터(UMTIC) 설립.
지역 산업의 기술개발 지원	- 산 · 학 · 연 공동기술개발 지역 컨소시엄(2개 대학의 지역협력연구센터와 지역기술혁신지원센터) 운영. - 포항 산업과학연구원(RIST) 울산사무소와 기술협력사업 추진. - 산업단지 입주기업체의 디지털화, 전국 포털사이트 기능 통합. - 전자상거래지원센터 운영 지원(전문인력교육 등).
지역혁신 주체들의 협력 강화	- 지역혁신협의회를 통하여 지역혁신체계(RIS) 형성과 기획 조정 - 산업진흥재단을 중심으로 혁신 주체간 연계 강화.

출처: 울산광역시 홈페이지(www.metro.ulsan.kr)

울산시의 지역 산업발전 방안은 다음과 같은 세 가지 방향으로 추진되고 있다(울산광역시, 2004). 첫째, 지역경제의 활성화를 위한 거대사업들이 2000년대 초반부터 시작되었다. 울산시는 오토밸리 사업의 일환으로 자동차 부품 · 소재단지와 모듈화 단지, 자동차 부품혁신지원센터, 자동차 테마파크 등을 조성할 계획이다. 또한 울산정밀화학지원센터를 설립하여 시험생산과 화학시험 연구를 지원할 계획이다.

둘째, 중소기업 종합지원체계를 구축하였다. 울산시는 중소기업 육성을 위한 종합지원센터를 설립하고, 2002년 3월부터 자동차 및 금속 산업

권), 포럼활동사업(기초자치단체) 지역혁신 특성화 시범사업을 시행한다. 울산광역시 차원에서 지역 전략 산업 핵심인력 및 네트워크 구축사업 등을 추진하며, 기초자치단체 차원에서는 "실버문화사업 육성과 중구 혁신체제구축"(중구문화원), "남구 재래시장 활성화추진방안"(울산대학교 기업경영연구소), "풍요로운 강동권 개발을 위한 포럼"(울산발전연구원), 울주군 중소기업 혁신 포럼(울산대학교) 등 4개 사업을 시작한다.

중소기업을 대상으로 금융, 기술, 무역, 정보 등 제반 경영활동을 지원하고 있다.

셋째는 지역 산업 혁신역량 강화사업이다. 이 사업은 종래의 기업집적 중심의 지역정책에서 벗어나 기업혁신에 필요한 지원체계를 마련하는 것을 목적으로 한다. 울산 지역에 있는 기업과 연구기관, 지방자치단체로 혁신 네트워크를 구성하고, 전략 산업별 지식 클러스터 등을 통하여 지역 혁신 주체들의 협력을 강화하고자 한다. 이를 위한 행정 지원기관으로서 2003년 8월에 울산 산업진흥재단을 설립하고 전략 산업기획단을 운영하고 있다.

(2) 오토밸리 사업

울산시가 추진하는 다양한 지역 전략 산업 육성 방안이나 지역혁신체계사업의 핵심은 오토밸리 사업이다. 오토밸리(Auto Valley)는 1990년대부터 미국 경제의 부흥을 낳은 실리콘밸리에서 차용한 용어로서, 자동차 산업을 혁신할 생산 집적지를 의미한다. 앞에서 설명한 바와 같이, 경제위기를 전후하여 나타난 불안정한 경제상황은 "울산 지역의 자동차 산업이 새로운 돌파구를 찾지 않으면 그동안의 성장추세를 회복하기 어렵다"라는 점을 명확히 보여 주었다. 자동차 관련 사업체들도 1990년대 초반까지 저임금과 낮은 가격에 기초한 경쟁력으로 국내외 시장에서 생존해 왔기 때문에, 자동차 부품이나 완성차의 질을 한 단계 높이지 않으면 또 다시 경제위기상황에 처할 것이다. 울산이 한국 최대의 자동차 생산지역이며 자동차 부품을 생산해 온 중소기업들의 기술능력을 향상시키는 일이 시급히 요청된다는 점을 고려하면, 울산시가 오토밸리 사업을 중심으로 지역경제 활성화와 산업경쟁력 강화를 추구하는 것은 필연적이다.

이 사업은 현대자동차가 있는 울산시 북구에 자동차 부품 산업단지를 조성하여 생산 · 연구 · 교육 등을 포함하는 지역혁신체계를 구축하는 것이며, 이를 위하여 다음과 같은 사업이 추진되고 있다.[7)]

첫째, 자동차 사업체들의 집적지로서 모듈화 단지와 소재 · 부품단지를 조성한다. 완성차업체 인근에 중간 조립 및 서열 납품을 위한 모듈화 단지를 조성하고(울산시 북구 양정동), 울산 지역 부근에 산재한 자동차 소재 · 부품업체들을 매곡 산업단지에 유치하여 자동차 관련 사업체들의 집적을 강화한다.

둘째, 자동차 부품 산업의 기술혁신능력을 향상시키도록 혁신체계 구성요소들의 협력사업을 강화한다. 먼저 자동차전문대학원을 설립하여 자동차 관련 고급기술인력을 양성한다. 이 기관은 울산대학교 등 인근 대학과 함께 산 · 학협력체계의 연구 및 교육 지원 부문을 담당하고, 자동차 부품의 생산과 기술개발에 필요한 고급인력을 양성하거나 맞춤형 기능인력을 재교육한다. 또한 자동차 부품 산업혁신센터를 설립하고 포항공대 산업기술연구원(RIST) 분원을 유치하여 기술혁신능력을 향상시킨다. 부품 산업혁신센터는 자동차 부품업체들의 공동연구, 시제품개발, 시험평가 등을 담당하고, 자동차 부품연구원과 포항공대 산업기술연구원 분원은 자동차 부품업체들의 연구개발활동을 지원하여 기술혁신능력을 향상시킬 예정이다(조형제, 2004).

이처럼 울산의 오토밸리 사업은 자동차 부품 산업의 경쟁력 강화에 필요한 다양한 자원을 동원함으로써 지역혁신체계의 형태를 갖추었다. 그러나 현재는 산업단지 조성작업이 시작단계에 있기 때문에, 입주한 자동차 관련 사업체들이 공공행정기관, 연구기관, 대학 등과 혁신체계를 어떻

7) 울산의 오토밸리 사업의 내용과 문제점에 대한 진단은 조형제(2004)와 울산광역시 · 산업연구원(2001)을 참고.

게 작동시킬 것인가에 대해서는 경험이 부족하다. 따라서 향후 과제는 부품공급업체들과 혁신 지원기관들의 네트워크를 오토밸리에 뿌리내려 연구개발 수준이나 부품 생산능력을 향상시키는 작업을 정착시키는 것이다. 특히 설문 조사에서 공통적으로 나타난 울산 지역의 연구개발 지원의 문제점을 해결하고, 혁신활동의 경험이나 시설 등이 대기업에 비하여 미흡한 중소 부품업체를 지원하는 작업이 필수적으로 요청된다.

5. 결론

오토밸리 사업은 울산 지역경제가 활성화될 것인가, 그리고 한국의 자동차 산업이 경쟁력을 강화할 것인가를 판단하는 데 중요한 사업이다. 지역 내 부품업체들이 기술능력을 향상시키면, 자동차 산업의 비중이 높은 울산 지역경제도 한 단계 도약할 것이며, 이들로부터 2만여 개의 부품을 제공받는 완성차업체의 경쟁력도 더욱 강화될 것이다. 더구나 이 사업에 6천여억 원에 이르는 막대한 예산이 지출되기 때문에, 오토밸리 사업은 참여정부가 추진하는 지역 전략 산업 육성정책의 성패를 보여 줄 것이다.

이 논문은 지역혁신 전략의 시각에서 자동차 관련 사업체들의 경영현황과 울산 지역의 여건을 정리하고 오토밸리 사업에 필요한 발전 방안을 찾아보았다. 자동차 부품업체들이 모기업 주변에 모이는 속성을 갖는다는 점을 볼 때, 완성차업체가 있는 울산 지역에서 오토밸리 사업을 추진하고 자동차 생산과 관련된 다양한 기관과 시설을 집적시키는 작업은 올바른 선택이다. 그러나 오토밸리 사업이 계획대로 추진될 것으로 장담할 수 없다. 자동차 부품단지나 모듈화 단지가 조성된다고 하더라도, 얼마나 많은 사업체들이 오토밸리에 입주할 것인지 알 수 없기 때문이다. 전국적으로 볼 때, 자동차 산업의 생산 공간이 급변하고 있다. 한편으로는 자동차 생산이 세계화되고 현대자동차가 중국에 진출하면서, 울산 소재 자동차 관련 사업체의 중국 진출도 증가하고 있다. 또한 국내 다른 지역들도 경쟁적으로 자동차 산업단지를 조성하면서 서해안과 경기도로 자동차 사업체들의 투자가 증가하고 있다. 예를 들어서, 2003년에 국내에 진출한 해외 자동차 부품업체 227개 사 가운데 66개 사가 안산, 시흥, 평택, 화성 등 경기도에 투자하였다(경상일보, 2004년 5월 11일). 이러한 현실을 고려하면, 수도권에 있는 자동차 부품업체들이나 해외 자동차 관련 사업체들이 울산 지역 오토밸리에 입주할 것으로 장담할 수 없다.

이러한 문제점을 극복하기 위해서는 오토밸리를 또 하나의 산업단지가 아니라 지역혁신체계로 발전시켜야 하며, 오토밸리가 혁신체계로 정립되기 위해서는 지역 내 부품업체들의 기술능력을 향상시킬 수 있는 네트워크를 지역사회에 제도화해야 한다. 자동차 부품을 개발하고 생산과정을 혁신하는 작업을 해당 기업의 자율적인 노력에 맡기지 말고, 공공기관과 연구기관이 상호 협력하는 체계를 구축해야 한다. 또한 혁신체계사업의 일차적인 대상은 세계적인 차원에서 자동차를 생산하려는 완성차업체가 아니라, 기술능력 향상을 위한 시설과 여건이 열악한 중소기업들이 되어야 한다. 이러한 혁신체계로서의 오토밸리는 현재 수도권으로 혹은 해외로 분산되는 자동차업계의 투자방향을 울산 지역으로 되돌릴 것이다.

울산이라는 단일 지역에서 실행되는 오토밸리 사업이 성공할 경우에, 우리는 좀더 넓은 단위의 지역혁신체계를 생각할 수 있다. 자동차 산업 자체가 기계금속 산업, 화학 산업, 전기전자 산업과 밀접히 연관되고 울산의 완성차업체에 부품을 제공하는 사업체 가운데 2/3가 영남권에 소재하기 때문에, 오토밸리 사업은 자연스럽게 영남권의 산업경쟁력과 밀접히 관련될 것이다. 현재 울산, 부산, 경남은 세 지역을 연계하여 '기계자동화 및 자동차 부품혁신사업'을 중심으로 하는 '동남권 클러스터 구축사업'을 계획하고 있다(산업연구원, 2003). 울산시는 자동차 및 자동차 부품산업을, 부산시는 조선기자재, 자동차, 기계부품을, 경상남도는 기계공업을 주력 산업으로 하여 새로운 차원의 산업 클러스터를 구축하는 것이 이 사업의 핵심 내용이다. 개별 광역자치단체 수준에서 혁신체계의 성과를 확인하지 못한 상태에서 초광역권 혁신체계를 논의하는 것이 시기상조이다. 그러나 자동차 부품 생산을 위한 울산 지역의 오토밸리 사업이 일정한 성과를 거둔다면, 세 지역을 연계한 새로운 차원의 지역혁신체계에 대한 논의도 좀더 구체화될 것이다.

참고문헌

국가균형발전위원회, 2004. 『한국의 지역전략 산업』. 폴리테이아.

박경 · 박진도 · 강용찬, 2000. "지역혁신능력과 지역혁신체제," 『공간과 사회』 13.

박삼옥, 1999. 『현대지리경제학』. 아르케.

박삼옥 · 주성재 · 남기범 · 황성주, 1999. 『경제구조조정과 산업공간의 변화』. 한울.

산업연구원, 2003. "동남권 클러스터 구축사업," 산업자원부 미간행 자료.

______, 2000. "지역 산업발전계획 수립방안—지역혁신시스템 구축을 중심으로," 산업자원부 시 · 도 설명회 자료.

산업자원부, 2004. "혁신과 특성화 전략으로 자립형 지역경제 실현," 산업자원부 발표자료(http://www.mocie.go.kr/notice/focus/focus_view.asp?num=2925).

울산광역시, 2004, 『2004 울산시정』. 울산광역시.

울산광역시 · 산업연구원, 2001. "울산 오토밸리 조성계획," 울산광역시 발표문헌.

울산매일신문, 2004. "탈울산 속 기업 U턴 속출"(2004년 5월 19일자 보도).

울산상공회의소, 1999. 『30대 대규모 기업집단 및 주요 제조업 울산소재 본사 현황』. 울산상공회의소.

조형제, 2004. "울산 자동차 산업의 혁신과 오토밸리," 국가균형발전위원회 (편). 『한국의 지역전략 산업』. 폴리테이아.

조형제 · 이성균, 2001. 『자동차 사업체의 고부가가치화와 기업집적단지(오토밸리) 조성을 위한 기업체 조사보고서』. 울산대학교 연구보고서.

______, 2000. 『지역혁신자원 및 기업간 교류관계 실태조사 보고서』. 울산대학교 사회과학연구소 연구보고서.

조형제 · 이성균 · 힐, 2002. "지역혁신체제의 형성과 발전," 『지역사회학』 3.

통계청, 2002. "2001년 16개 시 · 도별 지역내총생산 및 지출," 통계청 보도자료.

통계청 울산출장소, 2001. "울산 지역 산업활동동향," 통계청 보도자료.
______, 1999. "울산 지역 산업활동동향," 통계청 보도자료.
______, 1998. "울산 지역 산업활동동향," 통계청 보도자료.
한국자동차공업협동조합, 2001. 『자동차공업편람』. 한국자동차공업협동조합.
홍장표, 1999. "자동차부품 산업," 김양희 외. 『한국 자동차 산업의 기술능력 발전』. 삼성경제연구소.
Cooke, Philip, 1995. "Introduction: Origins of the Concept," in Hans-Joachim Braczyk, Philip Cooke and Martin Heidenreich (eds.). *Regional Innovation Systems* UCL Press.
Granovetter, Mark, 1985. "Economic Action and Social Structure: The Problems of Embeddedness," *American Journal of Sociology* 91.
Markusen, Ann, 1996. "Sticky Places in Slippery Space: A Typology of Industrial Districts," *Economic Geography* 72.

6장 노무현 정부의 공공기관 이전정책: 개요와 중간평가 및 혁신과제*

김원동(강원대학교 사회학과 교수)

1. 문제의 제기

노무현 정부는 국정의 핵심기조를 '국가균형발전'과 '지방분권'에 두고 「국가균형발전특별법」, 「지방분권특별법」, 「행정수도의 건설을 위한 특별조치법」 등과 같은 법적 기반을 구축하여 이를 추진해 오고 있다. 이런 점에서 국가균형발전정책은 현 정부의 국정기조를 구성하는 양대 기둥의 하나이자 '정권 브랜드'의 핵심적인 실체라고 할 수 있다.

현 정부의 출범 이후 추진 중에 있는 주요 국가균형발전정책으로는 행정중심복합도시 건설, 낙후지역의 개발을 겨냥한 신활력사업, 지역혁신

* 이 논문은 2005년 한국사회학회 후기사회학대회에서 발표한 바 있는 "노무현 정부의 국가균형발전정책: 쟁점과 과제—공공기관 이전 정책을 중심으로—"를 수정, 보완한 것이다.

역량 강화를 위한 지역혁신체계(Regional Innovation System: RIS)의 구축, 수도권 소재 공공기관의 지방 이전, 기업도시 건설 등이 있다(김원동, 2003; 국가균형발전위원회, 2006). 이 글에서는 이 중 공공기관의 지방 이전정책에 초점을 맞추고자 한다.

필자가 공공기관 이전정책을 다루고자 하는 데에는 몇 가지 이유가 있다. 첫째, 공공기관 이전에 관한 자료들은 다른 균형발전정책 자료들에 비해 정리가 깔끔하지 않아 전체적인 윤곽을 일목요연하게 파악하기에는 다소 까다로운 측면이 있다고 판단되었기 때문이다. 물론 언뜻 보기에는 일부 관련 자료에 주요 내용이 모두 담겨 있어 이해에 별다른 문제가 없어 보이지만 정리를 위해 자세히 들여다보면 혼란스러운 대목들이 적지 않다는 것이다. 따라서 여기서는 176개 이전 대상 공공기관의 정확한 내용, 구체적인 이전지역, 이전 대상 공공기관의 행정중심복합도시 및 혁신도시와의 관계, 추진 일정 등을 전체적으로 재정리해 봄으로써 우선 공공기관 이전정책의 개요를 분명하게 이해해 보고자 한다. 둘째, 공공기관 이전정책에서 제기될 수 있는 주요 쟁점들을 본격적으로 검토하려는 종합적인 논의들을 거의 발견할 수 없었기 때문이다. 즉, 다양한 이해관계 당사자들이 뒤얽혀 있는 복잡하고도 거대한 국가 프로젝트임에도 불구하고 공공기관 이전정책을 그 안에 내재해 있는 주요 쟁점들과 관련지어 문제점들을 도출해 내고 체계적인 보완책을 강구하고자 하는 시도들을 찾아보기 힘들다는 것이다. 공공기관 이전정책이 국가균형발전정책에서 차지하는 위상에 비추어 볼 때 이는 의외라고 하지 않을 수 없다.

이런 문제의식 아래 이 글에서는 공공기관 이전정책의 개요에 대한 이해를 토대로 이의 성공적인 추진을 위해 고려해 보아야 한다고 판단되는 쟁점들을 짚어 보고, 그 과정에서 공공기관의 이전이 지역혁신의 기반 조성에 일조하려면 어떤 과제들을 해결해 가야 하는가를 제시해 보려 한다.

2. 공공기관 이전정책 개요

「국가균형발전특별법」 상의 공공기관(중앙행정기관 포함)은 전국적으로 410개인데, 이 가운데 약 85%인 346개 기관이 수도권에 위치해 있다. 정부는 수도권 소재의 346개 기관 중에서 수도권을 관할 구역으로 하는 기관, 이전비용이 기대효과에 비해 현저히 큰 기관, 민간 성격이 강해 이전 강제가 곤란한 기관, 동북아 경제 중심 조성에 필수적인 기관, 수도권 입지의 고정성 · 상징성이 큰 기관 등으로 분류된 절반 정도의 기관들을 제외한 176개 기관을 국가균형발전위원회의 심의를 거쳐 이전 대상 기관으로 선정했다. 즉, 정부는 2005년 6월 24일 국가균형발전위원회 및 국무회의 심의를 거쳐 이들 176개의 공공기관[1]을 수도권과 대전[2]을 제외한 12개 광역 시 · 도로 분산 배치하는 방안을 발표했다(국가균형발전위원회 · 건설교통부 · 산업자원부 외, 2005).

그렇다면 176개 기관에는 어떤 것들이 있고, 또 어떤 법적 근거에 의해 추진되고 있는지 살펴보자.

우선, 정부가 발표한 176개 기관의 내용을 기능, 해당 이전지역의 산업 및 발전 전망 등과 하나로 묶어 종합 정리해 보면 〈표 6-1〉과 같다.

1) 원래 국가균형발전위원회가 심의한 이전 대상 공공기관은 177개였다. 그런데 이 중 통일교육원이 국무회의에서 국가균형발전위원회의 재심의를 거치도록 보류 결정이 남에 따라 176개로 변경되었다(국가균형발전위원회 · 건설교통부 · 산업자원부 외, 2005).

2) 정부 발표에 따르면(국가균형발전위원회 · 건설교통부 · 산업자원부 외, 2005: 11), 대전의 경우에는 대전청사와 대덕연구단지 등에 이미 다수의 공공기관이 자리 잡고 있어서 이번 대상 지역 선정에서 제외되었다고 한다.

〈표 6-1〉 이전 대상 176개 공공기관의 기능, 지역발전 전망 및 해당 기관

구분	이전 기능	지역 산업 및 지역발전 전망	이전 해당 기관
부산 (12)	해양수산, 금융 산업, 영화진흥 등	· 동북아의 물류 비지니스 중심도시 · 동남광역경제권의 중추관리도시 · 제2의 금융 중심지 · 영화 · 영상 산업 집중육성	한국해양연구원, 한국해양수산개발원, 국립해양조사원, 국립수산물품질검사원, 한국자산관리공사, 한국주택금융공사, 증권예탁결제원, 대한주택보증(주), 영화진흥위원회, 영상물등급위원회, 한국남부발전(주), 한국청소년상담원
대구 (12)	산업진흥, 교육 · 학술진흥, 가스 산업 등	· 대구 · 경북권 산업 클러스터 중추도시 · 대구 · 경북권 연구개발(R&D) 거점 구축 · 고급인력 배출의 교육혁신도시	한국 산업기술평가원, 한국 산업단지공단, 신용보증기금, 한국학술진흥재단, 한국사학진흥재단, 교육인적자원연수원, 한국교육학술정보원, 한국가스공사, 한국전산원, 한국감정원, 중앙119구조대, 중앙신체검사소
광주 (3)	전력 산업	· 에너지 산업 광역 클러스터 중심도시	한국전력공사, 한전기공(주), 한국전력거래소
울산 (11)	에너지, 근로복지, 산업안전 등	· 기존 주력 산업의 다양화 · 미래 성장동력 신산업 발전 · 선진국형 산업복지 도시	한국석유공사, 에너지관리공단, 에너지경제연구원, 한국동서발전(주), 한국 산업안전공단, 한국 산업인력공단, 근로복지공단, 산재의료관리원, 노동부종합상담센터, 운전면허시험관리단, 국립방재연구소
강원 (13)	광업진흥, 건강생명, 관광 등	· 기존 산업 구조고도화 · 생명건강 산업의 메카 · 청정 환경의 동북아 관광허브지대	대한광업진흥공사, 대한석탄공사, 석탄 산업합리화사업단, 국민건강보험공단, 건강보험심사평가원, 대한적십자사, 한국보훈복지의료공단, 한국관광공사, 국립공원관리공단, 산림항공관리소, 국립과학수사연구소, 도로교통안전관리공단, 한국지방행정연구원
충북 (12, *포함하면 15)	정보통신, 인력개발, 과학기술 등	· 바이오 산업과 미래정보통신산업의 조화로운 발전 · 고도 교육인프라와 혁신형 인력양성 지원도시	정보통신정책연구원, 한국소프트웨어진흥원, 한국인터넷진흥원, 한국교육개발원, 한국교육과정평가원, 중앙공무원교육원, 법무연수원, 한국노동교육원, 한국가스안전공사, 한국소비자보호원, 기술표준원, 한국과학기술기획평가원 * 2001년 4월에 이전계획이 이미 확정되어 추진 중인 질병관리본부, 한국보건 산업진흥원, 국립독성연구원 등의 3개 기관은 충북 오송생명과학단지로 이전
충남 (41,	행정기능	· 행정중심복합도시	행정중심복합도시로 이전할 41개 기관 * 5개 발전회사 중 '한국서부발전(주)'과 '한국중부발전(주)'은 충남으로 이전 – 이미 이전 추진 중인 '경찰종합학교', '국립

*포함 하면 47)			특수교육원'은 당초 계획대로 충남 아산으로 (개별) 이전 - '경찰대학'은 경찰종합학교와 기능적으로 연계될 수 있도록 충남으로 이전하고, '국방대학교'도 각 군(軍) 본부가 소재하는 충남으로 배치
전북 (13)	국토개발관리, 농업생명, 식품연구 등	· 환황해경제권의 성장 · 교류전진기지 · 첨단 농업생명, 생물 산업 클러스터의 중심	한국토지공사, 대한지적공사, 농업과학기술원, 농업생명공학연구원, 농업공학연구소, 원예연구소, 작물과학원, 축산연구소, 한국농업전문학교, 한국전기안전공사, 자치인력개발원, 한국간행물윤리위원회, 한국식품연구원
전남 (15)	정보통신, 농업 기반, 문화예술 등	· 전통 산업과 첨단 산업의 조화로운 발전 · 농업 기반 고도화로 선진농업 지역 구현	정보통신부지식정보센터, 한국정보보호진흥원, 전파연구소, 한국무선국관리사업단, 프로그램심의조정위원회, 농업기반공사, 한국농촌경제연구원, 농업연수원, 한국문화예술진흥원, 한국문화콘텐츠진흥원, 저작권심의조정위원회, 한전KDN(주), 해양경찰학교, 사립학교교직원연금관리공단, 농수산물유통공사
경북 (13)	도로교통, 농업기술혁신, 전력기술 등	· 선진형 교통인프라의 물류거점 · 친환경 · 첨단과학기술 접목한 미래형 농도	한국도로공사, (주)한국건설관리공사, 교통안전공단, 국립농산물품질관리원, 국립수의과학검역원, 국립식물검역소, 국립종자관리소, 한국전력기술(주) 조달청중앙보급창, 정보통신부조달사무소, 대한법률구조공단, 한국갱생보호공단, 기상통신소
경남 (12)	주택건설, 중소기업진흥, 국민연금 등	· 건설기술 및 관련서비스 산업 육성 · 지식집약형 첨단 산업 (육성)의 중심지	대한주택공사, 주택관리공단(주), 한국시설안전기술공단, 중소기업진흥공단, 산업기술시험원, 요업기술원, 한국전자거래진흥원, 국민연금관리공단, 한국남동발전(주), 한국승강기안전관리원, 국방품질관리소, 중앙관세분석소
제주 (9)	국제교류, 교육연수, 국세관리 등	· 제주국제자유도시 육성 · 교육연수 특성화로 지역경제 기반 강화	한국국제교류재단, 재외동포재단, 건설교통인재개발원, 국세공무원교육원, 공무원연금관리공단, 국세청기술연구소, 국세종합상담센터, 한국정보문화진흥원, 기상연구소
기타 (1)			한국수력원자력(주) ※ 중 · 저준위 방사성폐기물처분시설 유치지역에 배치할 계획을 갖고 이번의 이전 대상 지역에서는 일단 배제함

주: ( ) 안의 숫자는 이전 예정 기관의 숫자

출처: 건설교통부(2005a)와 국가균형발전위원회 · 건설교통부 · 산업자원부 외(2005)에서 발췌하여 재구성

이 같은 176개 기관은 공공기관의 수도권 집중 억제와 특색 있는 지역발전을 위해 수도권 소재의 공공기관 중 대통령령이 정하는 기관의 비수도권 지역으로의 단계적인 이전을 추진해야 한다는 「국가균형발전특별법」 제18조의 규정에 의거해 선정된 것들이다.

그런데 〈표 6-1〉에서는 몇 가지 주의 깊게 살펴보아야 할 항목들이 있다.

첫째, 176개 기관이라고 말할 때 '176개' 기관은 정확하게 어떤 것들을 지칭하는가 하는 점이다. 여기서 말하는 176개 기관이란 충남의 행정중심복합도시로 이전할 41개 기관뿐만 아니라 이미 충북 지역으로의 이전 계획이 확정되어 추진 중에 있는 질병관리본부, 한국보건산업진흥원, 국립독성연구원 등의 3개 기관, 충남 지역으로의 이전을 추진 중인 경찰종합학교, 국립특수교육원 등의 2개 기관, 그리고 중 · 저준위 방사성폐기물 처분시설 유치지역으로 이전할 '한국수력원자력(주)'[3] 등을 모두 포함한 숫자라는 점을 분명하게 알 필요가 있다. 즉, 176개란 〈표 6-1〉의 말미에 표시된 '기타 1개 기관'을 비롯해서 충북과 충남 지역으로 이전할 기관을 각각 15개, 47개로 계산했을 때 나오는 숫자라는 것이다.

둘째, 앞서도 잠깐 언급했듯이, 176개 기관 중에는 「국가균형발전특별법」뿐만 아니라 「신행정수도 후속대책을 위한 연기 · 공주지역 행정중심

3) 한국수력원자력(주) 본사는 경북 경주시로 이전하는 것으로 확정되었다. 176개 이전 공공기관을 발표할 당시에는 이전 지역이 결정되지 않아 기타로 분류되었지만 이후 '중 · 저준위 방사성폐기물처분시설'(방폐장) 유치지역으로 경주시가 선정되었기 때문이다. 경주시는 포항시, 군산시, 영덕군 등과 유치전을 펼친 끝에 유치권을 따냄으로써 중 · 저준위 방사성폐기물처분시설의 유치지역 지원에 관한 특별법에 따른 3,000억 원의 특별지원금 지원과 양성자가속기 유치도 함께 얻어내는 성과를 거두었다. 산업자원부는 한국수력원자력의 본사 이전 장소 선정을 2006년 8월 말까지 마무리하고 2010년 7월까지 이전을 완료할 계획이다(『한국일보』, 2005. 10. 22; 『내일신문』, 2005. 05. 09, 2005. 12. 30; 『한겨레』, 2006. 06. 29).

복합도시 건설을 위한 특별법」[4](이하 '행정중심복합도시특별법')에 의해서도 '행정중심복합도시'[5]로 이전하도록 잠정적으로 선정된 41개 기관이 포함되어 있다는 점이다. 정부 소속기관 23개와 정부출연 연구기관 18개

4) 앞의 법안은 2004년 10월 21일 헌법재판소의 위헌 결정으로 폐기된 「신행정수도의건설을위한특별조치법」의 대체 후속 법안으로 제정된 것이다. '행정중심복합도시특별법'은 2005년 3월 18일 제정 · 공포되었고, '행정중심복합도시특별법 시행령' 제정안이 동년 5월 10일 국무회의에서 의결되어 5월 19일부터 시행됨에 따라 행정중심복합도시의 건설을 위한 법적 기반이 마련되었다(건설교통부, 2005c). 이 특별법에 대해서도 위헌 청구가 있었지만 2005년 11월 24일 헌법재판소의 각하 결정이 내려졌다(『중앙일보』, 2005. 11. 25). 이런 논란 끝에 법적 토대를 구축한 행정중심복합도시 건설 프로젝트는 2006년 1월 1일부로 개청한 '행정중심복합도시건설청'(http://www.macc.go.kr)의 주도 아래 추진 중에 있다.

5) '행정중심복합도시특별법' 제2조와 제16조에 의하면, '행정중심복합도시'란 이전계획에 입각해서 '중앙행정기관 및 그 소속기관이 이전하여 행정기능이 중심이 되는 복합도시로 새로이 건설되는 도시'를 말한다. 다만, 여기서 중앙행정기관 중 청와대(대통령)와 통일부, 외교통상부, 법무부, 국방부, 행정자치부, 여성가족부 등은 이전대상에서 제외하는 것으로 규정되었다. 보도된 바에 따르면(『중앙일보』, 2005. 2. 24; 2005. 2. 25), '행정중심복합도시특별법' 제정에 앞서 '국회 신행정수도후속대책특위'는 여야 합의 아래 중앙정부 부처 중 위의 기관들을 제외한 재정경제부, 교육인적자원부, 과학기술부, 문화관광부, 농림부, 보건복지부, 건설교통부, 해양수산부, 산업자원부, 정보통신부, 환경부, 노동부 등의 12부와 기획예산처, 국가보훈처, 국정홍보처, 법제처 등의 4처, 그리고 국세청, 소방방재청 등의 2청을 행정중심복합도시로 이전시키기로 합의했다. 결국 행정중심복합도시에는 이러한 중앙행정기관 12부 4처 2청을 비롯해서 중앙행정기관의 소속기관과 정부출연기관(「국가균형발전특별법」제2조; 「국가균형발전특별법시행령」 제2조와 제16조; '행정중심복합도시특별법' 제3조) 중 각각 23개, 18개 기관이 이전할 예정이다. 한편, '행정중심복합도시특별법'(제2조)에 의하면, 행정중심복합도시는 중앙행정기관 등의 이전과 그에 따른 시가지 조성을 위해 지정 · 고시된 '예정지역'과, 예정지역과 연접한 지역으로서 예정지역의 개발로 인해 영향을 받을 수 있는 지역 중 계획적인 관리가 필요하다고 인정되어 지정 · 고시된 '주변지역'의 2개 지역으로 이루어진다. 현재 예정지역으로는 연기군(남면 · 금남면 · 동면)과 공주시(장기면 · 반포면 일원)의 5개면 33개 리의 2,212만 평이, 그리고 주변지역으로는 연기군, 공주시, 청원군의 9개 면 74개 리의 6,769만 평이 지정되어 있다(행정중심복합도시건설추진위원회, 2005; 행정중심복합도시건설청, http://www.macc.go.kr).

로 구성되어 있는 이들 기관의 성격과 세부 내용은 〈표 6-2〉와 같다.

이렇게 보면, 수도권 공공기관 중 이전할 기관의 이전 지역은 일단 행

〈표 6-2〉 행정중심복합도시로 이전할 공공기관

	정부소속기관		정부출연 연구기관
성격	이전 예정 중앙부처의 내부 조직 성격이 강한 정부소속 기관		중앙부처의 정책결정을 뒷받침하는 국책연구기관
	위원회	내부 조직 성격	대상 기관
대상기관	소청심사위원회, 공적자금관리위원회, 교원소청심사위원회, 무역위원회, 전기위원회, 중앙 환경분쟁조정위원회, 산재보상보험심사위원회, 최저임금위원회, 중앙노동위원회, 항공사고조사위원회, 중앙토지수용위원회, 보훈심사위원회	금융정보분석원, 경제자유구역기획단, 지역특화발전특구기획단, 해외홍보원, 영상홍보원, 국세심판원, 항공안전본부, 광업등록사무소, 우정사업본부, 통신위원회사무국, 중앙해양안전심판원	과학기술정책연구원, 교통개발연구원, 국토연구원, 대외경제정책연구원, 산업연구원, 한국개발연구원, 한국노동연구원, 한국보건사회연구원, 한국조세연구원, 한국 환경정책 · 평가연구원, 한국법제연구원, 한국직업능력개발원, 한국청소년개발원, 경제사회연구회, 인문사회연구회, 공공기술연구회, 산업기술연구회, 기초기술연구회
합계	12	11	18
	41		

주: 정부출연 연구기관 중 특정 기능군과 연관성이 높은 에너지경제연구원, 정보통신정책연구원, 한국농촌경제연구원, 한국해양수산개발원, 한국교육개발원, 한국교육과정평가원 등의 6개 연구기관은 제외.

출처: 국가균형발전위원회 · 건설교통부 · 산업자원부 외(2005: 14-15)에서 재구성

〈표 6-3〉 12개 시 · 도 이전 기관 비교

	기관 수(%)	인원 수(%)
총 계	176개(100)	31,949명(100)
행정중심복합도시 이전	41개(23)	2,687명(8.4)
여타 지역 이전	135개(77)	29,262명(91.6)

출처: 국가균형발전위원회 · 건설교통부 · 산업자원부 외(2005)

정중심복합도시와 여타 지역으로 대별된다고 할 수 있다(〈표 6-3〉).

그러면 여기서 말하는 여타 지역이란 다음과 같다. 우선, 앞서 언급한 대로 서울 · 인천 · 경기 지역을 일컫는 수도권의 3개 광역시 · 도와 비수도권의 대전은 고려 대상에서 제외된다. 나머지 12개의 비수도권 광역시 · 도 중 행정중심복합도시가 건설될 충남 지역이 빠지기 때문에 여기서 공공기관이 이전할 여타 지역으로 지칭되는 곳은 자연히 11개 광역시 · 도 지역이 될 수밖에 없다는 계산이 나온다.

실제로 정부는 행정중심복합도시가 들어설 충남 지역을 제외한 11개 광역시 · 도 지역에 해당 권역별로 분산 배치하기로 결정한 이전 대상 공공기관을 권역 내의 한 곳에 일괄 이전하도록 한다는 원칙을 세웠다(건설교통부, 2005b). 이에 따라 11개 광역시 · 도별로 한 지역을 선정하도록 지침을 마련하여 발표했는데, 그러한 권역별 집결지에 붙인 명칭이 이른바 '혁신도시'이다. 다시 말해, 공공기관 지방이전을 촉매 삼아 산 · 학 · 연 · 관이 상호 긴밀하게 협력하는 가운데 혁신성과 역동성을 갖고 권역별로 특성화된 지역발전을 이끌어가는 거점(국가균형발전위원회 · 건설교통부 · 산업자원부 외, 2005: 34)으로 건설, 육성하려는 도시가 바로 혁신도시인 것이다.

그렇다면 혁신도시로 이전할 공공기관의 규모는 얼마나 되는가. 언뜻 보면, 176개 이전 대상 공공기관 중 행정중심복합도시로 이전할 41개 기관을 뺀 135개 기관이라고 생각하기 쉽다. 하지만 〈표 6-1〉에 지적된 바와 같이 해당 권역 내로 이전하기는 하지만 혁신도시가 아닌 별도의 개별 지역으로 이전을 추진 중인 기관들이 있다는 점에 유의해야 한다. 즉, 충북의 3개, 충남의 6개, 경주로 가게 될 1개를 포함한 10개 기관이 그것이다. 결국 176개 이전 대상 공공기관의 분포는 행정중심복합도시로의 이전이 41개, 전국적으로 산재한 혁신도시로의 이전이 125개, 기타 개별 지역으로의 이전이 10개로 정리되는 셈이다(〈표 6-4〉).

〈표 6-4〉 176개 이전 대상 공공기관의 배치 지역 유형과 성격의 재정리

	성격(또는 기관명)	지역	기관 숫자(%)
행정중심 복합도시	행정기능 중심의 복합도시	충남(공주 · 연기)	41(23.3)
혁신도시	특성화된 지역발전의 거점도시	수도권 · 대전 · 충남을 제외한 11개(10개*) 광역시 · 도	125(71.0)
'행정중심복합도시' 와 '혁신도시' 이외 지역으로의 개별 이전	질병관리본부	충북(오송)	10(5.7)
	한국보건 산업진흥원	충북(오송)	
	국립독성연구원	충북(오송)	
	한국서부발전(주)	충남	
	한국중부발전(주)	충남	
	경찰종합학교	충남(아산)	
	국립특수교육원	충남(아산)	
	경찰대학	충남	
	국방대학교	충남	
	한국수력원자력(주)	경북(경주)	
종합	-	전국의 비수도권 지역	176(100.0)

주: * 표시는 광주/전남의 공동혁신도시 건설 결정에 따라 실제로는 10개 광역시 · 도에 건설될 예정임을 의미함.

앞서 언급한 대로, 정부는 행정중심복합도시와 개별 지역으로 이전할 공공기관을 제외한 125개의 공공기관을 혁신도시를 건설해서 집중배치하기로 결정했다. 물론 인접한 광역시 · 도 간의 공동 건설도 가능하다는 원칙을 세웠다(건설교통부, 2005b). 이 같은 방침에 따라 정부는 공공기관을 이전할 장소로서의 '혁신도시' 입지 선정 작업을 추진했고, 광주와 전남이 공동혁신도시 건설에 합의함에 따라 전국적으로 10개의 혁신도시 입지 선정 작업을 2005년 12월에 끝마쳤다(〈표 6-5〉).

정부는 2006년부터 혁신도시 건설을 위한 기본계획의 수립에 착수하고 2007년에는 혁신도시 건설에 착공하여 2012년까지 혁신도시 건설과 공공기관 이전을 완료한다는 일정을 갖고 이를 추진 중에 있다(국가균형

〈표 6-5〉 전국의 10개 혁신도시 입지

광역시 · 도	입지
부산	문현지구, 센텀지구, 동삼지구
대구	동구 신서동
광주/전남	전남 나주
울산	중구 우정동
강원	원주 반곡동
충북	진천군 덕산면, 음성군 맹동면
전북	전주, 완주군 이서면
경북	김천시 농소면 · 남면
경남	진주시 문산읍 소문리
제주	서귀포시 서호동

출처: 국가균형발전위원회, http://www.balance.go.kr/policy/policy2.html#

발전위원회, http://www.balance.go.kr/policy/policy2.html#1box2).

지금까지 개괄해 본 바와 같이, 전국의 비수도권으로 이전할 공공기관이 모두 혁신도시로 이전하는 것은 아니다. 이전 대상 기관 중 71%에 이르는 상당수가 혁신도시로 이전할 계획인 것은 사실이지만 23%는 행정중심복합도시로 그리고 나머지 약 6%에 해당하는 10개 기관은 혁신도시나 행정중심복합도시 이외의 지역으로 별도의 이전 일정 아래 개별 이전을 추진 중에 있다. 이런 점에서 보면, 노무현 정부의 공공기관 이전 프로젝트는 주로 혁신도시 건설 사업과 연관성을 갖되 행정중심복합도시 건설 사업과 이미 추진 중인 일부 공공기관의 지방 이전 사업과도 부분적으로 연계된 복합적인 내용을 지닌 정책이라고 할 수 있다.

3. 공공기관 이전정책: 쟁점별 중간평가와 혁신과제

(1) 쟁점 1: 공공기관 이전의 정책적 효과 분석과 공론화

정부에 의하면, "혁신도시 건설은 수도권 소재 공공기관의 지방 이전을 계기로 혁신주도형 경제의 지역거점을 형성함으로써 수도권과 지방 간의 불균형을 해소하고 지역의 특색 있는 발전을 촉진함을 목적으로 한다." 다시 말해, '국가균형발전과 지역의 자립적 발전을 선도'하기 위해 건설하려는 것이 '혁신도시'라는 것이다(건설교통부, 2005b). 이것은 곧 혁신도시로 이전하는 공공기관들을 지렛대 삼아 공공기관이 선도하는 지역의 자립적 발전과 국가균형발전의 구현을 기대하고 있음을 의미한다.

하지만 이것이 현실화되려면 공공기관 이전에 따른 정책적 효과의 확실한 뒷받침이 전제되어야 한다. 그렇지 않으면 이상적인 소망을 국가적 차원의 핵심정책으로 전환하는 데 따른 엄청난 사회적 비용을 치를 수도 있다.

정부는 "공공기관 지방이전계획"에서 공공기관 지방 이전의 기대효과를 다음과 같이 정리하여 발표한 바 있다(국가균형발전위원회 · 건설교통부 · 산업자원부 외, 2005: 32-33). 첫째, 수도권의 인구 안정화에 기여, 둘째 지역의 혁신역량 제공, 셋째 고학력 취업기회의 확대로 지방교육의 질적 향상 유도, 넷째 지방세수 증가 및 지역경제 활성화, 다섯째 지방으로 이전을 희망하는 민간기업의 지방 이전 촉진 등이다.

이 같은 기대효과의 항목별 내용을 살펴보면, 다음과 같은 근본적인 문제점들이 함축되어 있음을 발견하게 된다.

첫째, 무엇보다도 앞서 언급한 효과의 세부 항목들에서는 공공기관 이전에 수반되는 비용들을 종합적으로 고려한 객관적이고 체계적인 분석

결과에 근거하지도 않은 채 긍정적인 가능성들만을 나열하고 있기 때문에 설득력이 떨어진다[6]는 점이다. 공공기관 이전과 혁신도시 건설비용은 원칙적으로 기존의 청사와 부지의 매각 대금으로 충당한다는 재원조달 방안(국가균형발전위원회 · 건설교통부 · 산업자원부 외, 2005: 44)만 덩그러니 언급되어 있을 뿐이다.

둘째, 긍정적인 정책효과의 근거도 공공기관의 이전 이후에 예상되는 중장기에 걸친 변화 가능성을 계량적으로 추산한 것이라기보다는 종래 통계자료의 부분적인 예시에 그치고 있다는 점도 문제가 아닐 수 없다. 이를테면, 수자원공사의 경우 최근 3년간(2002~2004년) 대졸자 채용인원의 12%를 대전 · 충청 소재 대학 졸업자로 충원했다거나 176개 이전 대상 공공기관의 최근 3년간(2002~2004년) 지방세 납부액이 2,268억 원이었다는 식이다(국가균형발전위원회 · 건설교통부 · 산업자원부 외, 2005: 32-33).

셋째, 공공기관 이전의 정책적 효과를 얘기하려면 우리보다 먼저 이를 단행한 외국 사례들의 성과에 대한 철저한 분석 작업이 선행되고 그 결과와 우리의 전망을 대비시켜 논의하는 대목이 있어야 할 텐데, 이와 관련한 논의도 빠져 있다. 176개에 달하는 공공기관의 대규모 이전정책을 추진하려면 외국 사례들[7]의 성공과 실패의 원인들을 다각도로 주의 깊게

---

6) 예컨대, 공공기관의 지방 이전이 '수도권의 인구 안정화에 기여' 할 것이라는 항목의 내용을 보면, 공공기관 지방 이전계획이 성공적으로 추진될 경우 수도권 소재 공공기관의 수적 비중이 현재의 약 85%에서 35% 수준으로 감소됨으로써 수도권 인구의 양적 팽창을 억제할 것이라는 설명이 있을 뿐이다(국가균형발전위원회 · 건설교통부 · 산업자원부 외, 2005: 32). 다시 말해, 수도권 인구의 향후 증감 추이와 관련지어 공공기관의 지방 이전으로 이동할 인구의 규모를 추정한 통계자료를 제시하는 것이 아니라 단순히 수도권 소재 공공기관의 비중이 대폭 줄어들 것이라는 수치비율만 보여 주고 있기 때문에 현재의 설명만 가지고는 공공기관의 이전이 수도권 인구의 팽창을 어떤 식으로 억제할 것인지를 제대로 가늠해 볼 수 없다.

7) 예컨대 공공기관의 이전을 단행한 프랑스, 영국, 스웨덴의 사례를 비롯해서 정부 부처

분석해 보면서 교훈을 찾아내고 정책 추진상의 시행착오를 줄이려는 철저한 사전 준비가 있어야 했다는 점에서 볼 때, 그러한 측면의 작업을 건너뛰었다는 느낌을 주는 것은 또 하나의 치명적인 문제점을 드러낸 것이라고 하지 않을 수 없다.

이같이 공공기관 이전계획이 여러 가지 문제점들을 내포하게 된 까닭은 무엇보다도 공공기관 이전시책의 실시 이전에 이에 대한 충분한 공론화 과정이 없었기 때문이다. 앞서도 부분적으로 지적했듯이, 공공기관 이전이 다른 나라에서는 어떤 이유에서 어떤 절차를 밟아 어떻게 추진되어 왔는지, 그 성과는 무엇이고 드러난 문제점에는 어떤 것들이 있는지, 공공기관 이전의 경제적 · 산업적 · 재정적 정책효과와 비용은 어떻게 측정해야 하고 추산 규모는 실제로 어떻게 되는지, 공공기관 이전이 해당 지역에 경제적 효과 외에 어떤 정치적 · 행정적 · 사회적 · 문화적 · 교육적 효과를 거둘 수 있을 것으로 예상되는지 등에 대한 이론적 · 경험적 논의가 다양한 공론의 장에서 활발하게 이루어지고 그러한 공론의 결과가 공공기관 이전계획에 구체적으로 반영되었어야 했다는 것이다. 이러한 선행 논의가 포괄적이고 철저하게 이루어지지 않은 상태에서 계획이 발표되고 곧바로 사업 추진에 들어가다 보니까 뒤늦게 갖가지 근본적인 문제점들이 드러나고 정책의 실효성에도 의문이 제기되는 것이다.

공공기관 이전정책은 수도권과 비수도권의 자원배분구조를 바꾸어 보려는 거대한 국책 사업일 뿐만 아니라 다음 정권에서도 이어가야 할 중장기적인 연속 사업이다. 따라서 공공기관 이전 사업은 정책의 비용과 효과를 매우 비중 있게 검토해야 하고 관련 공공기관의 관계자들을 비롯해서 사회 각계각층의 이해와 공감대를 지속적으로 확충해 가면서 추진해

들의 분산 이전을 실시한 독일, 말레이시아, 일본 등의 사례들(주성재, 2003; 황희연, 2005)이 검토의 대상이 될 수 있을 것이다.

야 실질적인 성과를 기대할 수 있다. 이런 맥락에서 볼 때, 현 정부의 공공기관 이전정책은 바람직한 비전과 방향 설정에도 불구하고 적어도 지금까지는 정책의 비용과 효과를 국민들에게 설득력 있게 제시하고 공감대를 확보한 가운데 추진되고 있다고 평가하기는 어려워 보인다. 요컨대, 현재 수준에서의 공공기관 이전정책은 정책적 비용-효과에 대한 철저한 분석이 결여되어 있어 불확실성과 그에 따른 위험성을 내포하고 있고, 공론화 과정의 부족으로 사회적 공감대도 제대로 구축하지 못한 상태라고 할 수 있다.

따라서 공공기관 이전이 전국적으로 지역혁신의 거점을 마련하는 실질적인 계기가 될 수 있도록 하기 위해서는 정책의 효과와 공론화 측면에서 이제부터라도 다음과 같은 후속 조치들을 강구해야 하리라고 본다.

첫째, 공공기관 이전에 수반될 비용과 효과들을 다각적이고 치밀하게 분석하는 연구들을 신속하게 진행하고, 그 결과를 기존 계획의 실행과정에 적극 반영해 가야 한다. 다시 말해, 공공기관 이전에 따른 효과의 추산 대상을 경제적 · 산업적 · 재정적 측면 등과 같은 제한된 영역으로 국한할 것이 아니라 정치적 · 행정적 · 사회적 · 문화적 · 교육적 측면으로 확대하고 세부 항목별[8]로 소요비용을 함께 고려한 정책효과의 정밀한 대차

8) 예컨대, 공공기관의 지방 이전이 수도권 인구 안정화에 기여할 것이라는 정부의 발표에 대해서도 반론이 제기된 바 있다. 즉, 176개의 이전 대상 공공기관이 지방으로 이전할 경우 수도권 전체에서 약 26만 명 정도의 인구가 감소할 것으로 예상되는데, 이는 공공기관 이전이 완료되는 시점의 수도권 전체 예상인구의 약 1.0% 수준에 불과하기 때문에 공공기관 이전에 따른 수도권 인구집중 완화효과는 매우 미미할 것으로 추정된다는 것이다(김인희, 2005). 이와는 달리 정부의 입장과 궤를 같이하는 주장도 있다. 즉, 176개의 공공기관의 지방이전과 행정중심복합도시의 건설이 모두 실현될 경우, 수도권에서 지방으로 유입되는 인구는 150만 명 내외가 될 것으로 예상되고 지방에 새롭게 창출된 일자리들로 인해 수도권으로 이주하지 않고 지역에 머무르는 인구도 많아질 것으로 보이기 때문에 공공기관 이전정책은 수도권 인구의 분산효과가 크다는 것이다(황희연, 2005). 이같이 수도권 인구의 안정화 또는 분산효과에서 보듯, 공공기관의

대조표를 만들어 공공기관 이전계획과 집행과정을 수정, 보완하는 근거로 활용할 수 있어야 한다는 것이다. 둘째, 공공기관의 지방 이전을 추진해 온 외국의 사례들을 하나하나 구체적이고 심도 있게 점검해서 공공기관의 이전을 매개로 한 지역혁신의 기반 조성이라는 관점에서 경계할 점들과 선용할 수 있는 시사점들을 찾아내야 한다. 셋째, 공공기관 이전의 다양한 측면들에 대한 연구 결과와 추진상황 정보를 수시로 공개하고 주요 쟁점들을 공론화함으로써 사회적 합의와 공감대를 확충해 가야 한다. 사회적 지지 기반이 확실해야 이 정책이 정권 교체와 무관하게 이전 대상 공공기관의 종사자와 이전지역 주민들의 기대 속에 지역혁신의 기초를 다지는 전환점이 될 수 있을 것이기 때문이다.

(2) 쟁점 2: 광역시 · 도별 1개의 혁신도시 건설과 공공기관의 일괄 이전

정부가 수도권, 대전, 충남을 제외한 나머지 11개 광역시 · 도에 혁신도시를 각각 1개씩 건설하고, 지방으로 이전하는 공공기관을 혁신도시로 일괄 이전하도록 한다는 원칙을 세운(건설교통부, 2005b) 까닭은 무엇인가?

그렇게 하는 것이 공공기관 이전사업의 정책적 목표를 가장 효율적으로 달성하는 길이라는 판단에서였다고 볼 수 있다. '혁신도시 입지는 효율성을 원칙으로 하고, 지역 내 형평성은 보완적으로 고려하여 선정'(건설교통부, 2005b)하도록 한다는 정부의 혁신도시 입지 선정 지침이 이를 시사해 준다. 그런데, 필자가 볼 때, 이 같은 결정은 다양한 후속 문제들을

이전에 따른 정책적 효과들에 대한 기존의 상반된 논의들을 항목별로 종합하고 추가 분석을 시도함으로써 이를 계획의 추진과정에 신속하게 반영하려는 노력이 있어야 할 것이다.

수반할 수 있는 다음과 같은 심각한 두 가지 큰 문제점을 지니고 있다.

첫째, 광역자치단체 권역별로 혁신도시를 한 곳씩 건설해서 그곳으로 모든 공공기관을 이전시키겠다는 방침에는 '집중배치=효율성', '분산배치=형평성'이라는 식의 단순하고도 위험한 이분법적 사고방식이 깔려 있다는 점이다. 권역별로 1개의 혁신도시를 건설해서 이전 대상 공공기관을 그곳으로 모두 배치하겠다는 발상은 여러 가지 이유에서 기본논리 자체가 단순하고도 위험한 것이라는 평가를 면하기 어렵다.

주지하듯, 국가균형발전정책은 지난 40여 년간 추진되어 온 우리의 '압축적 산업화'가 야기한 '수도권 과밀'과 '일극 중심 국토구조의 문제점'을 해소하기 위해 추진되는 것이다(국가균형발전위원회 · 건설교통부 · 산업자원부 외, 2005). 그런데 이를 해소할 새로운 무대로서의 광역시 · 도는 권역 내의 소지역별 여건에서 상당한 편차가 있다. 그럼에도 그와 같은 권역별 특수성을 무시한 채 무차별적으로 전국 어디에서나 혁신도시를 한 곳만 건설해서 모든 공공기관을 집결시키고 유관 기업과 연구기관들을 유치해 간다면, 그간에 빚어졌던 수도권 대 비수도권의 발전격차 양상이 권역별로 재현될 가능성이 클 수밖에 없다는 것이다. 다시 말해, 권역별 인적 · 물적 자원의 혁신도시지역으로의 집중이 가속화되고 상대적으로 여타 지역은 날로 침체를 벗어나지 못하는 상황이 벌어질 개연성이 크다는 것이다. 이 같은 전망에 비추어 볼 때, 지금과 같은 형식의 혁신도시 건설방식은 국가균형발전정책의 문제의식과 배치되는 역설적인 결정이라고 할 수밖에 없다. 이와 연관된 또 다른 문제점은 이전 대상 공공기관을 하나의 혁신도시로 집중 배치하는 것이 분산 배치방식들보다 실제로 효율적인 전략이 될 수 있는가를 고민한 흔적이나 실질적인 추정을 시도한 근거를 전혀 발견할 수 없다는 점이다. 적어도 이론적 수준에서라도 몇 가지 사례 연구의 형식으로 여러 가지 배치방식이 초래할 수 있는 효율성에 대한 비교 검토를 시도해 보고 그러한 근거를 갖고 지침을 설정하려는 노력이 있어야 했다. 현 정부의 국정기조에 해당하는 대규모의 국책사업임에도 불구하고 조급한 마음에 제대로 된 예측이나 전망도 없이 졸속한 정책 추진이 이루어지는 것이 아닌가 하는 의혹과 비판을 받게 된 것이다. 현재의 혁신도시 추진방식이 단순할 뿐만 아니라 위험하다고 보는 이유 중 하나는 바로 이런 측면에 있다.

물론 이 같은 평가에 약간의 단서를 붙일 필요가 있다. 권역별로 1개의 혁신도시를 건설하는 것이 무조건 잘못된 지침이라는 주장을 하려는 것이 필자의 의도는 아니기 때문이다. 다시 말해, 공공기관 이전 대상 지역의 광역시 · 도 입장에서는 중앙정부가 혁신도시 건설 결정의 융통성을 줘도 자기 권역의 여러 여건을 감안해서 정부의 현행 지침처럼 1개의 혁신도시를 건설하겠다는 결정을 내리는 곳이 생길 수 있음을 필자도 인정한다는 것이다. 이를테면 혁신도시 건설 취지와는 다소 다른 방식으로 이미 나름의 자립 기반과 향후 발전 전망을 갖춘 권역 내의 지역이 있는 광역시 · 도에서는 내부의 또 다른 지역에 혁신도시를 건설해서 상호 보완적 발전과 그것을 통한 권역 전반의 발전을 도모하는 전략을 채택할 가능성도 있다는 것이다. 여기서 지적하려는 논지의 핵심은 설득력 있는 객관적인 연구나 근거의 제시도 없이 개별 권역의 현실 여건을 백안시한 채 이전 대상 공공기관을 1개 지역으로 집중배치하는 것만을 몰아붙이는 정책 추진방식에 문제가 있다는 점과 그로 인해 향후 권역별로 내부의 또 다른 불균형발전이 심화될 가능성이 결코 적지 않다는 점이다.

둘째, 중앙정부가 이같이 광역 지역별로 하나의 혁신도시 건설이라는 대원칙을 먼저 정해 놓고 맹목적인 추종을 지방에 요구하는 것은 지역의 자율적 결정권과 공론화 과정의 중요성을 경시한 처사라는 문제점이 있다.

우선 현상적으로 볼 때, 전국적 수준에서 강요된 하나의 혁신도시 건설이라는 획일적 기준의 적용은 권역별로 소지역들을 과도한 혁신도시 유치경쟁으로 내몰았고 이에 따른 부작용을 양산하는 결과를 초래했다. 권역 내 소지역들의 동반성장을 통한 총체적인 발전 가능성을 열어줄 공공기관 이전방식은 함께 진지하게 탐색해 볼 겨를도 없이, 소지역들이 너나 할 것 없이 하나의 파이를 따내는 일에 몰두하게 됨에 따라 지역공동체의 갈등과 분열이 야기된 것이다. 예컨대 강원도의 경우에는 심사의 불공정성 시비로 인해 혁신도시 입지선정위원회를 재구성하는 일이 벌어졌을 뿐만 아니라 강원 도지사와 춘천 시민들의 갈등이 증폭되어 마침내 법적 소송으로까지 치닫는 진통을 겪었다.[9] 혁신입지 선정 문제가 지역발전과 통합의 가능성을 제공하기보다는 공동체의 새로운 통합을 모색하지 않으면 안 되는 쉽지 않은 과제[10]를 지역사회에 떠안긴 것이다.

한편, 노무현 정부의 혁신도시 건설정책에 대한 현재의 추진방식은 현 정부가 지향하는 국정이념과도 모순된다는 문제점이 있다. 현 정부는 '국정원리'와 '국정과제'의 차원에서도 '분권'과 '자율'을 내세우고 있고, '자립적 지방화'를 강조해 왔다(김원동, 2003). 여기서 분권과 자율 그리고 이

9) 강원도 혁신도시 입지 선정과정에서 빚어진 갈등과 전개 양상에 대한 자세한 논의는 박민수(2006)를 참조. 한편, 혁신도시 문제로 인한 강원 도지사와 춘천 시민 간 갈등의 심각성은 2006년 5 · 31지방선거 결과에서도 간접적으로 추론해 볼 수 있다. 5 · 31지방선거에서 김진선 현 지사는 도 전역에 걸쳐 비교적 고른 지지를 받으면서 70.6%의 압도적인 득표율로 3선에 성공하는 영예를 안았다. 하지만 유독 춘천 지역에서 김 후보는 도내 18개 시 · 군 지역 중 가장 낮은 44.8%를 득표하는 데 그쳤고, 나머지 3명의 도지사 경쟁 후보들은 자신의 도내 득표율 중 최고 득표율을 모두 춘천에서 기록했다(중앙선거관리위원회, http://www.nec.go.kr). 이렇듯 이들 나머지 세 후보의 춘천 지역 득표율에도 혁신도시 문제로 불거진 춘천 유권자들과 김 후보 간의 갈등에 따른 반사이익이 적지 않게 작용한 것으로 보인다. 이같이 5 · 31지방선거에서 드러난 춘천 유권자들의 표심에는 혁신도시 선정과정에서의 불만이 짙게 묻어 있다고 볼 수 있을 듯하다.

10) 예컨대, 5 · 31지방선거를 앞 둔 2006년 4월 25~26일 이틀간에 걸쳐 KBS춘천방송총국의 주도에 의해 실시된 강원도민 대상의 여론조사에서도 가장 많은 도민들(35.7%)이 도내의 최대 현안으로 '혁신도시 갈등 해소'를 꼽은 것으로 나타났다(KBS춘천방송총국, 2006).

를 토대로 한 자립적 지방화는 지역발전의 결정적인 계기가 될 수 있는 정책의 경우 지역공동체 내의 공론화를 통해 이를 자율적으로 결정할 수 있는 여지를 인정해 줄 때 비로소 확보될 수 있음은 더 말할 나위가 없다. 이런 관점에서 볼 때, 혁신도시 건설방식의 바람직한 결정 절차는 우선 개별 광역지방자치단체장에게 이전 대상 공공기관들과의 협의 아래 관내 세부 지역의 객관적인 특성을 고려하면서 광역 차원에서의 성장 잠재력을 극대화할 수 있는 합리적인 배치방식을 도출해 낼 수 있도록 권한을 부여하는 것이었다. 이어서 그런 과정을 거쳐 만들어진 시안들을 놓고 공청회나 설명회 등을 통해 지역사회의 다양한 의견들을 집약하고 반영하여 지역 내부에서 독자적으로 혁신도시의 건설방식을 최종 결정하도록 하는 방식을 취했어야 했다는 것이다.

요컨대, 광역시 · 도별 1개의 혁신도시 건설과 이전 대상 공공기관의 일괄 이전이라는 획일적인 기준의 적용은 정책목표의 효율성, 분권과 자율의 이념, 지역공동체의 사회적 통합 등, 여러 측면에서 의문과 아쉬움을 남긴 채 강행되어 왔다고 평가할 수밖에 없다. 따라서 공공기관 이전과 혁신도시 건설이 지역혁신의 진정한 기반이 될 수 있도록 앞서 언급한 문제점들에 대한 재검토와 그에 따른 정책적인 수정, 보완 작업이 시급히 이루어져야 할 것이다.

(3) 쟁점 3: 혁신도시와 행정중심복합도시의 연계성

정부는 '행정중심복합도시를 중심으로 전국적인 공공행정 네트워크를 형성함으로써 국토의 통합적 발전을 유도'한다는 관심을 표명하고 이를 혁신도시 입지 선정을 위한 평가기준에 반영했다. 지역별 입지선정위원회에서 지역의 사정을 고려해 분야별 항목배점의 ±10%의 범위 내에서 조정하여 적용할 수 있도록 단서를 달긴 했지만, '행정중심복합도시와의 접근성'을 포함한 '간선교통망과의 접근성'에 20점을 배정한 것이다(건설교통부, 2005b). 여기서 부상하는 쟁점은 혁신도시의 입지 선정과정에서 행정중심복합도시와의 연계성을 역설하는 것이 과연 얼마나 적절한가 하는 점이다. 물론 전국의 모든 지역이 고속도로, 전철, 기차 등과 같은 교통망으로 거미줄처럼 밀접하게 연결되어 상호 교류가 활성화되는 것은 매우 바람직하다. 이런 점에서 국토 전 지역을 원활하게 이어주는 사회간접자본의 확충을 위한 노력이 어떤 식으로든 이어져야 한다는 것은 당연한 얘기다. 이런 맥락에서 혁신도시들이 행정중심복합도시와의 접근성이 좋으면 좋을수록 이점도 많으리라는 것도 이해된다. 하지만 이 점을 강조하는 것과 혁신도시의 입지 선정 과정에서 행정중심복합도시와의 각별한 연계성을 등치시키는 것은 문제가 있다. 혁신도시와 행정중심복합도시는 건설의 정책 목표가 성격상 서로 다르기 때문이다.

앞서도 지적했듯이, 행정중심복합도시는 '수도권 집중을 근원적으로 해소하기 위해'(국가균형발전위원회 · 건설교통부, 2005a) 중앙행정기관과 소속기관들을 이전시켜 행정기능 중심의 복합도시로 건설하고자 하는 정책적 목표를 갖고 추진되는 도시이다. 이에 비해 상당수의 공공기관이 이전할 혁신도시는 '공공부문의 적극적인 지방 분산을 통해 민간부문의 지방 이전을 유도하고 궁극적으로 균형발전을 촉진'하기 위한 비전을 갖고 건설을 추진 중에 있는 도시이다(국가균형발전위원회 · 건설교통부, 2005a). 다시 말해 이전하는 공공기관과 지역 전략 산업 간의 긴밀한 연계성 아래 '지역별 테마를 가진 개성 있는 명품도시'로의 성장을 목표로 할 뿐만 아니라 '산 · 학 · 연 · 관 클러스터를 통한 새로운 지역발전 동력을 확보'함으로써 '지역발전을 선도하는 혁신거점도시'로 육성하려는 것이 혁신도시이다(건설교통부, 2006). 이런 차별화된 정책 목표에 비추어 볼 때, 행정중심복합도시는 나머지 주요 행정기관이 잔류하게 될 서울과의 연계성에 그리고 혁신도시는 무엇보다도 개별 광역권별로 지역 전체의 동반 성장을 극대화할 수 있는 지역의 선정에 주목하는 것이 타당하다고 판단된다. 권역 내 소지역들과의 연계성을 최대한 살릴 수 있는 곳에 건설해야 정책의 본 취지대로 권역 내의 지역발전을 선도하는 혁신거점도시로 기능을 할 수 있기 때문이다. 물론 정부는 혁신도시 입지 선정을 위한 평가기준[11)]에 '지역 내 동반 성장 가능성'을 주요 평가항목의 하나로 설정한 바 있다. 하지만, 평가항목에서 '행정중심복합도시와의 접근성'을 포함한 '간선교통망과의 접근성'을 중시함으로써 권역별 유치 희망지역들의 행정중심복합도시와의 뚜렷한 거리적 차이를 입지 선정 초기 단계부터 의식하게 하는 결과를 자초했다. 성격상 그렇게 중요하게 다룰 항목이 아님에도 다른 항목에 비해 점수 차이가 분명하게 날 수 있어 평가결과에 큰 영향을 미칠 수 있는 행정중심복합도시와의 지리적 거리를 강조했기 때문이다.

이같이 평가기준의 전형으로 제시된 구성 항목의 일부가 논란의 소지를 내포한 채 혁신도시 입지 선정 작업이 일단락되었다는 점에서 공공기관 이전정책은 선정기준의 타당성에서부터 개운치 않은 뒷맛을 남겼던 셈이다.

그렇다면 혁신도시 입지 선정 평가기준에서 행정중심복합도시와의 근접성을 중시함으로써 혼선을 빚은 원인은 어디에 있을까. 그것은 국가균형발전정책을 구성하는 핵심시책인 행정중심복합도시와 혁신도시 건설

---

11) 정부에 의해 혁신도시 입지 선정을 위한 평가기준으로 제시된 내용은 다음과 같다(건설교통부, 200b). 혁신거점으로서의 발전 가능성 50점('간선교통망과의 접근 가능성' 20점, '혁신거점으로서의 적합성' 20점, '기존도시 인프라 및 생활편익시설 활용 가능성' 10점), 도시개발의 적정성 25점('도시개발의 용이성 및 경제성' 15점, ' 환경친화적 입지 가능성' 10점), 지역 내 동반성장 가능성 25점('지역 내 균형발전' 10점, '혁신도시 성과공유방안' 10점, '지자체의 지원' 5점) 등이다.

의 차별성을 분명하게 설정하지 못한 채 혁신도시 입지 선정 작업에 들어갔기 때문이라고 생각된다. 따라서 향후 중앙정부는 행정중심복합도시 건설과는 별도로 혁신도시로 이전할 공공기관들과 권역별로 산재해 있는 해당 지역 전략 산업체나 연구 인력들간의 연계성을 긴밀히 할 수 있는 포괄적인 대책들을 강구하는 일에 주력할 필요가 있다고 본다. 또한 지방자치단체장, 특히 광역자치단체장은 혁신도시 입지 선정과정에서 소지역들간의 과도한 유치경쟁으로 인해 야기된 심각한 후유증과 공동체 분열의 조짐들을 치유하면서 혁신도시의 건설이 인근 소지역들의 동반성장을 뒷받침하는 계기가 될 수 있도록 세부 방안들을 마련하는 일에 관심을 기울여야 할 것이다.

(4) 쟁점 4: 공공기관의 이전과 공공기관의 구조개혁

공공기관은 '공공부문 개혁'의 일환으로 어느 정부에서나 개혁의 대상이 되어 왔다. 특히 정부 수립 이후 최악의 외환위기에 직면한 가운데 출범한 김대중 정부는 국가경쟁력 제고의 차원에서 공공부문의 비효율성을 제거하기 위한 강도 높은 공공부문 개혁을 추진한 바 있다. 그 결과 조직과 인력 감축, 성과와 경쟁원리의 강화, 공기업의 경영혁신, 민영화 등의 측면에서 이전 정부들의 개혁정책에 비해 전문가들로부터 상대적으로 후한 평가를 받기도 했다(윤태범 외, 2002). 그 같은 성과에도 불구하고 공공기관을 비롯한 공공부문에 대한 일반 국민들의 개혁 체감도는 그리 높지 않아 "이제 겨우 첫걸음을 내디딘 것에 불과하다"라는 진단(이계식, 2003)도 있다. 그래서인지 공공기관의 개혁에 대한 사회적 요구는 이후로도 줄곧 제기되어 왔다. 이를테면, 최근에는 '공공기관 지배구조' 자체에 대한 혁신 방안이 다각도로 모색되고 있다. 그 저변에는 경쟁 부재로 인한 독점적 지위, 내부 견제장치의 미흡, 책임 있는 관리부처의 부재, 일관된 관리원칙의 결여, 비전문가의 정치적 임용 등으로 인한 공공기관의 도덕적 해이와 방만 경영이 우리나라 공공기관의 현주소라는 비판적 인식[12]이 깔려 있다(기획예산처, 2005a; 설광언, 2005).

이와 같이 공공기관에 대해서는 현 정부에서도 일각에서 구조조정에서부터 지배구조의 혁신에 이르기까지 다양한 개혁 방안을 탐색중에 있다. 그런데 정작 공공기관 이전정책에서는 이와 연관된 논의들이 실종된 채 별개인 양 추진되는 것이 아닌가 하는 묘한 느낌을 받게 된다. 실제로 그간의 공공기관 이전계획과 추진과정에서는 이 문제에 대한 뚜렷한 인식이나 대책을 찾아볼 수 없다. 공공기관 이전정책을 계획하고 추진하는 정부 부처나 위원회에서는 공공기관 이전 작업 그 자체에만 시선이 집중되어 공공기관의 '경영합리화'나 '민영화' 등과 같은 구조적 개혁에 대한 관심은 아예 도외시해 온 듯하다. 이전 대상 공공기관의 유치에 주력해 온 지방에서도 사정은 이와 크게 다르지 않다. 중앙정부는 공공기관 노조와 경영진, 지방자치단체 등과 협력해서 어떻게 해서든 이전 대상 공공기관의 지방으로의 이전을 기정사실화하는 데 골몰해 왔고, 지방은 제각각 소지역으로 나뉘어 자기 지역으로의 유치에만 전력투구해 온 분위기였음을 부인하기 어렵다는 것이다.

문제는 이같이 공공기관의 개혁 문제를 애써 외면하고 공공기관의 이전 자체에만 주목하는 정책 추진방식이 언젠가 치명타가 될 수도 있는 또 하나의 복병을 전국 곳곳에 잠복시키는 의도하지 않은 결과를 낳을 수 있다는 점이다. 따라서 지방의 자립적 발전의 계기를 조성함으로써 지

12) 정부는 이런 인식에 따라 개혁 작업의 일환으로 '공공기관 운영에 대한 국민들의 상시 감독체제를 구축'한다는 관점에서 314개 공공기관의 경영정보를 한눈에 볼 수 있는 '공공기관 경영정보공개시스템'(http://pubmis.mpb.go.kr)을 개발하여 2005년 12월 13일부터 가동 중에 있다(기획예산처, 2005b).

역과 국가의 경쟁력을 동시에 높이려는 공공기관 이전정책의 원래의 목적에 기초해 지금부터라도 이전 대상 공공기관이 지닌 현재의 생산성과 향후 발전 잠재력 및 전망을 철저하게 진단하고 생산적 처방을 내리려는 대응 작업을 서둘러야 할 것이다. 산업 환경의 변화로 인해 경쟁력이 약화된 공공기관이나 사양 산업과 연계된 공공기관을 이러한 사전 조치나 개선책도 마련하지 않은 채 지방으로 이전하는 데만 급급한다면, 이전이 갖는 효과는 당연히 반감될 수밖에 없을 것이기 때문이다. 게다가 문제가 있는데도 근본적인 수술이나 치료도 하지 않고 공공기관들을 지방으로 이전시켜 터를 잡게 한 후 근치(根治)가 필요하다고 판단될 경우에도 착수조차 힘들 수가 있다. 애써 유치한 공공기관을 그때 가서 구조조정하겠다고 나선다면, 그것 자체가 지역의 기대에 반(反)하는 시책으로 비쳐 거센 저항에 직면할 수 있기 때문이다. 이런 상황에서는 정치 논리가 공공기관의 생산성이나 효율성의 논리를 압도해 비합리적인 결정을 내림으로써 겨우 연명하는 신세가 되거나 '뜨거운 감자'로 전락해 오히려 지역이나 국가 발전에 누가 될 수도 있음을 인식해야 한다.

결국 지금까지 추진된 공공기관 이전정책은 공공기관 이전 문제를 구조개혁의 관점과 별개로 다루어 왔다는 중대한 결함이 있다고 평가할 수 있다. 따라서 이런 점을 인식한 바탕 위에서 중앙정부는 공공기관의 본격적인 이전의 추진에 앞서 이전 대상 공공기관에 대한 전면적인 총체적 진단 작업을 조속한 시일 내에 단행할 필요가 있다.[13] 그리고 이전 대상 공공기관들 중 이전했을 때 그 목적을 달성하기 어렵다는 판정이 내려질 경우에는, 해당 공공기관 자체에 대한 혁신 조치를 단행함과 동시에 이전 대상 기관들의 부분적인 재조정을 시도하고 일부 기관들의 이전 시기도

13) 최근 한 토론회에서는 공공기관의 이전을 먼저 공기업의 '경영합리화 전략'과 연계하고 충분한 협의를 거쳐 단계적으로 추진하는 방안을 검토할 필요가 있다는 주장도 제기된 바 있다(김인희, 2005).

완급을 유연하게 조절해야 할 것이다. 지역의 혁신 기반은 우격다짐으로 조성되는 것이 아니라 합리적인 기획과 지속적인 보완 작업에 의해 탄탄하게 다져질 수 있기 때문이다.

(5) 쟁점 5: 수도권 발전정책과 공공기관 이전정책의 연계성

공공기관 이전정책은 지방 주민뿐만 아니라 상당수의 수도권 주민들을 우군(友軍)으로 만들지 않고서는 결코 성공할 수 없다. 정부도 이 점을 분명히 의식하고 있다.

정부는 공공기관 이전계획을 확정하여 발표하기 이전부터 공공기관 이전과 혁신도시 건설을 '신수도권의 발전 방안'과 동시에 해결해 가야 할 '통합추진과제'임을 강조해 왔다. 다시 말해 '지방의 역동적 발전'은 '수도권의 재창조'와 함께 이루어져야 가능하고, 이를 위해서는 '수도권과 지방 간의 역사적 대타협의 모색'이 필요하다는 얘기도 그래서 나온 것이다(국가균형발전위원회 · 건설교통부, 2004). 정부는 공공기관 지방 이전계획을 발표한 직후에는 이와 동일한 맥락에서 「국가균형발전특별법」에 의거해 수도권의 경쟁력을 강화하기 위한 "수도권발전 종합대책"을 내놓았다(국가균형발전위원회 · 건설교통부 · 국무조정실 외, 2005). 그 기본 골격은 '수도권과 지방의 상생 발전이라는 큰 틀에서 수도권의 글로벌 경쟁력을 제고하고, 삶의 질을 향상'시킬 뿐만 아니라 수도권의 규제를 '지방화의 추진 속도와 연계'해 단계적으로 개선하겠다는 것으로 집약된다. 구체적으로는 서울을 동북아의 세계적인 거점도시로, 인천을 동북아의 관문도시로, 그리고 경기도를 7개 권역을 중심으로 한 첨단 · 지식 기반 산업의 메카[14]로 육성하겠다는 내용을 담고 있다.

그런데 여기서 제기되는 문제의 심각성은 이러한 수도권 발전계획과 공공기관 이전정책이 여전히 수도권 주민들의 관심과 동의를 얻지 못하고 있다는 점에 있다. 다시 말해, 공공기관 이전정책이나 수도권 발전정책을 포함한 국가균형발전정책의 대(對) 국민 설득력이 약해서 수도권 주민 각계각층의 폭넓은 관심과 공감을 이끌어내는 데 이렇다 할 성과를 보이지 못하고 있다는 것이다. 그 근본 원인에는 정부의 홍보역량의 부족도 있겠지만 무엇보다도 공공기관 이전정책과 수도권 발전정책 간의 상호 연계성과 보완성에 대한 전체적인 그림이 잘 보이지 않는다는 점에 있다. 이를테면 공공기관의 이전과 그와 연계된 민간기업체의 이전이 현실화되어 갈 때, 그에 맞춰 공공기관의 이전을 상쇄해 줄 수 있는 수도권에서의 차별화된 대체 발전 전략을 보여 주는 시계열적 구상이 그렇게 명확하게 드러나지 않는다는 것이다. 이것 자체가 선명하지 않기 때문에 공공기관의 지방 이전이나 행정중심복합도시 얘기가 나올 때마다 수도권에선 반대의 목소리가 커지고, 그에 반해 지방에선 수도권 규제의 완화 조짐만 보여도 어김없이 거센 항의가 빗발치는 것[15]이다.

이런 점에서 볼 때, 향후 중앙정부는 수도권 주민과 비수도권 주민 모

14) 경기 지역을 7개 권역별로 나누어 각각 지역 특성에 맞는 '첨단 · 지식 기반 산업'을 육성함으로써 '실리콘밸리화' 플랜을 구현하겠다는 것인데, 권역별 계획의 주요 내용은 다음과 같다. 즉, 경기 서부의 국가혁신 클러스터와 창조 산업 클러스터, 경기 남부의 IT · BT 클러스터와 항만물류 클러스터, 경기 중부의 멀티미디어 · IT기계 · 정보통신 등의 지식 기반 산업 클러스터, 경기 동부의 IT복합단지와 도자문화 산업 클러스터, 경기 북부의 문화 · 관광 클러스터, 경기 북서부의 LCD 클러스터, 경기 북동부의 실리우드 클러스터 등의 조성과 활성화를 지원하겠다는 것이다(국가균형발전위원회 · 건설교통부 · 국무조정실 외. 2005: 12-15).

15) 5 · 31지방선거 이후 이른바 '대수도론(大首都論)'을 필두로 수도권 시 · 도지사들의 수도권 규제 완화, '수도권정비계획법' 철폐 등의 주상이 제기되자 비수도권 지역의 자치단체장들을 비롯한 시민사회의 강력한 반발이 이어지고 있음은 이 문제의 심각성을 잘 대변해 준다(『한겨레』, 2006. 6. 15, 2006. 7. 15; 『경향신문』, 2006. 6. 16, 2006. 6. 22, 2006. 6. 23, 2006. 7. 10).

두에게 다음과 같은 점들을 보다 분명하게 연구하여 제시하는 일에 관심과 정성을 쏟아야 할 것이다. 첫째, 공공기관 이전과 수도권 발전정책의 개별 추진 일정을 보다 정치(精緻)하게 가다듬어 상호 연계성과 보완성을 높임으로써 공공기관 이전이 수도권과 지방의 '상생 발전 전략'이 될 수 있다는 인식의 공감대를 확충하는 데 주력해야 한다. 둘째, 정부는 공공기관 이전이 수도권의 미래에 새로운 발전의 전기가 될 수 있음을 수도권 주민 스스로 확신할 수 있도록 주민들의 적극적인 동참을 유도하면서 수도권 발전의 비전과 전략을 구체화하려는 노력을 경주해야 한다.[16] 수도권 주민들의 주도와 합의 아래 수도권의 미래상을 정립하려는 치열한 몸부림이 없는 한, 공공기관 이전과 수도권 규제 문제는 수도권 주민들의 지속적인 반발과 불만의 원천으로 작용할 수밖에 없기 때문이다. 셋째, 정부는 비수도권 주민들에게 수도권의 합리적인 규제 완화와 차별성 있는 대체 산업의 개발이 비수도권의 발전과 어떤 상호 보완성을 가질 수 있고, 지방 및 국가의 경쟁력 강화에 어떻게 시너지 효과를 발휘할 수 있는지를 객관적인 자료와 전망에 근거해 확실하게 보여 줄 수 있도록 노력해야 한다. 넷째, 중앙정부와 지방자치단체는 공공기관 이전정책과 수도권 발전정책을 놓고 수도권과 비수도권의 주민들이 서로 의견을 주고받을 수 있는 실질적인 교류의 장을 활성화하는 제도적인 방안을 마련하기 위해 협조하고 노력해야 한다. 이는 자치단체장이나 전문가들의 수준에서도 마찬가지이다. 그러한 공론의 장들이 있어야 상호 이해와 의견 조율 및 합의도 상당 수준 가능해지고, 그에 따른 정책의 지속적인 성과도 기대할 수 있을 것이기 때문이다.

16) 정책의 합리성을 제고해 체계적인 대처를 한다고 하더라도 '국민적 관심과 지지'가 없는 수도권 대책은 실패를 반복하게 될 것이라는 경고의 목소리(장세훈, 2003: 41-42)도 이런 맥락에서 새겨들을 만한 충분한 가치가 있다.

지금까지의 공공기관 이전정책은 아직도 이 같은 힘든 과제들을 제대로 해결하지 못하고 있다는 점에서 그렇게 성공적이었다고 볼 수는 없다. 하지만 앞서 지적한 취약점들을 보강하기 위한 공론의 장을 활성화하고 그 결과를 전향적으로 수용하여 정책에 반영해 나간다면, 전망은 그리 비관적이지만은 않을 것이다. 현 정부는 이제 남은 기간 동안 일정별로 정책을 추진해 나가는 일 못지않게 이러한 미비점들을 점검하여 가능한 한 충실하게 수정, 보완해 가는 일에 주력하는 지혜를 보여야 할 것이다.

(6) 쟁점 6: 분권개혁과 공공기관 이전정책의 연계성

노무현 정부는 출범 이후 지방분권을 매개로 '국가의 재구조화'라는 차원에서 중앙정부혁신, 지방정부혁신, 지역사회혁신을 도모하고, 이를 토대로 궁극적으로는 '지방의 활력을 통한 분권형 선진국가'를 구현하겠다는 지방분권의 비전을 천명했다(정부혁신지방분권위원회, 2003a). 이 같은 비전 아래 「지방분권특별법」은 '지방분권의 기본이념'을 "주민의 자발적 참여를 통하여 지방자치단체가 그 지역에 관한 정책을 자율적으로 결정하고 자기의 책임 하에 집행하도록 하며, 국가와 지방자치단체 간 또는 지방자치단체 상호간의 역할을 합리적으로 분담하도록 함으로써 국정의 통일성을 확보하고 지방의 창의성 및 다양성이 존중되는 내실 있는 지방자치를 실현함"(제3조)에 있다고 규정하고 있다. 특히 '집중적이고 획기적인 지방분권 추진의 필요성을 감안'하여(정부혁신지방분권위원회, 2003b) 「지방분권특별법」의 유효기간을 5년으로 명시한 것은 분권개혁의 강력한 추진 의지를 보여 주는 대목이라고 할 수 있다(김원동, 2004). 결국 현 정부 임기 안에 '중앙집권형 국가'에서 '분권형 국가'로의 권력구조 재편을 추진함으로써 상당한 수준의 법적 자율권을 가진 개성 있는 지방자치단체가 주도하는 내실 있는 지방자치를 가능케 하고, 이에 기초해 개별 지역 및 국가의 병행 발전을 도모하겠다는 구상이 지방분권개혁의 요체인 셈이다.

그렇다면 지금까지 진행된 현 정부의 분권개혁은 이같은 지방분권의 비전과 기본이념에 얼마나 근접했다고 볼 수 있을까.

지방분권개혁을 위한 법적 기반으로 「지방분권특별법」이 제정되고 주민투표제, 주민소송제, 주민소환제 등, 주민직접참여제도의 대폭적인 강화가 이루어졌다는 점에서는 제각각 보완과제들을 내포하고 있지만 이전에 비해 분명히 진일보했다는 평가가 가능하다. 하지만 특별지방행정기관의 정비, 재정분권 등을 비롯한 그 밖의 제반 분권계획은 이렇다 할 진전이 없어 현재로선 전반적인 성과의 측면에서 상당히 미흡하다는 것이 일반적인 평가(김순은, 2005)이다. 분권개혁 성과의 부진함은 향후 공공기관의 이전을 추진해 가는 과정에서도 중요한 정치적 고비 때마다 부정적인 영향을 미칠 수밖에 없어 보인다.

우선, 당장은 2007년 12월 대선을 전후한 여야의 정치적 행보와 관련하여 낙관적 전망을 하기 어렵다는 점이다. 여야가 모두 득표에 전념하게 될 대선 국면에서 지금까지 수도권 주민들의 지지를 제대로 받지 못하고 있는 공공기관 이전정책을 정부 · 여당이 수도권 유권자들의 반대에도 불구하고 계속 추진할 수 있을지 의문이 아닐 수 없기 때문이다. 설령 공공기관 이전을 일정대로 추진해 간다 하더라도 반대급부로 지방에서 동의하기 힘든 수준의 수도권 규제 완화 조치가 단행될 경우에는 공공기관 이전정책이 큰 타격을 받거나 아예 무력화될 가능성도 배제할 수 없다. 또 다른 주요 변수는 차기 정권의 출범과 더불어 제기될 수 있다. 이 맥락에서는 무엇보다도 공공기관 이전이 다음 정권에서도 이어져야 할 연속사업임을 환기할 필요가 있다. 하지만 차기 정부의 국정기조가 분산개혁이나 분권개혁에 적극적이지 않거나 일정한 거리를 두는 방향으로 설정될 경우에 공공기관 이전 사업은 정책우선순위에서 뒤처져 겉도는 사업으로 전락하거나 지역혁신의 창출과는 무관한 허울 좋은 빈껍데기 사업[17]으로 변질될 가능성도 없지 않다는 것이다.

이 같은 향후 전망을 감안할 때, 지방의 자율권 확대는 공공기관 이전 정책의 지속적인 추진을 위한 필수불가결한 전제 조건이 아닐 수 없다. 이런 관점에서 지방은 중앙정부를 상대로 분권개혁에 박차를 가하도록 설득하고 촉구하는 일에 힘을 쏟아야 한다. 지방의 자율권과 결정권이 확대되지 않는 한, 공공기관의 내실 있는 이전을 견인해 내는 일에서도 지방의 발언권은 중앙정치의 논리와 위세에 휘둘려 위축될 수밖에 없다는 위기의식을 가져야 할 시점이다.

4. 맺음말

노무현 정부의 공공기관 이전정책은 지방의 자립적 발전의 거점이 확보될 수 있도록 수도권 소재의 공적 자원을 지방으로 대거 이전시키고자 하는 중장기적인 국가 프로젝트이다. 규모도 크고 사업기간도 짧지 않은

17) 이를테면 차기 정권의 주요 정책 방향에 큰 변화가 생겨 공공기관의 이전 속도가 이런저런 이유로 지지부진해진다거나 혁신도시의 정주여건이 만족스럽게 조성되지 않을 경우에는 이전 대상 공공기관의 직원들이 가족을 동반한 이주를 하지 않거나 아예 자신도 수도권에서 출퇴근을 하는 상황이 벌어질 수도 있다. 또 공공기관 이전의 성격이나 강도에 많은 융통성이 생길 경우에는 서울의 시사가 본사 역할을 하는 사례들도 발생할 수 있다(송낙헌, 2006). 이런 여러 가지 상황이 실제로 광범위하게 전개된다면, 공공기관 이전 사업은 유명무실해져 소기의 정책적 기대효과를 거둘 수 없을 것임은 재론의 여지가 없다.

편이지만 여러 관계자들의 이해관계가 뒤얽혀 있음도 빼놓을 수 없는 중요한 특징이다. 분석적인 수준에서 크게 보면 수도권 주민과 비수도권 주민 간의 이해관계로 간단하게 대별될 수 있어 보이지만 세부 내용은 보기보다 복잡한 편이다. 즉, 이전 대상 공공기관의 경영진과 직원 및 노조, 사업 추진 중앙부처, 관련 위원회, 이전 대상 공공기관의 유관 기업 종사자, 이전 대상 공공기관이 자리 잡은 지역의 자치단체장과 지방의원 및 해당 지역 출신의 중앙정치인, 이전 대상 지역의 자치단체장과 의원 및 시민사회단체, 대권 희망자, 정당 등과 같은 다양한 행위 주체들이 나름대로의 이해득실을 따져봄직한 복잡한 사업이라는 것이다. 따라서 이 정책의 성공을 위해서는 다양한 이해당사자들의 입장을 고려해서 이들과의 절충 방안을 다각도로 모색하는 것도 필요하겠지만, 무엇보다도 정책목표를 분명히 인식하고 합리적이고 효율적인 이전원칙과 전략을 세워서 추진해 가는 것이 가장 중요하다고 할 수 있다.

이런 관점에서 평가해 볼 때, 지금까지 추진된 공공기관 이전정책은 취지와 기본 방향의 적실성에도 불구하고 그 성과에 대해서는 그렇게 만족스러운 점수를 주기 어렵다. 공공기관 이전정책을 추진하면서 반드시 치밀하게 검토했어야 할 정책효과의 분석이나 공론화 과정, 혁신도시 건설을 비롯한 이전방식에 대한 연구, 혁신도시와 행정중심복합도시 간의 관계 설정, 공공기관의 구조개혁, 수도권 발전정책과의 연관성, 분권개혁과의 전략적 연계성 등의 측면에서 적지 않은 허점들을 드러내 보이고 있기 때문이다. 따라서 국가균형발전정책을 국정기조로 추진하는 노무현 정부로서는 이제부터라도 이 글의 본문에서 제기한 맥락별 과제들에 적극적이고 생산적으로 대처하고자 하는 치열한 몸부림이 있어야 하리라고 본다. 그것이 바로 공공기관 이전정책이 소기의 목적 실현에 근접해 갈 수 있도록 유도하는 방법이기 때문이다. 특히 현 정부 개혁의 핵심 축인 분권개혁의 성과가 매우 부진함을 염두에 둔다면, 이제 노무현 정부가 심혈을 기울여 집중해 볼 만한 남은 과제는 분산개혁, 그중에서도 공공기관 이전 사업의 불씨를 확실하게 살리는 길뿐이라고 해도 과언이 아닐 것이다.

참고문헌

건설교통부, 2005a. "공공기관 시 · 도별 배치방안 발표,"(보도자료) http://www.balance.go.kr.

______, 2005b. "혁신도시 입지선정지침," http://www.balance.go.kr.

______, 2005c. "행정중심복합도시 건설을 위한 법적 기반 완비,"(보도자료) http://www.macc.go.kr.

______, 2006. "혁신도시 건설 추진계획," http://www.balance.go.kr

국가균형발전위원회, 2005a. "국가균형발전정책 추진현황," http://www.balance.go.kr.

______, 2005b. "신활력사업 추진방안," http://www.balance.go.kr.

______, 2005c. "공공기관 이전 및 혁신도시 건설 방안," http://www.balance.go.kr.

______, 2006. "국가균형발전 3년의 성과와 향후 과제,"(3주년 심포지엄 자료) http://www.balance.go.kr.

국가균형발전위원회 · 건설교통부, 2004. "신수도권 발전 및 혁신도시 건설 방안," http://www.balance.go.kr.

______, 2005a. "수도권과 지방의 상생발전을 위한 공공기관 지방 이전," http://www.balance.go.kr.

______, 2005b. "혁신도시 조성 방향과 과제," http://www.balance.go.kr.

국가균형발전위원회 · 건설교통부 · 산업자원부 외, 2005. "공공기관 지방이전 계획," http://www.balance.go.kr..

국가균형발전위원회 · 건설교통부 · 국무조정실 외, 2005. "수도권발전 종합대책," http://www.president.go.kr.

국회, 2003. 『지방분권특별법안』, http://www.assembly.go.kr.

기획예산처, 2005a. "공공기관의 현주소. 부적절한 '06년 예산 편성사례 지적," (기획예산처차 관기자간담회 자료) http://mpb.news.go.kr.

______, 2005b. "모든 공공기관 경영정보를 한눈에,"(기획예산처 보도자료) http://www.mpb.go.kr.

김순은, 2005. "참여정부의 지방분권 정책의 평가와 과제,"「지방분권 · 지역혁신으로 지방을 살리자」(제3회 지방분권의 날 기념세미나 자료집, 2005. 11. 17).

김원동, 2003. "노무현 정부의 국가균형발전정책—개요, 쟁점 및 과제—,"『신뢰연구』 제13권 2호.

______, 2004. "지방 살리기 3대 특별법과 분산 · 분권개혁,"『분권과 혁신』, 소화.

김인희, 2005. "공공기관 지방이전의 정책효과 분석,"「공공기관 지방이전의 정책효과에 관한 토론회」(서울시정개발연구원 정책토론회 자료집, 2005. 11. 11).

박민수, 2006. "강원도 혁신도시 입지결정 과정에 나타난 사회적 갈등요인의 분석,"『'뉴라이트 대한민국'을 지향하는 바른 정책포럼』(강원대학교 경영연구소 백령 경영혁신 시리즈 XII).

설광언, 2005. "자율책임경영을 뒷받침하기 위한 공공기관 지배구조 혁신방안,"(한국개발연구원 주관 공청회 발제자료) http://www.kdi.re.kr.

송낙헌, 2006. "원주기업도시 및 혁신도시 발전과제,"「강원지역발전과제」(대한국토계획 학회 강원지회 · 강원대학교 지역개발연구협력센터 세미나 발표자료집).

신행정수도후속대책위원회, 2005.「신행정수도 후속대책을 위한 연기 · 공주지역 행정중심복합도시 건설을 위한 특별법」, http://www.newcity.go.kr.

윤태범 · 이재원 · 양기용 · 하혜수, 2002. 김대중 정부『공공부문 개혁정책의 평가와 바람직한 개혁의 방향과 과제』(2002년도 하계학술대회 발표논문집).

이계식, 2003. "공공부문 개혁의 성과와 과제,"『경제학연구』(한국 경제학회 창립50주년 기념호).

장세훈, 2003. "수도권 문제, 집중과 분산의 동학—행정수도 건설 문제를 중심으로—,"『경제와 사회』(겨울호).

정부혁신지방분권위원회, 2003a. "참여정부 지방분권추진 로드맵—분권형 선진국가 건설—,"(ppt 자료) http://www.innovation.go.kr.

______, 2003b. "「지방분권특별법」 국회 통과,"(새소식/공지사항) http://www.innovation.go.kr.

주성재, 2003. "외국의 행정수도 및 공공기관 이전 사례와 시사점," 『지역연구』 제19권 2호.

행정중심복합도시건설추진위원회, 2005. "행정중심복합도시 예정지역 및 주변지역 결정," (보도자료) http://www.macc.go.kr

황희연, 2005. "공공기관 지방이전의 배경과 파급효과," 『공공기관 지방이전의 정책효과에 관한 토론회』(서울시정개발연구원 정책토론회 자료집, 2005. 11. 11).

KBS 춘천방송총국, 2006. "강원도 유권자 의제 여론조사," (2006 지방선거 KBS 여론조사).

7장 마을단위 지역혁신의 개념과 사례

이기원(한림대학교 정보통계학과 교수)

1. 지역혁신의 개념

(1) 혁신의 개념

혁신의 개념을 피(皮), 혁(革), 그리고 위(韋)라는 한자로 살펴보기로 한다.

피(皮)는 갓 벗겨낸 가죽이라는 뜻으로 무두질을 하기 전에는 아무런 쓸모가 없다. 이렇게 무두질한 가죽을 혁(革) 또는 위(韋)라 한다. 즉, 혁(革)은 피(皮)를 가공하여 새로운 가치를 부여한 것이다.

한편, 주역에서 혁은 연못 바닥에 불덩이가 앉아 있는 상극의 형상이다. 즉, 뒤집어질 형국, 변화가 있어야 할 형국이다. [그림 7-1]에 혁(革)괘가 나와 있다. 혁(革)괘는 아래는 이(離), 위에는 태(兌)괘로 구성되어 있는데 이(離)괘는 불, 태(兌)괘는 연못을 뜻한다. 개혁이니 혁명이니 하는 말에 그 의미가 들어 있다. 또 한 가지 재미있는 사실은 혁괘가 우물 정(井)괘와 솥 정(鼎)괘 사이에 위치한다는 사실이다. 우물 정(井)괘의 풀이는 우물에 손대지 말라는 말로 요약된다. 솥 정(鼎)괘의 풀이는 아무것도 변화를 막지 못한다는 말로 요약된다. 혁괘는 그 사이에 있다.

위(韋)라는 글자도 함께 소개하는 이유는 다음과 같다. 사기 공자세가에는 공자 말년에 관한 이야기가 나온다. 어떤 의도로 이 글을 수록하였는지 의견이 분분하지만 요지는 공자가 그 연세에도 대단한 학구열을 갖고 있었다는 것이다. 주역에 심취하셔서 얼마나 여러 번 읽었던지 책을 묶은 가죽끈이 세 번이나 끊어져 새것으로 갈았다는 것이다. 즉 꾸준한 학습의 결과 헌것을 새것으로 바꾸게 되었다는 이야기이다.

필자는 이 고사로부터 혁신의 핵심이 바로 학습과 이의 실천이라고 깨달았다. 공자는 백면서생이 아니다. 천하를 주유하면서 풍부한 경륜을 쌓

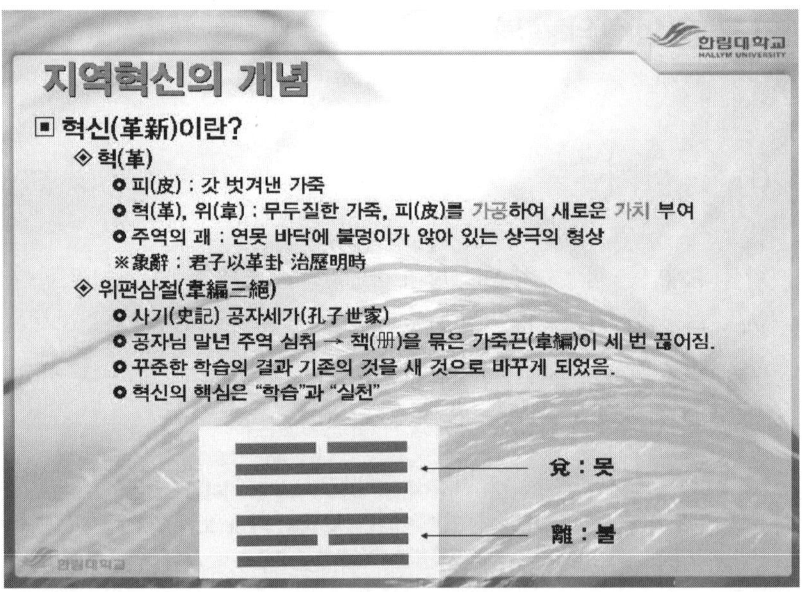

[그림 7-1] 혁신의 의미

으신 분이다. 그리고 제자들과의 얘기를 잘 살펴보면 매우 실질적인 질문을 던지고 있다는 것을 알 수 있다. 그분이 말년에 주역에 심취하면서 학습에 학습을 거듭한 결과 헌것을 새것으로 바꾼 것이다. 지식의 순환과정을 보면 장인들의 몸에 오랜 기간 실천을 통해 배어 있는 암묵지(暗默知, implicit knowledge)가 매뉴얼과 같은 형식지(形式知, explicit knowledge)로 바뀐 후 학습과정을 거쳐 전파·확산한다. 그리고 이 과정이 순환한다. 즉, 학습과 실천이 변화를 이끈다.

(2) 태평농법

필자가 지역에서 제일 시간을 많이 쏟고 있는 분야는 사람을 키우는 것이다. 특히 인제군의 마을 리더 교육에 많은 정성을 들이고 있는데 그 사람들 중 반이 전업농이다. 지난 2005년에 1기 교육생들과 1년을 함께 보내고 2006년 들어서 2기 교육생들과 함께하면서 농촌 문제에 대하여 제법 깊이 알게 되었다. 기본적으로 생산단계에서 농법의 혁신이 필요한 것으로 느껴졌다. 관행농법이든 친환경농법이든 자재 등으로 비용이 많이 들어가고 있었다. 관행농법은 원래 그렇다 하더라도 친환경농법이라고 소개하고 있는 오리농법 등이 진정 생태 친화적이라고 할 수 있는지 의문이 들었다. 오리의 속성이 이것저것 가리지 않고 다 잡아먹기 때문이다.

이때 눈에 띈 것이 바로 이영문 선생의 『모든 것은 흙 속에 있다』라는 책이었다. 이 책에서는 전통농법에 뿌리를 둔 태평농법을 소개하고 있었다. 태평농법은 경운과 이앙법에 의존하고 있는 관행농법에 대하여 무경운, 직파, 이모작이 특징이다. 한 번 모셔서 특강을 요청해야겠다고 생각하고 있던 차에 이영문 선생의 저서 『이 세상에서 가장 게으른 농사꾼 이야기』 서문을 보고 KBS 환경스페셜에서 〈숨쉬는 땅〉이라는 기획물을 방영한 적이 있음을 알게 되었다. 그리고 마침내『태평이가 전하는 태평농법 이야기』에 이르기까지 세 권의 저서를 모두 읽어 보기에 이르렀다.

이 책들에는 자연의 흐름을 면밀히 관찰하고 전통농법의 특징을 살려 논을 자연 생태계로 되돌려 놓기까지의 노고가 잘 나와 있다. 태평농법을 적용한 결과 3만 5,000평의 논을 혼자 힘으로 일구었다. 비가 제때 오면 논에 나갈 일도 없지만 혹 비가 안 오더라도 할 일이라곤 물 대는 일밖에는 없다고 한다. 혁신의 관점에서 보았을 때 농법도 농법이었지만 자신만 아는 지식이 아니라 이를 책으로 정리하고 관련 자료를 홈페이지에 올려 꾸준히 관리하는 것이 대단한 성과라고 생각되었다. 저서라는 매뉴얼을 가지고 태평농법을 전파 · 확산하는 것이다.

[그림 7-2]는 태평농법 현장으로 원 안은 거미줄이 쳐진 벼의 생육상태

[그림 7-2] 태평농법

이다. 생태계가 그대로 살아 있다는 것을 알 수 있다. 당연히 토양미생물도 풍부하다. [그림 7-2]의 사진은 수확과 동시에 파종하는 장면이다. 벼와 밀 또는 보리를 이모작으로 경작한다. 이때 추수한 짚단을 깔아두고 그 위에 씨앗을 뿌린다. 짚단은 피복 역할도 하고 썩으면 비료 역할도 한다.

(3) 거북선농업

다음으로 함께 나눌 수밖에 없었던 고민 중의 하나는 생산한 농산물을 어떻게 유통시키느냐 하는 문제였다. 필자가 대학의 사무처장 일을 할 때 힘들었던 일 중 하나가 지역 농산물을 사 주는 것이었다. 학내에 교직원 식당과 학생 식당이 있기 때문에 거기서 소비하는 농산물이 제법 많다. 2005년 겨울 양구에서 감자가 쌓여 있다는 전화가 왔다. 학교는 식당 메뉴에 각종 감자요리가 많이 등장하면 되니까 즉각 120박스를 구매하기로 했다. 거기다 글 잘 쓰는 총무과 직원의 도움으로 교직원들에게 감자가 쌓여서 눈물짓는 이웃 양구 농민들의 어려움을 호소했더니 160박스의 주문이 들어왔다. 그런데 이때 삼남에 폭설이 내려 거기서 생산한 감자가 올라오지 못하자 감자 값이 뛰기 시작했다. 당연히, 양구 쪽에서는 공급을 중단하겠다고 통보해 왔다. 농가들이 비싼 곳에 팔려고 출하를 꺼리는 것이었다. 홍수출하에 걸핏하면 공급 물량 부족, 우리 농산물이 매년 겪는 일 중의 하나이다.

한국참다래유통사업단의 정운천 회장은 농산물 유통 문제를 혁신적으로 해결한 사람 중의 한 사람이다. 국산 키위가 과일시장 개방에 따라 전환 작목으로 지정되자 키위 재배농가에 위기가 닥쳐왔다. 같은 시기에 같은 이유로 전환 작목으로 지정된 제주도의 파인애플과 바나나는 즉각 사

[그림 7-3] 정운천 회장과 다래마을 고구마

라졌다. 이때 해남에서 키위를 키우고 있던 정운천 회장은 키위 재배농가를 단합시키고 영농조합법인을 결성하였다. 빨간 띠 두르고 거리로 나가는 대신 최종 소비자들에게 직접 다가섰다. 뉴코아 백화점에서의 직판을 계기로 생산자는 철저히 생산에만 전념하고 선별부터 판매에 이르는 과정은 유통사업단에서 책임지는 분업 형태가 정착하였다.

이마트 같은 대형할인마트에 가 보면 4월부터 11월까지는 뉴질랜드산 제스프리(zespri)의 키위가 팔리고 그 나머지 기간에는 한국참다래유통사업단의 국산 키위가 팔린다는 것을 알 수 있다. 놀라운 사실은 제스프리의 키위를 수입하는 업체 중의 하나가 또 한국참다래유통사업단이라는 것이다. 뉴질랜드와 우리나라가 서로 다른 반구에 위치하기 때문에 생긴 일인데 한국참다래유통사업단 입장에서는 연중 매대를 확보하기 위한 전략적 제휴였다고 한다. 키위로는 사실 큰 재미를 못 보고 있는 한국참다래유통사업단이 실제로 큰 수익을 올리고 있는 품목은 [그림 7-3]에서 보는 소포장 씻은 고구마이다.

고구마는 전형적인 구황작물로 선별도 어렵고 씻어 놓으면 곧 썩기 때문에 유통과정에서는 애물단지로 알려져 있었다. 그러나 지금 대형할인마트에 가 보면 깨끗이 포장하여 계절에 구애받지 않고 잘 팔리는 품목 중에 하나라는 것을 알 수 있다. 물론 깨끗하게 씻어서 기존의 고구마에 8가지 기능을 첨가한 것이다. 한국참다래유통사업단이 키위로 버는 돈은 조합원들에게 이익 배당을 하고, 실제 사업단 운영에 필요한 자금은 고구마에서 나온다고 한다. [그림 7-3]의 위 사진은 세척 후의 고구마이고, 아래 사진은 1kg 소포장이다. 다래마을이라는 브랜드명은 곧 맛젤로 바뀌게 된다. 한국참다래유통사업단의 매출은 2005년 6월 경산으로 연간 360억 원 1991년도에 (주)한국참다래유통사업단 법인으로 출범하였다가 1995년에 영농조합법인으로 조직을 변경하였다.

정운천 회장이 이렇게 농산물 유통에 혁신을 이룬 과정은 그의 저서 『거북선농업』에 잘 나와 있고, KBS 농업기획 「개방시대—뭉쳐야 산다」에도 일부 소개되어 있다. 거듭 말하지만 「거북선농업」이라는 책이 있었기 때문에 필자는 농산물유통을 혁신하는 방법에 대하여 학습할 수 있었다. 정운천 회장이 한국참다래유통사업단을 설립해서 운영하는 과정을 혼자만 알고 있었다면 이는 혁신 사례로 알려지기 힘들었을 것이다. 정운천 회장의 강의를 직접 듣더라도 그 내용이 기록으로 남아 있지 않는 한 잊고 나면 그만이다. 『거북선농업』이라는 책자로 필자 같은 사람들에게 그 내용이 학습되고 소위 전파 · 확산되었기 때문에 크나큰 혁신 사례로 남은 것이다.

(4) 기업가정신과 혁신

이영문 선생이나 정운천 회장이 혁신을 일구어낸 마음가짐을 '기업가정신'이라고 한다. 여기서 기(起)자에 유의할 필요가 있다. 흔히 기업(企業)이라고 할 때 사용하는 꾀할 기(企)가 아니라 일어날 기(起)이다. 업을 일으키는 사람의 마음가짐이다. 기업가정신, 혁신에 대하여 많은 저서를 남긴 Peter Drucker는 혁신이 바로 기업가정신의 구체적 기능이라고 한다. 기업 관점에서 보면 고객에게 새로운 만족을 제공하는 남다른 제품이나 서비스를 창조하는 것을 혁신이라고 한다. 혁신과 비교하여 단순히 기존의 기능을 향상시키는 것은 개선(改善, improvement)이라고 한다. 백열전구의 밝기를 높이는 것(개선)과 형광등을 새로 개발하는 것(혁신)과의 차이

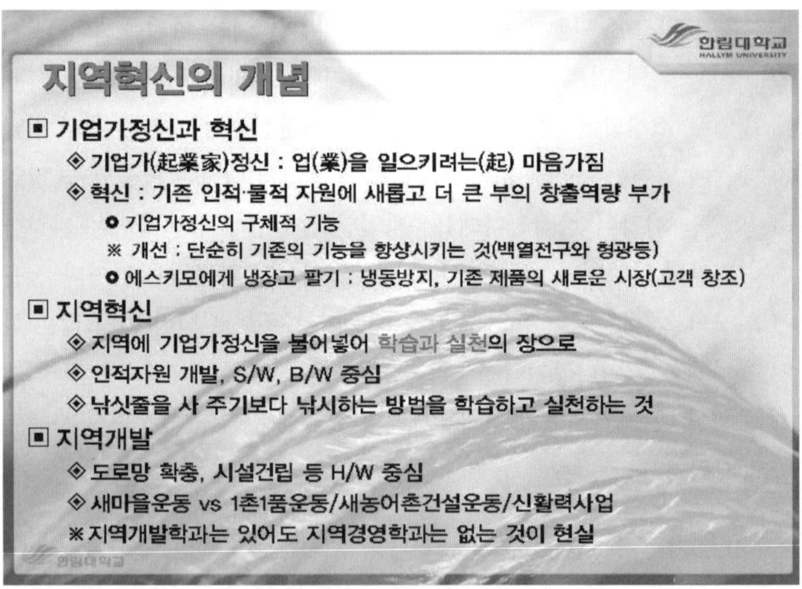

[그림 7-4] 기업가정신과 혁신

라고 할 수 있다.

그러면 지역혁신이란 무엇인가? 바로 지역에 기업가정신을 불어넣어 학습과 실천의 장으로 변모시키는 것이다. 인적 자원개발이나 소프트웨어 사업 중심으로 이루어지기 때문에 도로망 확충이나 교량 건설 등 하드웨어 중심의 지역개발과는 철저히 구별하여야 한다. 신활력사업을 도입하는 과정에서 흔히 하던 비유지만 낚시할 줄도 모르는 사람에게 낚싯줄을 사 주기보다는 낚시하는 방법을 가르치고 자신에게 적합한 낚싯줄을 스스로 골라서 사용할 수 있도록 하는 것이 혁신에 가깝다.

마을단위 지역혁신의 개념을 파악하기 위해서는 1촌 1품 운동을 살펴볼 필요가 있다. 흔히 우리가 1촌 1품 운동의 원조라고 알고 있는 오야마 마을(町)의 NPC운동은 1950년대 말 당시 오야마 마을의 대표 하루미 정장이 주도하여 벼농사 대체작목으로 선정한 매실과 밤을 심어서 하와이

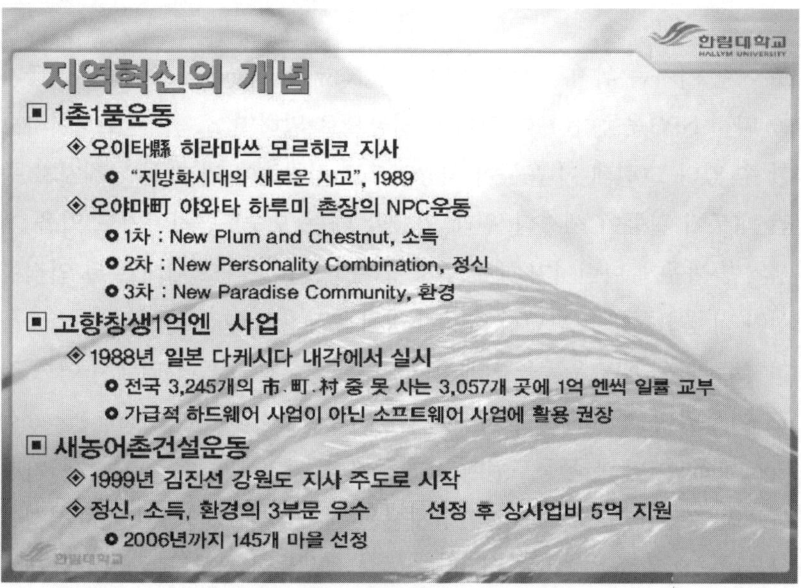

[그림 7-5] 1촌1품운동, 새농어촌건설운동

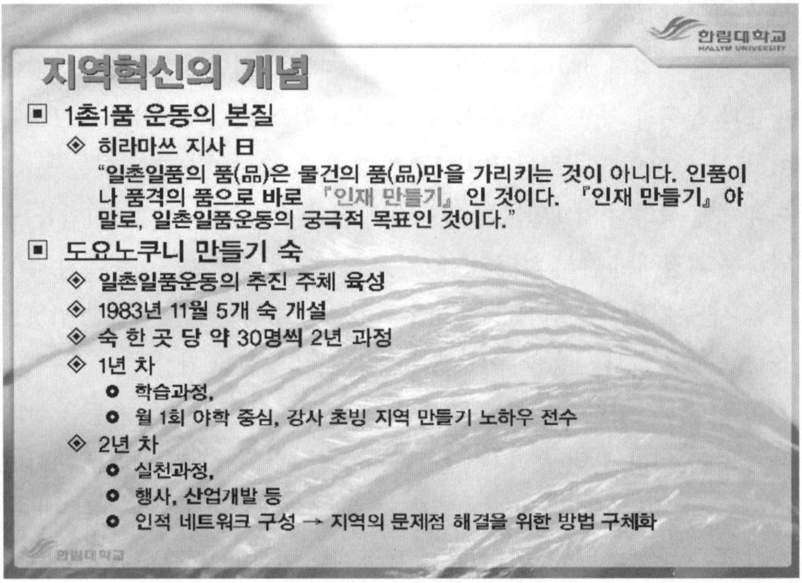

[그림 7-6] 1촌 1품 운동의 본질

로 여행 가자는 취지로 시작되었다. 즉, New Plum and Chestnut의 첫 글자를 따서 NPG운동이라 한 것이다. 지금으로 말하면 소득기반조성이라고 할 수 있다. 그런데 이 운동이 성공적으로 정착하여 먹고 살 만해지자 주민 내부에 갈등이 생겼다. 원래 가난할 때는 오순도순하다가도 먹을 게 생기면 싸우게 마련이기 때문이다. 그래서 소득보다도 제대로 된 인격형성이 더 중요하다고 판단한 하루미 정장은 New Personality Combination을 기치로 제2차 NPC운동을 전개한다. 그 후 정신과 소득 양면에서 어느 정도 이루었다고 여겨지자 환경 부문의 혁신을 꾀한다. New Paradise Community이다. 신무릉도원이라고 하였다. 여기에서 언급되는 세 가지 목표인 정신개혁, 소득증대, 환경개선은 실사구시, 자력갱생, 자율경쟁을 근본이념으로 하는 강원도의 새농어촌건설운동이 지향하는 바이다. 새농어촌건설운동은 2006년 11월 7일 현재 145개 마을이 선정되었다. 다음에서 다룰 토고미마을, 용대3리 등의 마을 혁신 사례들은 모두 새농어촌건설 우수마을이기도 하다.

1촌 1품 운동의 본질에 대해서 히라마쓰 지사는 그의 저서, 『지방화시대의 새로운 사고』에서 다음과 같이 말한다. "일촌일품의 품(品)은 물건의 품만을 가리키는 것이 아니다. 인품의 품이나 품격의 품으로 바로 '인재 만들기'인 것이다. '인재 만들기'야말로 일촌일품운동의 궁극적 목표이다."

이러한 생각을 하게 된 바탕이 1촌 1품 운동이 성공하고 있는 마을에는 예외 없이 오야마의 하루미 정장, 유후인의 미조구치 군페이 같이 뛰어난 리더들이 있었다는 것이다. 따라서 1촌 1품 운동이 어느 정도 알려지기 시작하던 1983년 11월부터 '도요노쿠니 만들기 숙'을 설치한다.

'도요노쿠니 만들기 숙'은 2년 과정인데 첫 1년은 학습과정으로서 월 1회 야학 형태로 운영하되 강사를 초빙하여 지역만들기 노하우를 전수받는다. 2년차는 실천과정으로 실제 행사나 산업개발 등을 실행한다. 1차 연도 학습과정을 함께한 동료들이 인적 네트워크가 되어 지역의 문제점을 해결하기 위한 방법을 구체화하게 된다.

(5) 고객 창조

이제 이 글에서 반드시 기억해야 할 첫 번째 사안은 "기업의 목적이 무엇일까" 하는 것이다. 마을단위 지역혁신과 기업의 목적이 어떤 상관관계가 있을까 의구심이 들 수도 있지만, 마을 경영도 기업 경영과 본질적으로 같다는 것이다. 이러한 질문에 당연한 듯이 '이윤추구'라고들 대답할 것이다. 필자도 그렇게 생각하고 있었다. 그런데 정작 경영학이라는 분야를 만든 피터 드러커는 그렇게 말하지 않았다. 드러커의 많은 저서 중 우선 『미래 경영』이라는 책을 인용해 보자. 그는 "기업의 목적에 관한 타당한 정의는 오직 하나뿐이며 그것은 바로 고객을 창조하는 것"이라고 하였다.

우리가 흔히 알고 있는 '이윤을 추구하는 조직'이라는 설명에 대해 드러커는 이렇게 설명한다. "이윤 극대화라는 목적은 기업이 수행하는 여러 가지 경영활동을 제대로 설명해 주지 못할 뿐 아니라 기업경영을 어떻게 해야 하는지에 대해서는 더 더욱 아무것도 설명해 주지 못한다. 이윤은 기업의 활동과 의사 결정의 타당성을 판정하는 기준이 된다." 뿐만 아니라 이윤을 추구하는 조직이라는 개념의 문제점에 대해서 "이윤 동기 개념은 부적절한 정도를 넘어 해를 끼치고 있다. 기업의 이윤 추구와 사회적 공헌 능력은 본질적으로 모순된다는 지배적 신념이 자리 잡도록 하는 데에도 상당 부분 책임이 있다. 하지만 기업은 높은 이익을 올릴 때에만 비

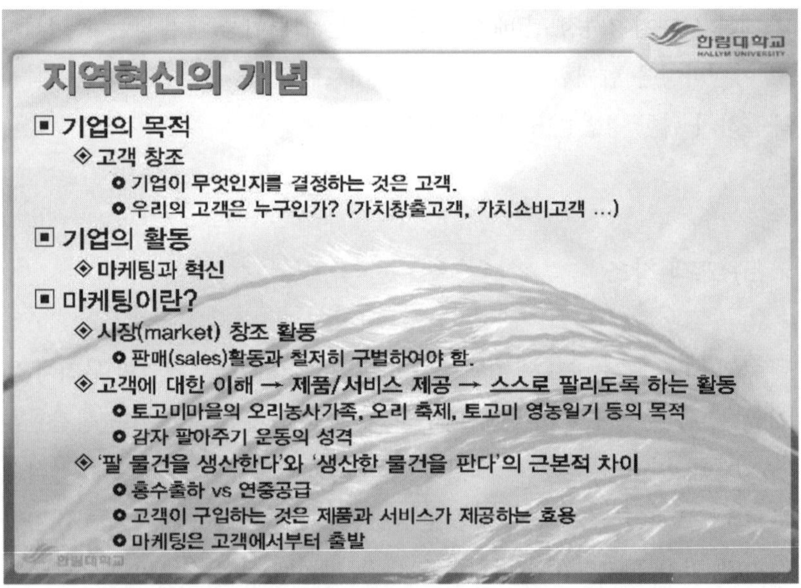

[그림 7-7] 기업의 목적

로소 사회적 공헌을 할 수 있다"라고 하여 그 개념이 적절치 못함을 지적하고 있다. 『미래 경영』의 5장은 사회적 책임의 이행에 대한 것이다. 요즘 많이 팔리는 『메가트렌드 2010』이니 『부의 미래』니 하는 책들에서 다루고 있는 기업의 사회적 책임에 대해서 이미 많이 다루고 있었던 것이다.

이윤 추구만을 목적으로 하는 기업들은 필연적으로 분식회계라는 범죄를 저지르고 파산하여 사회적 부담으로 남는다. 대표적인 사례가 바로 미국의 엔론, 월드컴 등이고 우리나라의 대우, SK 글로벌 등이다. 엔론 사태는 2001년도 미국 『포춘』지 선정 세계 7대 기업 중 하나인 에너지회사 엔론이 회계법인 아서 앤더슨의 도움으로 분식회계를 일삼다가 수백억 달러의 빚을 안고 파산한 사건이다. 이 회사 주식을 은퇴 연금으로 투자한 수만 명의 엔론사 직원들이나 일류기업이라는 바람몰이에 혹해서 투자했던 많은 시민들이 주당 80달러이던 주식이 40센트로 곤두박질침으로써 파산했다.

엔론 사태가 가능했던 배경 중의 하나는 엔론이 실체가 없는 종이회사라는 점이다. 엔론이 비록 에너지회사라고는 하지만 일반 에너지회사와는 달리 에너지를 생산하지 않고, 시설을 소유하지도 않으며, 거래하지도 않는다. 단지 에너지를 종이 위 숫자로 만들어 선물시장에 내놓는 마법을 썼다. 이런 회사가 어떻게 미국의 7대 기업이 된 것은 또 하나의 수수께끼이다. 대우나 SK글로벌 사태는 말할 나위도 없이, 무엇보다도 이윤만을 추구하는 조직의 말로가 어떤가를 명확히 알아두어야 한다.

(6) 마케팅과 혁신

다음으로 고객창조를 목적으로 하는 기업은 당연히 고객이 모여 있는 시장을 만드는 활동을 하게 된다. 시장, market을 만드는 것 즉 마케팅

(marketing)이다. 그리고 시장이라는 것이 그냥 가만히 있는 게 아니라 시시각각으로 변하기 때문에 이 흐름을 놓치지 않기 위하여 끊임없이 혁신 활동을 수행한다. 드러커는 "기업의 목표는 고객을 확보하는 것이기 때문에 기업은 마케팅과 혁신이라는 기본적인 활동을 한다"라고 했다.

우선 마케팅이라는 용어에 대한 오해부터 불식시켜야 한다. 마케팅은 말 그대로 시장을 만드는 활동이다. 문제의 시작은 마케팅과 판매(sales)를 혼동한 데서 출발한다. 마케팅은 판매활동이 아니다. 오히려 마케팅은 판매활동이 필요 없도록 제품이나 서비스가 나오기 전에 미리 고객을 확보하는 활동이다.

소비자보호운동은 기업에게 고객의 요구와 현실 그리고 가치를 출발점으로 할 것을 요구하고 있다. 소비자 보호운동이 추구하는 바가 바로 마케팅이다. 소비자보호운동이 벌어지고 있다는 사실 자체만으로도 기업의 마케팅 활동이 제대로 이루어지지 않고 있다는 것을 알 수 있다. 대부분의 기업 경영자가 마케팅을 언급할 때는 우리의 제품, 우리의 시장만 언급하게 마련이다. 하지만 진정한 마케팅은 고객에서부터 출발해야 한다. 또한 진정한 마케팅은 우리가 팔려는 것은 무엇이냐고 묻지 않고 고객이 구입하려는 것은 무엇이냐고 질문한다. 마케팅이 궁극적으로 지향하는 것은 고객을 충분히 알고 이해함으로써 제품과 서비스를 적절하게 제공하여 그것들이 스스로 팔리도록 하는 것이다. 따라서 기업은 끊임없이 우리의 고객은 누구인가 하는 질문을 스스로에게 던져야 한다.

그렇다면 우리의 농산물은 어떤 경우일까? 앞에서 양구 감자를 사례로 들었지만 대부분의 농산물이 이 같은 상황에 놓여 있다. 일단 생산해 놓으면 누군가 사 주겠지. 남이 작년에 고추 심어서 수익이 좋았으니 금년에는 나도 고추를 심자는 얘기는 곧 함께 망하자는 전략일 뿐이다. 감자가 많이 남아도는데 팔아달라는 요청을 하는 양구 감자 사례는 전형적인 판매활동이지 마케팅 사례는 아니다. 반면에 사전에 고객을 확보하는 토

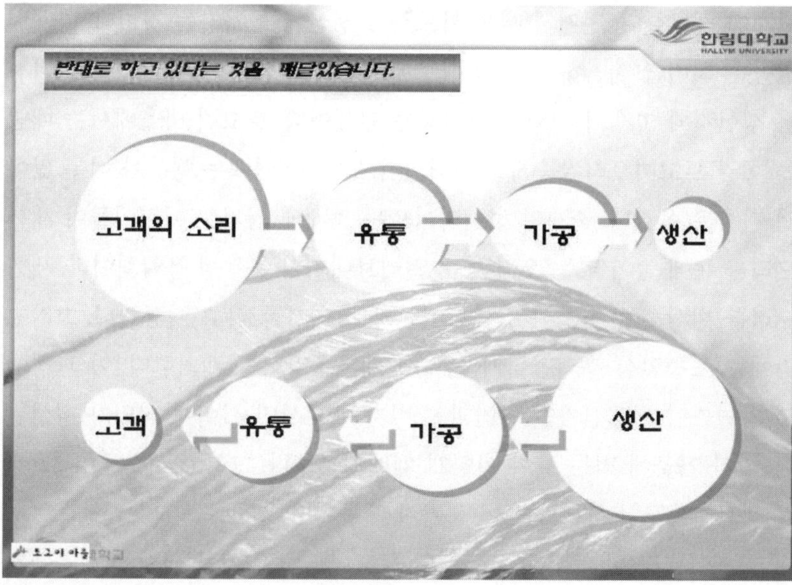

[그림 7-8] 마케팅의 개념

고미 마을 사례는 전형적인 마케팅 사례이다. 이제 토고미 마을의 예로서 살펴보자.

토고미 마을의 한상열 대표는 마케팅을 몸으로 체득하고 있는 사람이다. [그림 7-8]은 한상열 대표가 교육할 때 늘 사용하는 자료를 그대로 가져온 것이다. "반대로 하고 있다는 것을 깨달았다"라는 말에서 시대의 변화가 느껴진다. 남들과 같이 그냥 생산해서 정부가 수매해 주겠지 하는 생각을 털어내기까지 무수한 고난을 이겨낸 토고미 마을의 마케팅 전략은 다음과 같다.

가장 대표적인 것이 토고미가족모집이다. 연회비 3만 5,000원을 입금하면 그 돈으로 새끼오리 15마리를 사서 연중 농사를 짓고 가을에 추수한 햅쌀 8kg을 보내 준다. 이 과정을 주의 깊게 살펴보면 [그림 7-8]의 첫

단계에 해당한다. 먼저 고객을 확보하고 생산에 들어가는 것이다. 마케팅 활동은 회비를 지불하는 고객 확보에서 그치는 게 아니다. 그 다음 과정은 생산자와 고객이 신뢰를 형성하는 단계이다. 토고미 마을에서는 매년 6월 6일 토고미오리쌀축제를 개최한다. 단, 2006년에는 행사가 너무 많아서 가을로 옮겼다. 축제의 하이라이트는 축제에 참가한 어린이들이 새끼오리를 논에 풀어 넣는 오리 농군 일터보내기와 논두렁 음악회이다. 새끼오리를 방사하는 장소까지는 트랙터와 경운기를 타고 이동한다. 그리고 밤에는 도농일심 추억만들기 논두렁 재즈음악회를 개최한다. 이 과정에서 자연스럽게 생산자인 농민과 소비자인 도시민 사이에 신뢰가 형성된다. 내가 가을에 먹는 쌀이 이렇게 재배되는구나, 그리고 이분들이 그 쌀을 생산하는구나 하는 믿음이 생기기 때문이다.

그뿐 아니라 한상열 대표는 매달 토고미 영농일기를 써서 회원들에게 보낸다. 어제는 비가 와서 어떻고, 이 달에는 호밀을 심었는데 이렇고 저렇고… 읽어 보면 진실이 담겨 감칠맛이 나는 글이다. 이게 바로 지속적으로 판로를 확보하기 위한 고객관리이다. 고객을 먼저 확보하고 생산에 들어간다는 것! 이 사실이 중요하다. 토고미 마을은 이런 노력으로 1,000여 명의 충성스런 회원을 확보하고 있다. 여기서 말하는 충성스런 회원은 꾸준히 토고미 마을 홈페이지를 방문해서 구입하는 사람들을 의미한다. 연간 방문객은 만 명 정도인데 이 또한 농산물 판매에 많은 도움을 준다.

필자가 재직하고 있는 한림대학교와도 몇 년째 학생 식당과 교직원 식당에 쌀을 공급하고 있는데 2006년 필자가 사무처장 보직을 그만둔 후 계약을 갱신하느라고 애를 먹었다. 학교 식당에서 소비하는 양이 워낙 많기 때문에 토고미 마을에서 생산하는 물량으로는 감당이 되지 않아서 이웃 마을에서 생산하는 쌀도 함께 들여와야 하고 미질을 높이기 위해서 정미소까지 설치했는데 쌀값이 계속 떨어지는 추세이니까 같은 가격으로 계약하기 어려워진 것이었다. 우여곡절 끝에 가격을 조정해서 다시 한

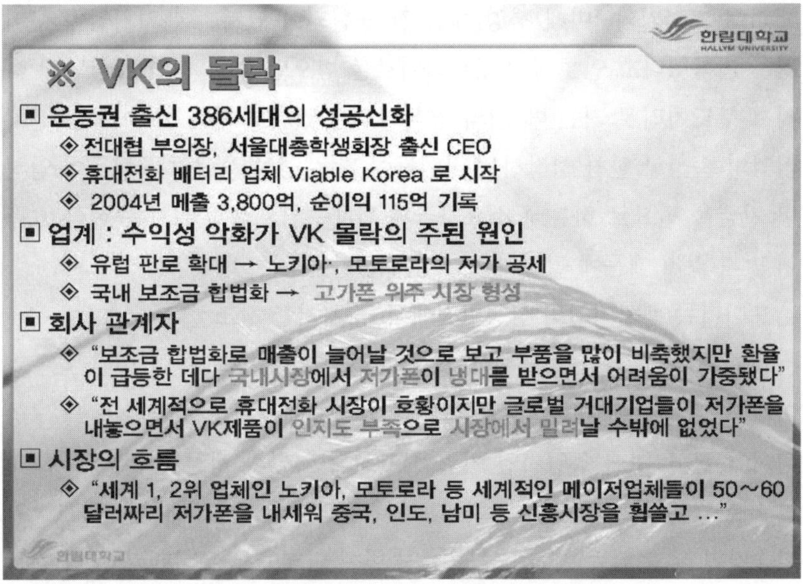

[그림 7-9] VK의 몰락

해 들여왔는데 쉽지 않은 일이었다. 이 과정에 대해서도 한상열 대표는 마을 사람들에게 고객관리를 제대로 못해서 일어난 일이라고 명확하게 지적했다. 토고미가족들은 축제다, 영농일기다 해서 꾸준히 관리하면서 정작 큰 고객은 제대로 관리하지 않았다는 것이다. 즉 한림대학교라는 고객에 대해서만큼은 마케팅을 제대로 하지 못했다는 설명이다.

여기서 마케팅을 제대로 하지 못해서 최종 부도처리된 사례를 하나 더 살펴보도록 하겠다. [그림 7-9]에 국내 유수의 휴대폰 제조업체였던 VK의 몰락에 관한 글이 나와 있다. VK는 운동권 출신 CEO로 잘 알려진 이철상 회장이 휴대전화 배터리 전문 생산업체 Viable Korea로 시작했다. 2004년도에는 매출 3,800억 원에 순이익을 115억 원을 기록할 정도로 괄목할 만한 성장을 했다.

피터 드러커의 『미래 경영』에도 잘 표현되어 있지만 벤처기업이 순이익을 기록했다고 언론에 스포트라이트를 받으면 다음 순간 자금난에 빠지고 부도처리로 가는 게 거의 공식화되어 있다고 한다. 그 이유는 벤처기업의 속성상 한참 성장하는 아이들이 많은 영양분 섭취를 하듯이 엄청난 자금을 필요로 하는데 소요자금과 판매수입으로 들어오는 현금 흐름이 맞지 않기 때문에 필연적으로 생기는 일이라는 것이다.

드러커는 벤처기업의 성장과정에서 네 가지를 강조한다.

첫째 시장에 초점을 맞추어야 한다. 둘째 재무계획, 특히 현금 흐름과 미래 자본 수요에 대한 계획을 세워야 한다. 셋째 최고경영자 팀을 구성하여야 한다. 넷째 창업자인 기업가 자신의 역할과 책임, 일의 범위 그리고 다른 사람들과의 관계 등에 대하여 결정해야 한다. 대부분 독보적인 기술력만 갖고 있는 벤처기업들은 첫 번째 단계에서 무너진다. 우리 제품의 뛰어난 성능을 고객들이 몰라준다는 불평을 많이 한다. 엄청나게 복잡한 리모컨이 대표적인 사례라고 할 수 있다. 우리 농민들도 신토불이 타령에 고객 탓만 하고 있지는 않은지 돌아볼 필요가 있다.

[그림 7-9]의 중간 부분을 살펴보면 부도처리까지 가게 된 이유가 아주 상투적으로 들리는 수익성 악화라고 나와 있다. 유럽에 판로를 확대하려고 했더니 노키아나 모토롤라 같은 대기업들이 저가공세로 나오고 국내 시장에 서 판로를 찾으려니 보조금 합법화에 따라 눈이 높아진 고객들이 고가 폰만 찾아서 설 자리가 없었다. 결국 놓친 것은 시장의 흐름이었다.

(7) 시장개방

이 글에서 꼭 기억해 두어야 할 두 번째 사항은 다음과 같다. 어떤 시대적 변화를 겪고 있기에 지역혁신을 해야 한다는 것일까 하는 문제이다. 이

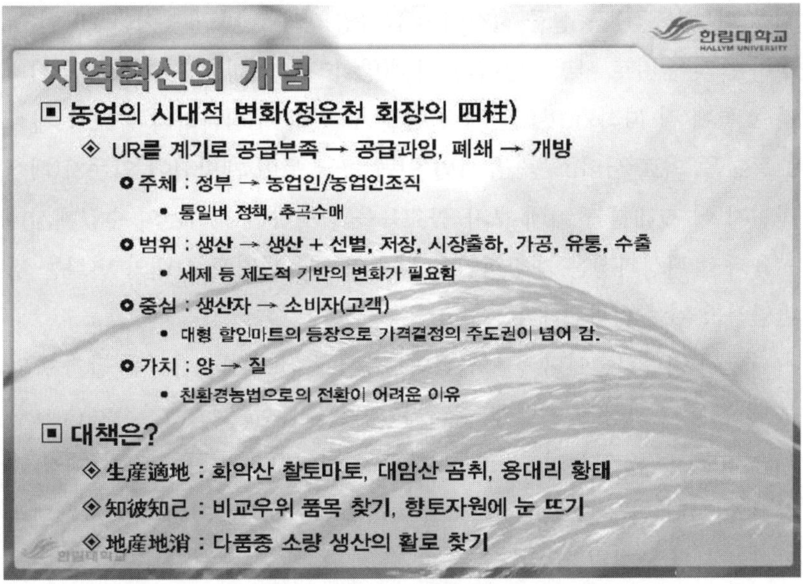

[그림 7-10] 농업의 시대적 변화와 대책

문제도 우선 생산자들을 규합하고 시장을 장악하여 한국참다래유통사업단을 성공적으로 이끌고 있는 정운천 회장의 말을 빌려 설명해 본다.

정운천 회장의 표현을 빌리면 우루과이라운드를 계기로 농산물 시장의 사주(四柱)가 바뀌었다는 것이다.

우루과이라운드(UR)는 관세 및 무역에 관한 일반협정(GATT)의 제8차 다자간 무역협상을 의미한다. 과거 7차례 있었던 다자간 협상과의 차이점은 새로운 시대상황에 맞추어 매우 광범위한 의제를 다루었다는 것인데 그중에서도 눈에 띄는 것이 바로 농산물과 섬유류 교역에 관한 의제가 포함되었다는 것과 WTO의 설립 합의가 이루어졌다는 것이다. 1986년 9월 우루과이에서 첫 회합이 열린 이래 여러 차례의 협상을 거쳐 1993년 12월에 타결되었고, 1995년부터 발효되었다.

농산물이 교역 대상에 포함되었기 때문에 그간 공급부족으로 증산정책을 펴왔던 국내 농산물 시장이 공급과잉 상태로 바뀐 것이다. UR이 상징하는 것은 바로 시장개방이다. 이 개방이라는 잣대를 들이대 보면 시대적 흐름에 잘 따라가고 있는지 판단할 수 있다. 우리나라의 공교육 체제, 고등교육, 의료 서비스 공급, 사법 인력 공급 등이 개방되어 있는지 폐쇄적인지 이 잣대를 들이대 보자. 공교육을 담당하는 교사들의 수급체계나 교육과정 편성과정은 개방적인지, 대학의 교육과정은 시대의 변화를 잘 반영하고 있는지 판단해 본다.

반면에 기반기술이나 종사인력의 질, 어느 면에서나 첨단을 달리고 있는 방송통신 시장은 어떻게 흘러가고 있는지 살펴보자. 창작자(Creator), 기술자(Engineer), 연예인(Entertainer)으로 구성되는 드라마나 영화 제작 과정이 어떻게 변하고 있는지 잘 이해하고 나면 위의 폐쇄적인 체제와의 차이가 금방 느껴질 것이다.

(8) 정부 주도에서 민간 주도로

시장 개방에 따른 첫 번째 변화는 그 주체가 정부에서 생산자인 농민이나 생산자 단체로 바뀌었다는 점이다. 이 변화에 쉽게 적응하지 못한 농민들이 아직도 추곡 수매라는 구시대적 유물에 집착하고 있는 것이다. 오래 전 통일벼를 심던 때의 발상에서 벗어나지 못하고 있는 것이다. 통일벼를 권장하던 시기에는 생산량이 부족해서 정부에서 수확이 많은 품종도 개발하고 보급했지만 이제는 어느 누구도 뭘 심으라고 권장하거나 강요하지 않는다.

지난해 고추농사로 좋은 성과를 거둔 재배자가 제법 있으니까 자신도 내년에는 고추나 심어야겠다는 사람들이 꽤 많다. 장뇌 값이 괜찮으니까 야산 임대해서 그것도 몇 만 평씩, 잔뜩 뿌려놓았다가 떼돈 벌겠다는 사람들도 주위에 꽤 많다. 이제 정부에서 작물의 종류를 권장하지도 강요하지도 않는다. 품목을 결정하는 일부터 파는 일까지 모두 생산자가 주도적으로 해 나가야 한다.

(9) 농업의 범위

두 번째 변화는 첫 번째 변화가 필연적으로 불러온 결과인데 농업의 주체가 정부에서 농민이나 생산자 단체로 바뀌니까 그 범위도 바뀔 수밖에 없다. 예전에는 그저 생산만 하며 다 사갔는데 이제는 선별, 저장, 가공, 유통, 수출 게다가 농촌관광까지 농민들이 해야 한다. 그런 것은 감수할 수 있지만 이런 변화에 맞추어 제도적인 기반이 따라 주느냐 하면 그건 또 별개의 문제이다. 앨빈 토플러가 『부의 미래』에서 시대적 변화에 가장 둔감한 것이 구시대의 법체계라고 했듯이 농업의 범위가 바뀌었는데 정작 제도는 이를 뒷받침해 주지 못하고 있다. 예를 들어 보기로 한다.

식탁에 잘 오르는 고사리에 부가세가 붙을까? 농산물이니까 부과되지 않을 것이라고들 생각하지만 안타깝게도 고사리는 날로 먹을 수 없고 반드시 삶아서 팔아야 하기 때문에 가공식품으로 보고 부가세를 부과하겠다는 것이 국세청의 해석이었다. 이 문제가 제기된 것은 양구 해안면에서 시래기를 비롯한 나물 판매로 연간 100억 원대의 매출을 올리고 있는 통일고랭지채소영농조합법인의 맹활약 때문이라고 할 수 있겠는데 워낙 판매 규모가 크니까 주목을 받게 되고 이것이 세원 발굴에 골몰하던 국세청 담당자들의 주목을 받은 것이다. 결론적으로 농협중앙회 도매사업소에 있는 간부들의 열성적인 설득으로 고사리에 부가세를 매겨야 한다는 해석은 2006년 초부터 없어졌다.

농업의 활로를 가공 산업 육성에서 찾아보려는 정부의 노력도 제도적 기반이 따라주지 않는다면 헛수고가 되고 말 뿐이다.

[그림 7-11] 빙어축제장의 아르고

또 다른 사례로 폐교를 활용한 농촌체험활동을 들 수 있겠는데 문제는 폐교를 임대해서 숙박시설과 조리시설을 갖출 때 생긴다. 중앙정부의 한쪽 부처에서는 농외소득을 올리기 위한 한 방편으로 폐교를 이런 방식으로 활용하는 것을 우수 사례라고 권장하는 와중에 정작 폐교 관리를 담당하는 다른 부처에서는 이런 일들이 규정에 어긋난다고 본다. 물론 폐교를 매입해서 개조하면 되는 일이지만 이마저 지역에서 규정 개정을 검토하는 동안 시설은 몹쓸 정도로 황폐해지게 마련이다.

필자가 자주 방문하는 인제군 남면의 남전리 마을 사람들은 화장장 시설 설치에 따른 인센티브로 군에서 지원한 발전기금 중 일부로 수륙양용 장비인 아르고를 구입하여 빙어축제에서 엄청난 인기를 끈 바 있다. 이 장비는 심지어 지난 여름 엄청난 수해로 발생한 실종자 수색에서도 맹활약한 바 있고 이 마을 저 마을 축제 행사에도 동원되어 많은 인기를 끌고 있다. 그런데 정작 레포츠 장비라는 것들은 문화관광부에서 고시한 목록 이외에는 등록을 허용하지 않기 때문에 아르고를 도입한 사람들은 이를 농기계로 등록할 수밖에 없고, 따라서 안전을 위한 보험 가입 등에서 현실적인 제약이 따르게 된다. 사실상 차량인데도 불구하고 농로 이외의 곳을 다니는 것은 불법인 것이다.

(10) 고객 중심

그 다음 세 번째로 중심이 바뀌고 있다. 예를 들어서 누가 가격을 정하는지 살펴보기로 한다. 가장 대표적인 것은 대형 할인마트이다. 남녀노소 즐겨 찾는 초코파이 값을 생산자인 제과업체가 정해서 납품하는 것도 아니고 유통업체의 구매 담당자가 초코파이의 시중 가격과 경쟁자를 의식해서 결정하는 것도 아니다. 실제로 구매 담당자는 초코파이를 구입하는 고객들의 눈높이에 맞추어 공급가격을 설정한다. 즉, 예전에는 공급자가 생산 원가에 맞추어 적정한 공급가격을 매겼지만 지금은 소비자인 고객의 눈높이에 맞추어 공급가격이 결정된다. 가격을 결정하고 거기에 따라 생산원가를 맞춰야 한다. 원가분석을 하고 가격을 결정하는 게 아니었다는 사실에 의문이 들 것이다.

이제 『블루오션 전략』을 참고하면 다음과 같다. 블루오션 전략에는 정확한 전략적 시퀀스를 만들라는 원칙이 있다. 즉, 사업모델을 제대로 구축하라는 것이다. 올바른 전략적 순서와 그 순서상의 주요 기준을 다 만족하면 상업적으로 실현가능한 블루오션 아이디어가 되는 것이다. 그 순서는 다음과 같다.

우선 그 아이디어가 구매자에게 예외적인 효용성을 제공하여야 한다. 그 다음이 전략적인 가격 설정이다. 책정한 가격을 다수의 구매자들이 쉽게 받아들일 수 있는지 판단하여야 한다. 그리고 세 번째 단계에 비용 산출이 이루어진다. 전략적으로 책정한 가격에 이익을 낼 수 있도록 비용 목표를 달성할 수 있는지 묻는다. 마지막 네 번째 단계에서는 사업 아이디어를 실현하는 데 도입 장애는 무엇인지, 그것을 중요하게 다루고 있는지 판단하여야 한다.

유통업체에서 제시한 가격을 맞출 수 없다면 진행할 수 없다. 농산물도 마찬가지이다. 특히 친환경농산물의 경우 제값 받기가 어려워지는 이유

[그림 7-12] 수해 실종자 수색 활동에 동원된 아르고

가 바로 고객들에게 그만큼의 예외적인 효용을 제공하는지 인식이 충분히 되어 있지 않기 때문이다. 포터의 경쟁력 이론에 등장하는 수요조건을 살펴보면 까다로운 지역의 고객이라는 요소가 있다. 까다로운 소비자가 명품을 만든다.

(11) 양에서 질로

여기서 네 번째, 시대적 변화가 나온다. 가치 기준이 변했다. 양에서 질을 추구한다. 식량증산운동이 기억날 것이다. 매년 쌀 생산량이 전년도에 비해 얼마 늘었다는 게 뉴스거리이던 시절이 있었다. 통일벼를 개발한 목적도 맛이 아니라 다수확 품종이기 때문이었다. 지금은 그 무렵에 수매가가 얼마인지가 뉴스거리가 된다. 아직 시장규모는 작지만 친환경 농산물

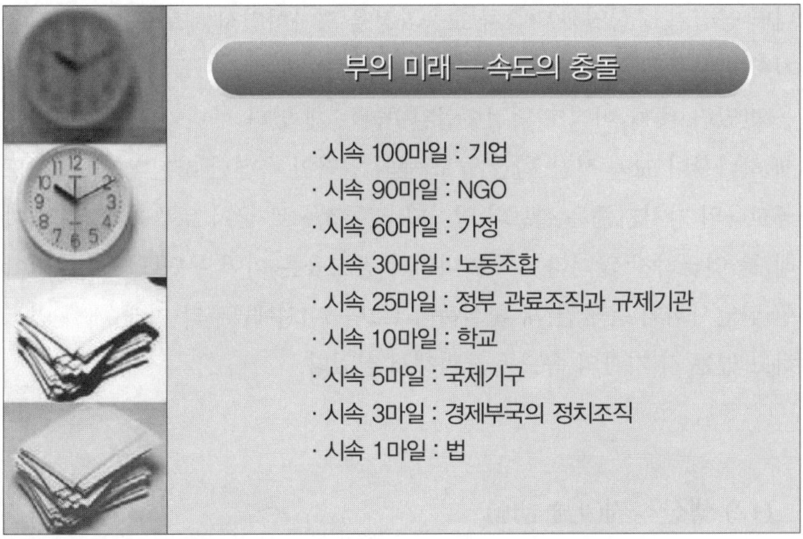

[그림 7-13] 부의 미래에서 평가하고 있는 교육의 속도

을 찾는 소비자가 급속히 늘어가고 있다. 필자가 지역에서 마을 리더 교육을 주관하면서 태평농법이나 거북선농업에 대한 교육을 마치고 리더들과 분임토의를 하면서 친환경농법으로 전환하지 않는 이유를 물어보면 꼭 나오는 얘기가 소출이 적다는 것이다. 결국 수확도 않고 갈아엎어버리는 것은 생각지도 않으며, 게다가 생산기반인 땅이 망가지는 것은 무엇보다도 큰 문제인데 이건 뒷전에 있다.

이 네 가지 변화를 마음에 새겨야 한다. 게다가 이 기준들은 다른 분야에도 그대로 적용해서 과연 그 분야가 시대적 변화를 제대로 따라가고 있는지 판단하는 기준 역할을 할 수 있다. 예를 들어서 우리나라 공교육을 살펴보자. 첫째 공교육이라는 이름부터 그렇지만 철저히 중앙정부에서 주도하고 있다. 둘째 공교육에서 다루는 범위가 시대적 변화에 맞추어 변하고 있을까? 아버지 세대나, 우리가 배울 때나 우리 애가 배우는 것이나 국영수로 시작하는 건 똑같다. 셋째 공교육체제가 고객 중심일까, 아니면 공급자 중심일까? 제7차 교육과정을 평가하면서 새로운 교육과정을 기획하는 중에 예체능까지 필수로 만들려고 하는 교사들의 모습에 충격을 받았다. 넷째, 아직도 법정수업일수라는 게 있다. 게다가 평가지표라는 게 하나같이 교육 시간, 학급 규모 등의 양적인 측면만 따진다. 즉, 아직도 공교육의 가치기준은 질보다 양이다. 결론적으로 굳이 토플러의 『부의 미래』를 언급하지 않더라도 우리나라의 공교육은 이미 무덤에 들어갔어야 할 산업사회의 유물인 게 확실하다. [그림 7-13]에 『부의 미래』에서 언급하고 있는 각 기관의 속도를 요약해서 실었다.

(12) 생산적지(生産適地)

그럼 이런 시대적 변화에 대한 대책은 무엇일까? 우선 공산품과는 달리 농산물의 품질을 좌우하는 것은 바로 하늘(天)과 땅(地), 그리고 농부(人)의 정성이다. 즉, 생산적지라는 개념이 있다는 것이다. 현대자동차는 중국이나 미국으로 생산 공장을 옮길 수 있어도 질 좋은 황태는 용대리에서만 나온다는 게 한 예라고 할 수 있다. 필자가 토마토를 즐겨 먹는데 소양강 토마토를 먹다가 화악산 찰토마토를 한 번 먹어보고 나서는 다른 토마토는 사먹을 수가 없었다. 어떤 요소들이 이렇게 맛있는 토마토를 만드느냐고 물어보았더니 우선 화악산 밑에 있는 광덕리 일대가 일교차가 큰 지역이라 당도가 높고, 토질이 토마토 재배에 적합하다는 대답을 들을 수 있었다. 어떤 토질이 토마토 재배에 적합한지도 얘기를 해 주었지만 너무 전문적인 언어라 알아듣기 힘들었다.

그뿐 아니라 같은 광덕리에서도 두 집 정도가 가락동에서 최고 값을 받고 다른 집들은 그만큼 맛이 나질 않는다고 했다. 그 이유를 물어보니까 재배하는 사람의 정성에 차이가 나는 것이었다. 즉, 기후(天), 토질(地),

사람(人)의 정성, 이 세 가지 요소가 농산물의 품질을 정하는데 이것들은 아무나 따라 할 수 없는 것들이다. 양구 대암산 곰취도 마찬가지이다. 동면 팔랑리 주민들이 곰취 재배로 수익이 많다고 하니까 다른 지역에서도 가져다 심고 있지만 향에서 차이가 난다.

농산물은 공산품과 달리 생산적지라는 제약이 있음을 명심하는 게 시대의 변화에 대처하는 첫 걸음이다. 우리 땅, 우리 기후에 가장 적합한 품목이 있다는 것, 이것만은 누구도 베낄 수 없다는 자신감을 가져야 한다. 그런데 지금까지의 농정은 이걸 무시하고 선진농법이라는 이름으로 인위적인 농지개량, 경지 정리 등을 실시하여 규모의 경제를 추구하였다. 그 결과는 바로 농업의 기반인 농토의 지력상실이다. 규모의 경제는 서산 간척지나 호남 곡창지대에 적합한 방식이다. 농지가 귀한 백두대간지역에는 지역 특성에 맞는 접근이 필요하다.

(13) 지피지기(知彼知己)

그 다음 단계의 대책은 바로 우리 지역에 적합한 품목이 무엇인지 알기 위하여 저 자신을 돌아보는 노력이다. 손자병법에도 나오는 지피지기가 바로 그것인데 흔히 지피지기를 순서대로 이해하여 외부 선진 사례의 벤치마킹을 먼저 수행하는 경우가 많이 있는데 세상일의 모든 순서가 저 자신에서 출발한다. 자신을 먼저 철저히 파악하지 않은 채 바깥에 나가면 남이 그만한 성공 사례를 일구기까지 들인 노력은 눈에 들어오지 않고 겉만 보고 똑같은 것을 지어 달라고 하게 마련이다. 아는 만큼 보이는 법이다.

흔히 지역에서 자원이 없다는 말을 많이 한다. 필자가 보기에는 자원이 없는 게 아니라 자원을 보는 눈이 없는 것이었다. 자원을 보는 눈을 키우

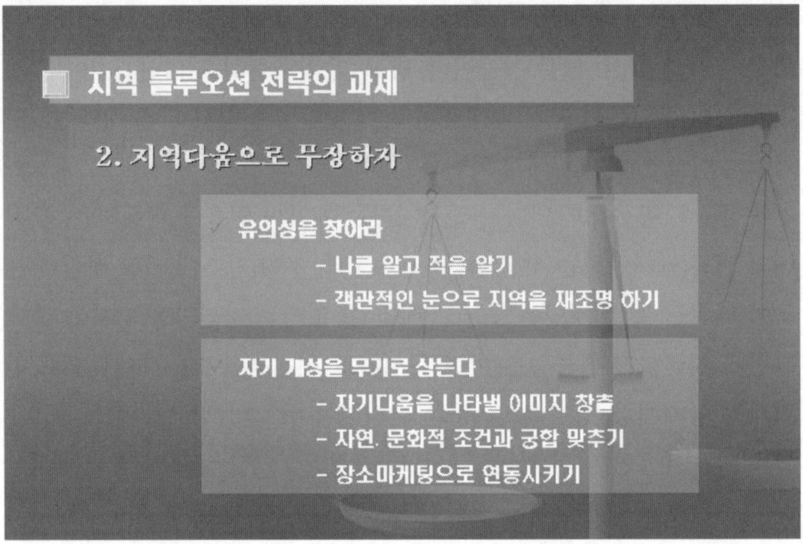

[그림 7-14] 해남군의 비교우위 향토자원 발굴 전략

는 게 우선인데 이는 인재 만들기에서 설명하도록 하고, 우선 향토자원에 눈을 떠서 비교우위가 있는 품목을 찾는 것이 중요하다.

[그림 7-14]에는 해남군 지역혁신협의회에서 신활력사업을 구상하면서 수립한 전략의 일부분이 나와 있다. 비교우위가 있는 지역의 향토자원을 발굴하기 위하여 지역 내에서 잘 자라는 품목과 타 지역의 명품과 비교하는 광범위한 연구 분석을 수행하고 집중 육성할 품목을 선정한다. 해남은 강원도 지역과는 비교가 안 될 정도로 토질이 비옥하다. 무엇을 심어도 잘 자라는데 그중에서 지역 특성을 가장 잘 나타내는 품목을 고르는 것이다. [그림 7-14]에도 지역성 있는 자원을 발굴하기 위하여 무척 노력하고 있는 게 드러난다.

(14) 지산지소(地産地消)

이같이 지역성을 잘 나타내는 자원을 발굴하면 지역에 맞는 활용 전략을 구축하여야 한다. 필자가 사는 강원도 지역에 적합한 전략으로 추천하는 것은 지역의 산물〔地産〕을 우선적으로 지역에서 소비〔地消〕하자는 것이다. 잘 알다시피 강원도에는 대규모 경작이 가능한 토지가 거의 없다. 결국 다품종 소량생산으로 갈 수밖에 없는데 이런 상황에 적합한 대응방법이 바로 지산지소(地産地消) 전략이다. 여러 가지 실행 전략이 나올 수 있는데 농촌 체험관광에서 제공하는 식사의 밥, 반찬 등이 아주 작은 예라고 할 수 있다. 인제군의 용대 2리는 1년에 약 60만 명의 관광객이 들르는 백담사라는 빼어난 관광자원을 갖고 있다. 여기서 생산하는 표고버섯이 요즘 아주 인기이다. 그런데 표고작목반 사람들과 앉아서 얘기해 보니 표고목 값 지불하고 택배비 빼면 남는 게 없다. 1능이, 2표고, 3송이라고 해서 송이보다도 맛이 있다는 것을 택배비까지 추가해서 택배로 보내도 여기서 직접 먹을 때보다 맛이 덜하다.

필자는 이런 방식으로 밖에 내다 팔지 말자는 것이다. 전국에서 제일 맛있고 싱싱한 표고는 백담사 밑의 용대 2리에 와야 맛볼 수 있다는 걸 알리는 게 과제이다. 그래야 지역으로 사람들이 와서 돈을 쓸 수 있다. 실제로 백담사에 찾아오는 60만 명만으로도 제값 받고 충분히 전량 소비가 가능하다. 문제는 연중 생산이 되질 않기 때문에 표고가 나지 않는 계절에 적절한 먹을거리를 제공하는 게 큰 과제이다. 용대 3리의 황태, 내린천 두부, 거기에다 백담영농조합법인의 전통장을 잘 조합해서 백담사를 찾아온 수많은 관광객들이 백담사만 보고 가는 게 아니라 용대리 일대에서 먹고 잘 수 있는 체류형 관광지를 만드는 것이 용대 지역의 지산지소 전략이 지향하는 바이다.

[그림 7-15]에는 농업의 범위를 확대하여 지역발전에 기여한 대표적인

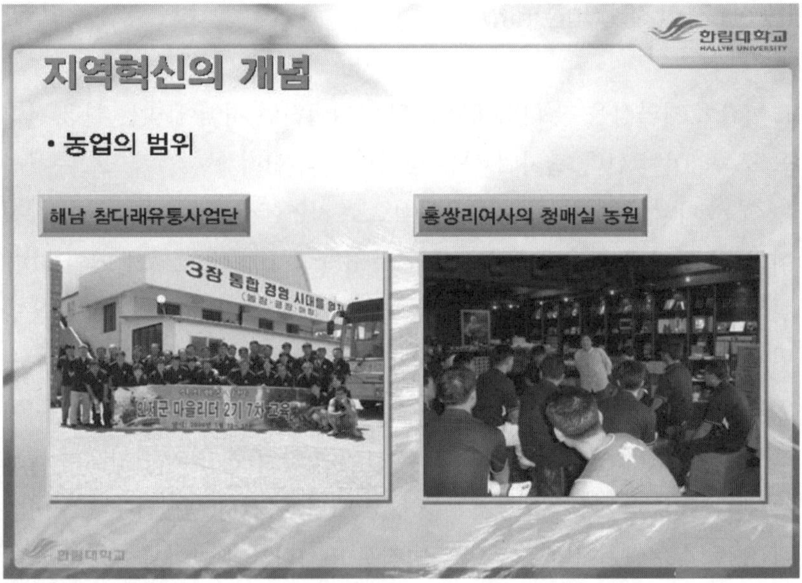

[그림 7-15] 농업의 범위 확장

사례로 해남에 소재한 한국참다래유통사업단과 광양시 다압면의 청매실 농원을 소개하였다. 한국참다래유통사업단 입구에 "3장 통합경영 시대를 열자"라는 말이 바로 농업의 범위가 생산뿐 아니라 저장, 가공, 유통까지 확장되었다는 것을 의미한다. 생산농장, 저장과 가공을 하는 공장, 그리고 소비자와 직접 만나는 유통 매장, 이렇게 3장을 통합 경영한다는 생각을 우리 농민들이 가져야 할 것이다. 물론 역할 분담이 중요하다. 농민은 품질 좋은 농산물 생산에 전념하고 조합은 그 이후의 일을 전담하는 형태의 분업이 제대로 이루어져야 한다. 이를 위해서는 농협이 제 역할을 해야 한다. 수록된 사진에서 볼 수 있듯이 광양청매실농원의 홍쌍리 여사가 인제군 마을 리더들을 위해서 열정적으로 뜻을 전하고 있다. 홍쌍리 여사가 거의 혼자서 일군 매실농원 덕분에 광양시 다압면뿐 아니라 섬진강 건너 하동군이 엄청난 수익을 거두고 있다.

2. 신활력사업

(1) 신활력지역

지금까지 지역혁신이 무엇인지 살펴보았다. 이제 참여정부의 대표적인 지역혁신사업을 살펴보기로 한다. 우리가 관심을 갖고 있는 농산어촌을 대상으로 한 분야에서 이에 해당하는 대표 사업에 국한해서 살펴보기로 한다.

참여정부가 제시한 지역혁신사업은 크게 지역혁신체계 구축을 위하여 지방대학을 혁신하는 누리(NURI, New University for Regional Innovation)사업과 지역의 전략산업을 육성하기 위한 혁신 클러스터 육성, 그리고 낙후지

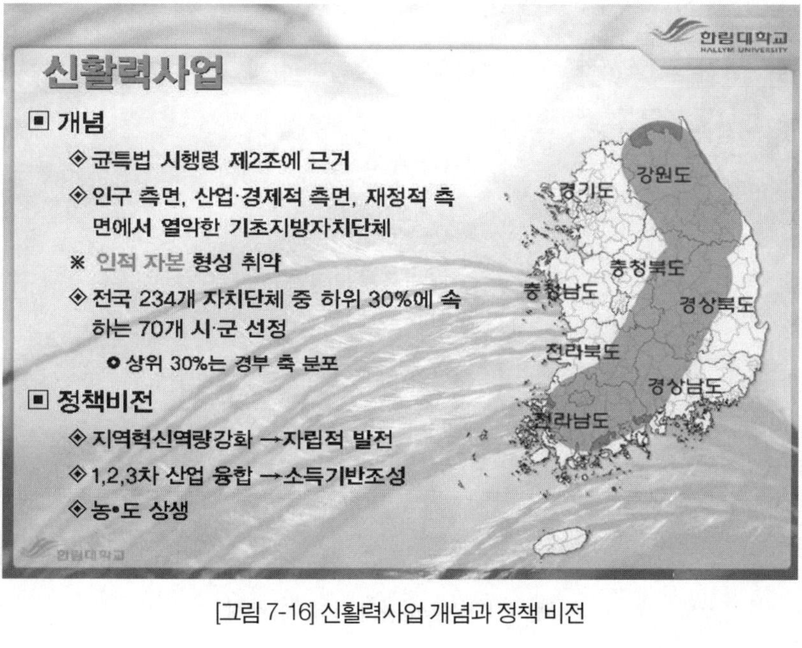

[그림 7-16] 신활력사업 개념과 정책 비전

역에 새로운 활력을 불어넣기 위한 신활력사업이 있다. 누리사업은 적어도 대학이 있는 지역이 대상이고, 혁신 클러스터 사업은 전략산업이 소재하는 지역이 대상이지만 대학도 없고 전략산업도 없는 낙후지역에 펼치는 사업이 신활력사업이다.

[그림 7-16]에서 녹색으로 표시한 부분이 신활력지역이다. 신활력지역 선정은 국가균형발전특별법에 근거한다. 인구 측면, 산업 · 경제적 측면, 재정적 측면을 고려한 지표를 발굴하여 전국의 234개 기초지방자치단체 중 하위 30%, 70개 기초지방자치단체를 신활력지역으로 선정했다. 인구, 산업 · 경제, 재정 등 측면을 고려했지만 지금 와서 보니 한마디로 인적 자본 형성이 취약한 지역들이었다. 인천광역시의 옹진군과 강화군도 도서지역이어서 포함되어 있다. 물론, 지표만 놓고 선정했기 때문에 이 지역이 신활력지역인지 의아할 정도로 여건이 괜찮은 곳들도 있다.

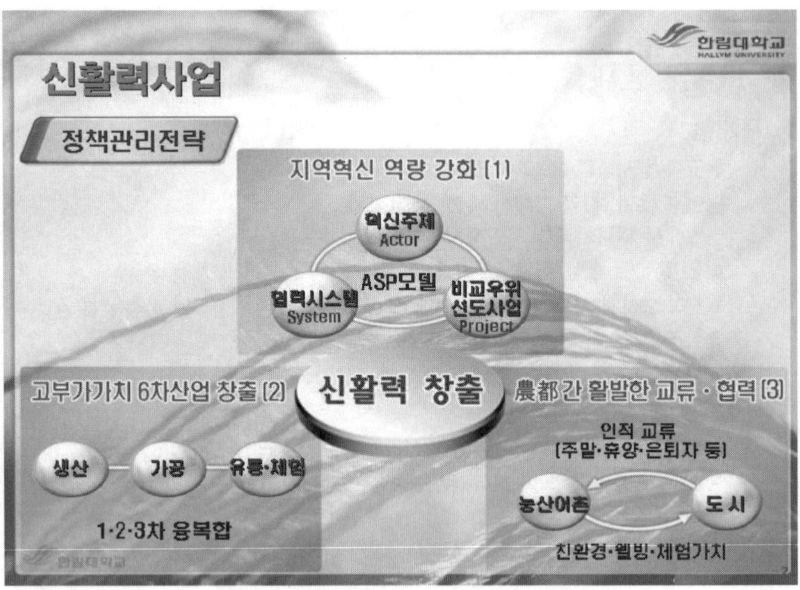

[그림 7-17] 신활력사업 정책관리 전략

반대로 상위 30%는 바로 경부축을 중심으로 형성되어 있다. 개발 연대의 요소 투입형 발전 모델이 간선교통망 중심으로 얼마나 커다란 혜택을 주었는지 극명하게 보여 주고 있다. 경부축을 녹색 띠와 같은 굵은 선으로 이어 보면 X자가 보인다. 대한민국이 이렇게 가면 안 된다는 계시이다.

(2) 정책관리전략

신활력사업을 기존의 개발 중심 낙후지역 지원사업과 구분 짓는 가장 큰 특징은 명확한 추진모델을 갖춘 사업의 정책관리전략([그림 7-17])이 있다는 점이다. 기존의 낙후지역 지원사업이 대부분 중앙정부의 자금을 지원받은 지방정부가 지침에 따라 수행하는 하향식(top-down)이었다면 신활력사업은 지역의 혁신 주체(Actor)들이 체계(System)적으로 선도사업(Project)을 수행하는 상향식(bottom-up) 추진을 지향한다.

지속 가능한 내발적 발전을 수행하는 데 필요한 지역혁신역량강화를 최우선과제로 하고, 생산-가공-유통·체험을 융합·복합화한 고부가가치의 6차 산업 창출로 소득기반을 조성하는 한편 농도(農都)간 활발한 교류·협력으로 안정적인 고객 확보와 농도상생을 꾀하고 있다. 도시민은 주말, 휴양, 은퇴자 주거로 농산어촌에 머물고 농산어촌은 도시민들에게 친환경, 웰빙, 체험가치를 제공하면서 함께 살아가자는 것이다.

신활력사업의 지역혁신역량강화 전략을 그 첫 자를 따서 ASP모델이라고 부른다. A는 Actor, S는 System, P는 Project이다. 이제 진부한 비유가 되어 버렸지만 '구슬이 서 말이라도 꿰어야 한다'는 속담이 있다. 활력지역이 자원이 없는 게 아니라 자원을 보는 눈이 없는 지역이라고 했을 때 자원을 보는 눈에 해당하는 것이 바로 Actor, 추진 주체들이다. 또한 그들이 속담의 구슬에 해당된다. 현재 신활력지역의 구슬들은 흙 속에 묻혀 있는 상태라고 할 수 있는데 이들을 발굴하는 사업이 마을 리더 교육으로 대표되는 Actor사업이다. 개인적 · 개별적인 혁신역량 강화단계라고 할 수 있다.

그 다음으로 이 구슬들을 꿰는 과정이 System 형성, 집단적 혁신역량 강화단계이다. 꿴다는 말이 함축하듯이 Actor들을 신뢰와 협력에 바탕을 두어 연계(네트워킹)하는 것이 핵심이다. 우리가 흔히 조직의 힘으로 움직인다, 개인보다 시스템이 돌아가야 한다, 라는 말이 바로 이 뜻이다. 이같이 체계적으로 움직이는 집단이 선도사업을 꾸려가야 주민 주도의 지속가능한 내발적 발전을 꾀할 수 있다는 것이 ASP모델이다.

(3) 우수 사례

ASP모델을 충실히 따르고 있는 지역의 대표적인 사례가 인제군이다([그림 7-18]). 인제군의 신활력사업은 지역의 특화산업인 모험 레포츠를 중심으로 전후방 연관 산업, 지원 산업의 경쟁력을 높이는 데 목표를 두고 있다. 마을 리더 교육을 Actor 육성의 대표사업으로, 분야별 소규모 연구회의 구성과 운영을 System 조성의 대표사업으로 추진하고 있다. 이 두 사업을 지역혁신체계 구축을 실행하는 내발적 조직인 지역혁신협의회에서 주관한다. 마을 리더 교육과 연구회 운영과정에서 도출되는 선도사업들은 담당자와 협의를 거쳐 군정시책으로 반영한다.

다음으로 소득기반 조성사업을 우수하게 잘 이끌고 있는 사례로 청도군을 들 수 있다. 씨 없는 감, 반시의 생산, 가공, 유통, 관광을 잘 결합하여 성공한 경우이다. 생산단계에서는 품종개량이나 재배, 수확 기술의 혁신을 이루고 가공단계에서는 가공기술을 개발하거나 제조 장비를 개량한다. 유통/마케팅 단계에서는 공동저장시설을 갖추고 공동브랜드를 개발

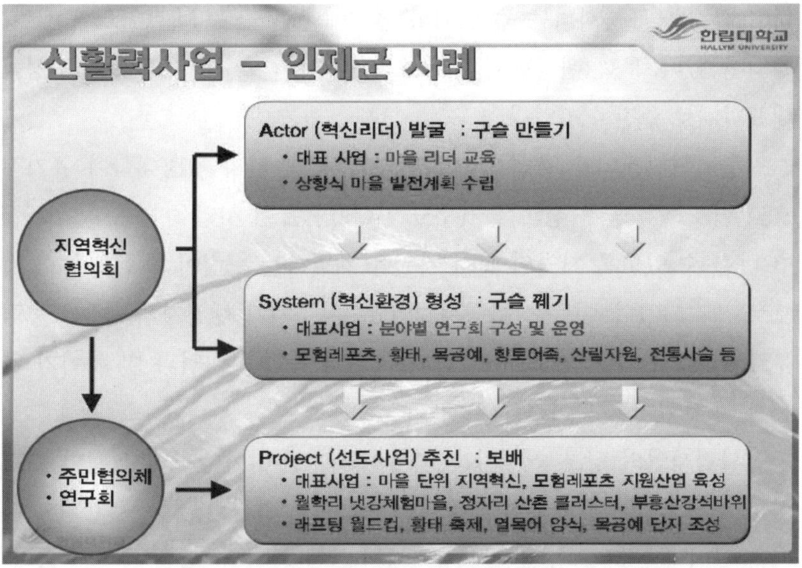

[그림 7-18] 인제군 신활력사업 개요

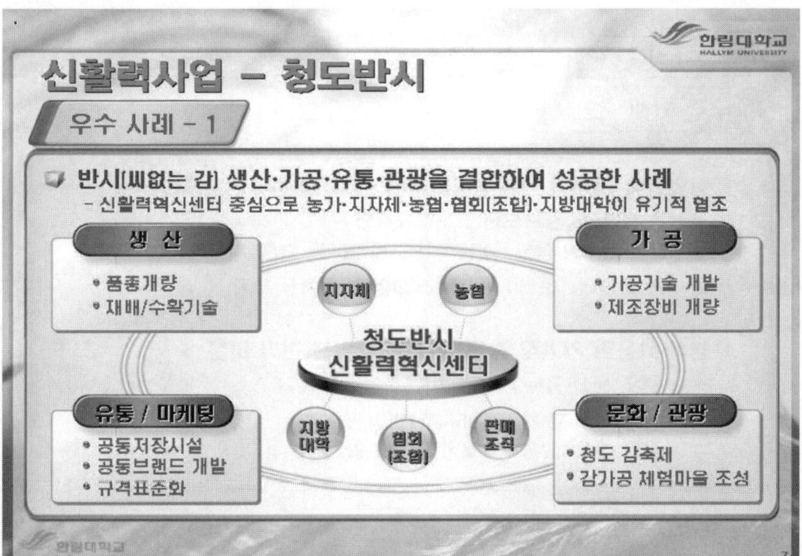

[그림 7-19] 청도반시 사례

하며 규격을 표준화하는 등 신뢰와 협력에 바탕을 둔 네트워크가 잘 형성되어 있다. 문화/관광단계는 청도감축제와 감 가공 체험마을 조성을 대표과제로 추진하고 있다.

신활력혁신센터를 중심으로 농가, 지자체, 농협과 지방대학이 유기적으로 협조하여 좋은 성과를 거두고 있다. 다만, 이 사업을 지속적으로 끌고 나갈 수 있도록 지역의 인적 자원을 개발하는 노력이 다소 부족한 것으로 생각되었다. 이는 신활력사업의 주관 부처가 행정자치부에서 농림부로 넘어가는 계기가 되기도 한다. 기존의 농림부 사업과 별 차이가 없는 듯이 보였기 때문이다.

신활력사업의 당초 취지가 지역에 내려가면서 개발사업 요청이 쇄도하여 혁신사업에서 애매한 균형발전사업으로 변질된 것은 두고두고 아쉬운 일이라고 하겠다. 필자가 지역에서 일을 하면서 '일할 사람이 없다'

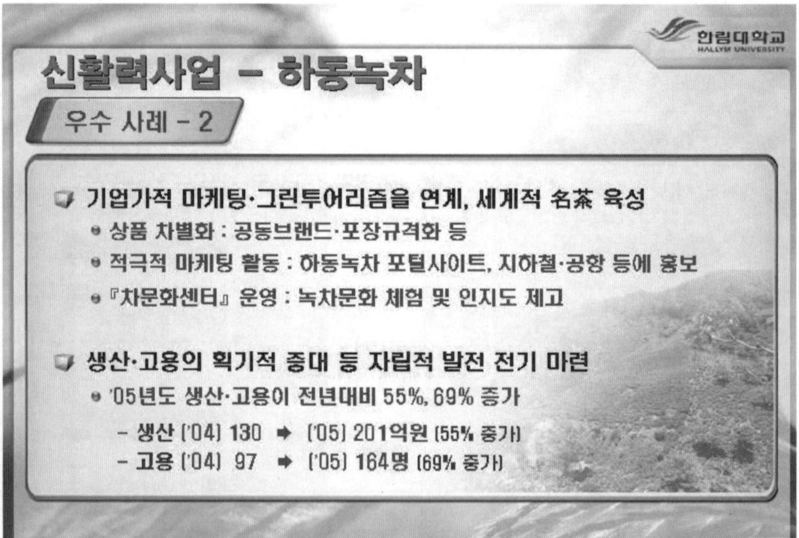

[그림 7-20] 하동 녹차 사례

는 말을 자주 들었다. 모처럼 사람 키우는 사업이 생겼는데 이런 사업을 해 본 적이 없어서라든가 당장 눈에 띄는 실적이 보이지 않는다는 등의 이유로 사업이 변질된 것이다.

청도반시 사례가 소득기반 조성사업의 우수 사례라면 하동녹차 또한 6차 산업화와 상품차별화로 소득기반 조성에 성공한 사례라고 할 수 있다([그림 7-20]). 특히 기업가적 마케팅과 그린투어리즘을 연계하여 세계적 수준의 명차로 발돋움하고 있다. 공동브랜드, 적극적 마케팅, 차문화센터 운영이 돋보일 뿐만 아니라 하동녹차사업에서는 청도보다 체계적으로 하동녹차 최고경영자교육 등의 혁신역량 강화사업을 잘 추진하고 있다.

여기서 보다 체계적이라고 하는 의미는 1회성 행사를 교육이라고 포장한 것이 아니라 연중 교육계획을 사전에 수립하고 객관적인 선정 기준에 따라 적정 인원의 교육생을 선발하여 역량 있는 외부 교육기관과 함께 교육과정을 운영한다는 것이다. 당연히 교육 목표도 설정되어 있어야 하고 교육 성과물도 객관적으로 보여 줄 수 있어야 한다. 중요한 점은 기존의 농업기술센터에서 눈도장 찍고 가는 식의 농민 교육과는 근본적으로 다른 프로그램이어야 한다는 것이다. 물론 하동의 경우도 예산이 충분히 편성되어 있지 않아 분임토의나 현장 체험을 통한 리더간 네크워크 형성 등의 교육 파급효과는 거의 없을 것으로 판단되지만, 이 정도로 인적 자원개발에 투자하고 있는 지역도 드문 것이 현실이다.

(4) ASP 모델

신활력사업 추진 모델인 ASP를 다시 한 번 살펴보도록 한다. [그림 7-21]은 당초 신활력사업 추진지침에 나와 있던 도식이다. 맨 밑에 Actor(혁신리더) 발굴, 그 다음 System(혁신환경) 형성, 맨 위에 Project(선도사업) 추진

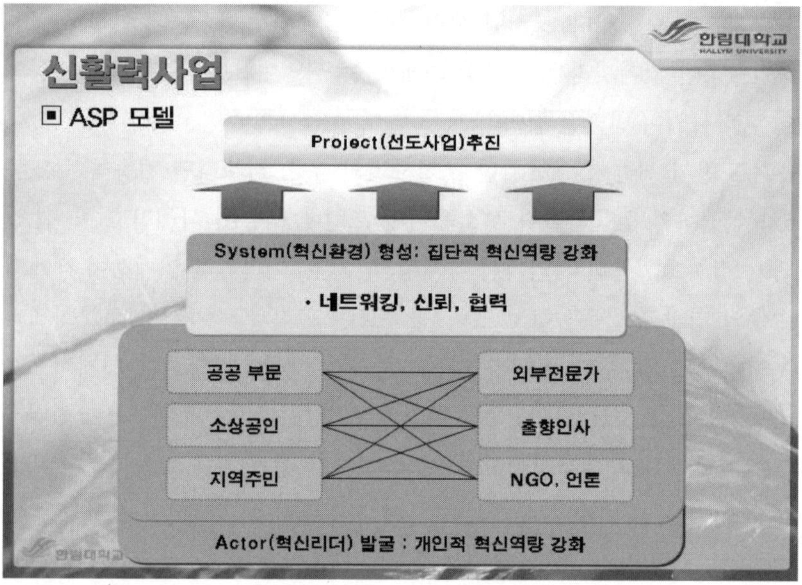

[그림 7-21] ASP 모델

에서 첫 글자들을 딴 게 ASP이다. 혁신리더 발굴사업을 개인적 혁신역량 강화라고 설명하고 있다. 여기서 혁신 리더들은 공공부문에도 있고, 소상공인일 수도 있으며, 단순히 지역 주민일 수도 있다.

신활력지역의 경우 공공부문의 역량이 매우 중요하다. 실제로 그 지역에서 제일 능력 있는 사람들이 모여 있다고 해도 과언이 아닌데 오랫동안 중앙의 통제와 지침에 익숙해져 스스로 기획하는 역량이 매우 떨어져 있을 뿐이다. 누가 그 업무를 담당하느냐에 따라 그 사업의 성패가 결정날 정도로 담당자의 역량이 매우 중요한 요소로 등장한다. 어떤 방식으로 실적을 평가하더라도 결국은 담당자의 기록관리 능력과 보고서 작성 능력, 그리고 발표력을 평가하는 것이라고 생각될 정도로 담당자의 역량이 중요하다. 실제 그런 능력을 갖춘 담당자가 사업 수행도 잘한다.

신활력지역의 공통적인 특징은 규모가 어느 정도 되는 기업이 없다는 것이다. 그러다 보니까 2차 산업은 거의 없고 구멍가게 수준의 영세 소상공인이 아주 많다. 필자가 자주 다니는 화천, 양구, 인제 지역은 주민보다도 주둔한 군인 수가 많은 지역으로 군인 상대의 서비스업에 종사하는 주민들의 비중이 매우 높다.

그리고 주민들 중 농사만 짓는 사람은 점점 줄어들고 있다. 특히 저출산, 고령화 문제가 아주 심각한 수준으로 대두되고 있다. 신활력지역의 경우 읍 지역을 제외하면 이미 초고령사회에 들어선 곳이 대부분이다. 인제군은 전국에서 남성 최장수지역으로 잘 알려져 있는데 그중에서도 기린면 서리에 가 보면 60세 이상 노인이 70%를 차지한다. 60여 세의 노인들은 청년회에도 못 끼고 노인회에는 쑥스러워서 못 나가는 웃지 못할 일이 벌어진다. 노인회에 나가는 순간 막내 취급을 받고 모든 심부름을 해야 하고, 아들이 80여 세인 103세 노인이 경로당에 미안해서 못 나가는 일도 있다.

(5) 수지어향(修之於鄉)

이 내부 인적 자원만으로 새로운 활력을 불어넣을 수는 없고 분야별로 외부 전문가나 출향인사가 자문활동 등의 형태로 도움을 줘야 한다. 지역의 자생적인 NGO나 언론도 함께해야 하는데 신활력지역의 또 다른 공통점은 NGO나 언론이 매우 취약하다는 점이다. 어쨌든 관-주민-외부 전문가의 기본적인 인적 네트워크가 자주 만나 허심탄회하게 지역현안을 논의하다 보면 어느 순간부터 서로 신뢰가 쌓이고 협력할 수 있는 분위기가 형성된다. 이 단계에서 분야별 연구회나 포럼을 구성하여 지속적으로 인적 네트워크가 가동되면 혁신환경이 형성된다. 말 그대로 집단적 혁신역량이 생겨나는 것이다. 이 시스템이 선도사업을 구상하고 실행하는

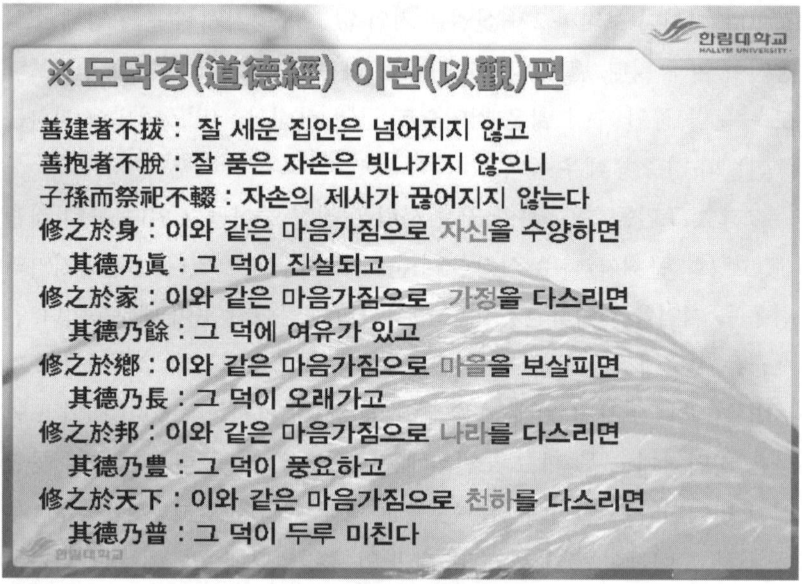

[그림 7-22] 修之於鄕 其德乃長

것이 바로 ASP모델이다. 그 이행 순서를 제대로 지켜야 한다. 그리고 이 모델은 우리의 전통적 사고와도 맥락이 닿는다.

대학(大學)에 나오는 수신제가치국평천하(修身齊家治國平天下)와 비교할 수 있겠는데 여기에는 마을이라는 중요한 요소가 빠져 있기 때문에 도덕경에 나오는 말을 인용해 보겠다. [그림 7-22]의 앞부분은 마음가짐을 의미한다. 집안을 잘 세우고 자손을 잘 품으려는 그런 마음가짐으로 자신을 수양하면 그 덕이 진실하고, 가정을 다스리면 그 덕에 여유가 있으며, 마을을 보살피면 그 덕이 오래간다는 이야기이다. 수신제가치국평천하가 다 들어 있으면서도 마을에 관한 것까지 나와 있다.

(6) Actor 발굴

그럼 Actor 사업은 어떻게 추진하느냐? 참여 주체로는 실제 교육대상자인 생산농가와 지원기관으로서 농협, 농업기술센터 그리고 교육 프로그램을 수행하는 연구기관이나 대학이 있다. 여기에 가공식품업체나 기능성 식품 생산업체도 교육 대상자나 현장탐방 대상으로 참여할 수 있으며 지역언론과 NGO가 있다면 제 역할을 할 수 있다. 이러한 예를 드는 것은 신활력지역의 대부분이 농촌지역에 있음을 고려했기 때문이다.

실제 교육내용은 농업인을 농촌경영자로 바꾸는 마을 리더 교육을 위시하여 생산농업인을 대상으로 하는 친환경농업기술 등의 전문교육과 국내외 벤치마킹을 들 수 있다. 중요한 것은 어느 정도 기본교육이 이루어진 후에 벤치마킹을 가야 제대로 효과를 볼 수 있다는 점이다. 앞에서

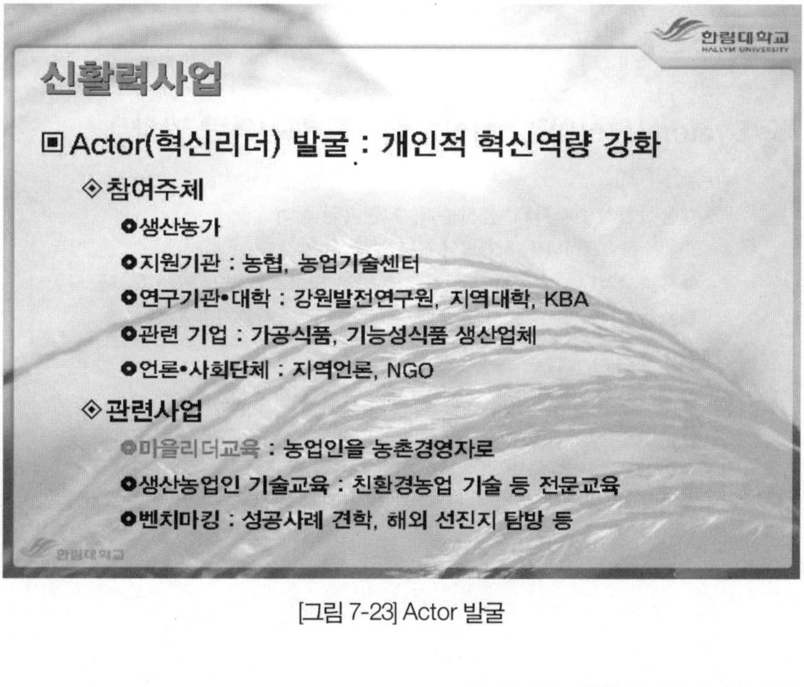

[그림 7-23] Actor 발굴

누차 강조했듯이 지기(知己) 후에 지피(知彼)해야 한다. 마을 리더 교육을 가장 체계적으로 하고 있는 지역으로는 인제군을 들 수 있다.

(7) 시스템 형성

시스템 사업은 기본적인 지역혁신 네트워크인 지자체-생산농가-지원기관의 틀에서 출발한다. 이는 신활력사업추진단 등의 형태로 제도적 기반을 갖추어 사업을 추진하는 주체가 되기도 하고 품질관리의무나 하자보상 관련 협약을 체결하는 등 생산협약의 주체가 되기도 한다. 이러한 생산협약이 이루어지기까지는 실제로 가동하는 인적 네트워크 안에 깊은 신뢰와 협력관계가 형성되어 있어야 한다.

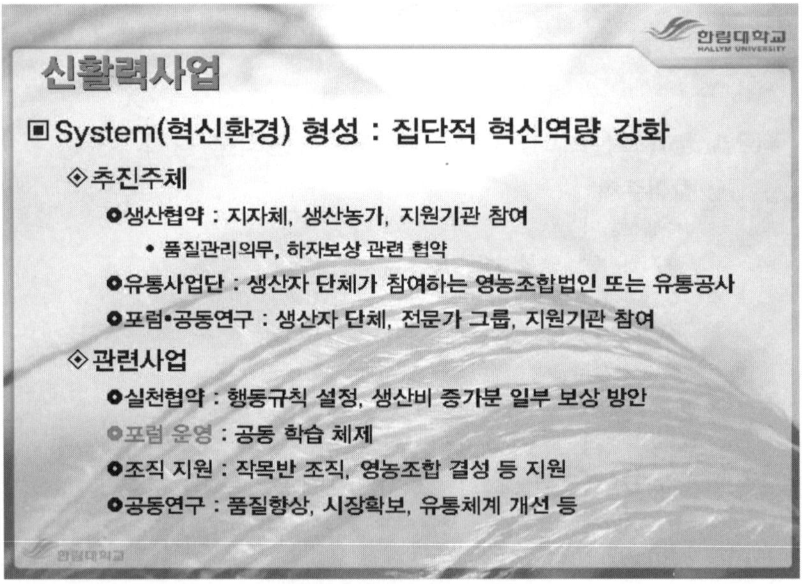

[그림 7-24] System 형성

생산단계의 협약 외에 생산자 단체가 참여하는 조합법인이나 유통공사 형태의 유통사업단을 결성하여 안정적인 판로 확보를 조직적으로 추진하기도 하고 외부 전문가를 끌어들여 포럼이나 공동연구를 수행하기도 한다. 여기서 한 가지 주의할 사항은 기존의 기초지자체들이 외부에 연구용역을 주는 것과는 구별하여야 한다는 것이다. 일반적으로 지자체에서 발주하는 연구용역은 과업지시서-착수보고서-중간보고서-결과보고서 150부의 순서대로 진행하는 가운데 사실상 지자체-주민-외부전문가의 기본적인 지역혁신 네트워크와는 무관하게 움직인다. 적어도 신활력사업에서는 이런 흐름을 바꿔야 한다. 연구개발의 각 단계에서 담당자-주민(또는 지역 업체)이 함께 참여하고 성과를 나눌 수 있어야 한다.

이같이 조직을 갖추어 수행할 수 있는 대표사업으로는 무엇보다도 지역을 학습과 실천의 장으로 바꾸는 연구회나 포럼 운영을 들 수 있다. 그밖에 친환경농업을 실천하기 위한 행동규칙을 설정한다거나 생산비 증가분의 일부를 보상하는 등의 실천협약을 지자체와 생산농가가 체결하는 것도 중요한 과제이다. 마을 구성원 중 하지 않겠다는 사람이 나오면 친환경농업을 시행하기 어렵기 때문에 필요한 신뢰와 협력관계를 쌓는 것은 필수적이기 때문이다. 그 밖에 작목반을 조직하거나 한발 더 나아가 영농조합법인을 결성하는 등이 이 범주에 들어간다. 품질향상을 도모하기 위한 공동연구나 시장 확보와 유통체계 개선을 위한 공동연구도 이 범주에 들어간다.

이러한 시스템 형성을 성공적으로 수행한 해외 사례로는 스페인의 감귤농가를 규합하여 세계 감귤 시장을 지배하고 있는 아네쿱(Anecoop)을 들 수 있다. 아네쿱은 약 25만 스페인 감귤농가가 참여하고 있는 110개 영농조합의 저장 · 가공 · 유통사업을 전담한다. 농민은 품질 좋은 감귤생산에 전념하고 그 이후의 일은 아네쿱에서 전담하는 식의 분업이 이루어져 있다. 아네쿱이 결성된 계기는 알 수 없으나 뉴질랜드의 제스프리는

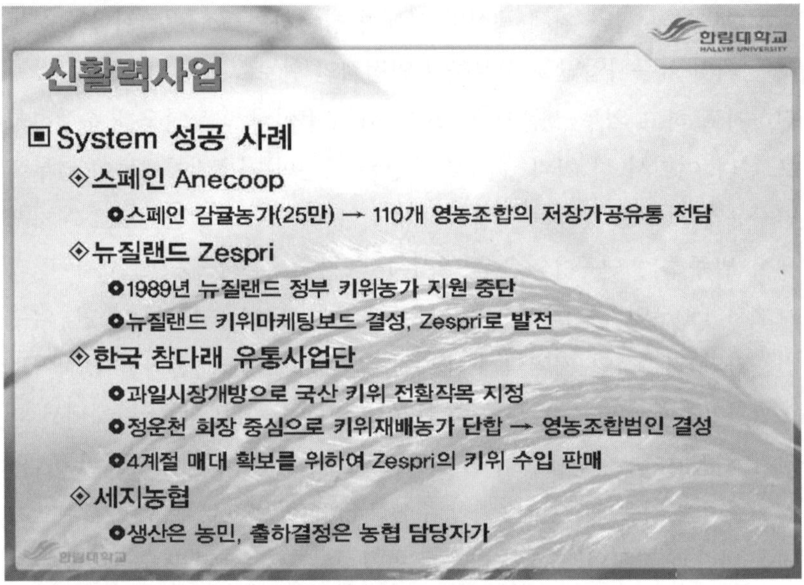

[그림 7-25] System의 성공 사례

1989년 정부에서 키위 재배농가에게 보조금 지급을 중단하면서 키위 재배농가들이 자구책으로 결성한 키위 마케팅보드가 발전한 것이다. 키위 재배농가들이 영농조합 형태로 결성한 마케팅보드는 정부와 협의하여 키위 수출에 관한 전권을 획득하고 생산 이후의 모든 단계를 전담한다.

보조금 지급 중단이 계기가 된 것은 우리나라의 한국참다래유통사업단의 결성과정과도 비슷하다고 할 수 있다. 홍수출하로 인한 수익 감소에 시달리다가 생산농가들의 지혜를 모아 시스템 형성에 성공한 사례로는 머스크멜런을 생산하여 유통하는 세지농협을 들 수 있다. 세지농협 회원농가는 파종 시기부터 출하 시기까지 협약에 의거하여 조절한다. 특히 출하 시기는 농협담당자의 결정에 따른다. 3일 평균값으로 공동정산을 하기 때문에 출하 가격에 대한 불만도 없다. 이렇게 회원 상호간, 그리고 농협 담당자와 신뢰를 쌓기까지 상당한 어려움이 있었던 것으로 알려진다.

생각보다 이 단계까지 올라가는 게 쉽지 않다. 양구군 동면 팔랑리의 곰취 재배농가들도 개별적으로는 잘들 하고 있는데 조직을 결성해서 사업을 하라는 조언에는 아직 별다른 반응이 없다. 지역조합이나 가공업체와의 갈등도 그대로 남아 있다. 최근 신활력사업 간담회에서 어느 정도 이런 갈등이 해소되긴 하였지만 세지농협과 비교하면 아직 개선될 사항이 많다.

(8) 프로젝트 수행

조직을 수행할 수 있는 대표적인 선도사업들로는 재배면적 확대, 생산자립기반조성, 신품종 연구개발, 가공식품 연구개발 등을 포함하는 생산

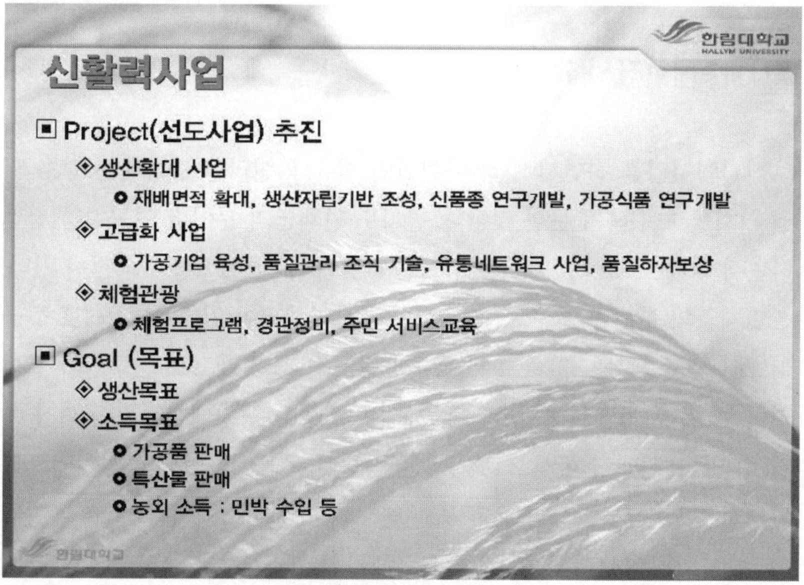

[그림 7-26] Project와 목표 설정

확대 사업과 가공기업 육성, 품질관리 조직 기술, 유통 네트워크 구축, 품질하자보상 등을 포함하는 고급화 사업, 그리고 체험 프로그램, 경관정비, 주민 서비스 교육을 포함하는 체험관광이 있다.

사업목표는 크게 생산목표와 소득목표로 나누어 볼 수 있다. 생산목표 설정에서 유의할 점은 판로확보가 전제되지 않으면 무의미하다는 것이다. 생산이 늘면 값은 떨어지게 마련이고 가공 산업 육성이나 체험관광으로 안정적인 판로를 확보하지 않으면 갈아엎어야 하는 경우까지 염두에 두어야 한다.

3. 사람 만들기

(1) 수해현장의 교훈

신활력사업을 하면서 가장 아쉬웠던 점은 혁신역량 강화라는 당초 사업 취지를 고수하지 못한 것이다. 필자도 인제군의 분야별 연구회를 점검하면서 한때 시설사업을 어느 정도는 허용해야 한다고 생각한 적이 있다.

인제군의 분야별 연구회는 다음과 같이 구성되어 있다. 모험 레포츠 클러스터 육성을 목표로 하고 있으니까 당연히 모험 레포츠 연구회가 결성되어 있고, 용대리 일대를 잘사는 동네로 바꿔놓은 황태산업 연구회가 빠질 수 없다. 한때 전국적으로 가장 유명했던 목공예산업도 사양산업으로 처지던 중에 신활력사업을 계기로 연구회를 구성하여 실력제고에 여념이 없고, 산림이 90%인 이 지역에 산림자원연구회가 없을 수 없다. 그 밖에 래프팅 등으로 인하여 생태계 파괴 일보 직전인 향토어족에 대한 연

[그림 7-27] 수해현장의 교훈

구회와 기린(麒麟)면이라는 이름에서 알 수 있듯이 사슴의 본고장이었던 인제군에 전통사슴을 복원하겠다는 사슴생태복원연구회와 마을단위의 지역혁신을 도모하는 마을혁신연구회가 있다.

2006년 5월경 각 연구회를 점검하던 중에 산림자원연구회에 들렀다. 산림자원연구회에서 벌이고 있는 여러 사업 중에 미산리 일대에 많이 심어놓은 돌배나무를 이용하여 고급술을 만드는 과제가 성공적으로 진행 중이었다. 이 돌배주를 제조하기 위하여 증류장비를 갖춘 연구동을 제법 많은 돈을 들여 지었다. [그림 7-27]의 왼쪽 사진이 바로 그 연구동이다. 여기서 나온 성과만을 놓고 볼 때 이런 종류의 시설사업은 꼭 지원해 주어야겠다고 생각했다. 그런데 이 연구동이 놓여 있던 장소가 한계리의 하천부지였다. 이 시설은 작년 여름 수해에 [그림 7-27]의 오른쪽 사진에서 보다시피 몽땅 떠내려가고 말았다.

[그림 7-28] 수해 복구에 앞장서는 마을 리더들

이렇게 집도 사람도 떠내려가 버린 엄청난 수해 속에 복구에 앞장선 것은 바로 마을 리더 교육으로 길러낸 사람들이었다([그림 7-28]). 시설은 떠내려가도 사람은 남아서 복구에 앞장서고 있었던 것이다. 평소 황태를 배달하던 트럭은 구호물자를 나르고 빙어축제와 모험 레포츠 축제에서 인기를 독차지하던 아르고는 부유물 수거와 실종자 수색에 동원되었다. 그 트럭과 아르고를 모는 사람들이 대부분 마을 리더 교육 출신인 점에 감동을 받았다. 사람이 시설을 만들 수는 있지만 시설이 사람을 만들 수는 없다.

[그림 7-28]의 오른쪽 기사는 그중에서도 피해가 극심했던 가리산리의 사례이다. 마을 리더 교육 1기생 출신인 김영선 이장은 수해현장을 국내에 유일한 방재 체험장으로 조성하려는 계획을 갖고 있다. 당시 엄청나게 퍼붓던 빗줄기도 재현하고 수해현장도 일부 보존해서 그 생태가 복원되

는 과정까지 도시 어린이들이 체험할 수 있도록 하겠다는 것이다.

(2) 마을 리더 교육

인제군의 마을 리더 교육은 자생적 지역발전에 필요한 리더 양성을 목적으로 운영한다. 교육생은 읍면 총무담당과 지역에 대한 애정, 혁신 마인드, 참여 의지 등을 고려하여 선발하며 교육성과를 올리기 위한 목적으로 엄격한 출결관리를 적용한 결과 1기의 경우 48명 중 27명이, 2기의 경우 53명 중 39명만이 수료를 하였다.

교육은 1년간에 걸쳐 매월 1회, 1박 2일 이상 모든 교육생과 강사진 및 담당 공무원이 함께 강의교육과 현장교육에 참여하는 방식으로 운영하였다.

딱딱한 이론 강의보다는 현장에 직접 적용할 수 있는 실무지식과 현장실습을 중심으로 프로그램을 구성하였고, 마을 리더로서의 역량을 키우고 리더간 신뢰와 협력을 고취하기 위하여 분임토의와 팀워크 형성 훈련에 역점을 둔 점과 부래미 마을, 한국참다래유통사업단, 청매실농원 등 현장탐방에 많은 시간을 들인 점이 이 교육과정의 가장 큰 특징이다.

(3) 심화학습

마을 리더 교육이 서로 서먹서먹한 여러 읍면의 리더들을 1년간에 걸쳐 신뢰와 협력을 기반으로 하는 인적 네트워크로 발전시키는 과정이라면 목공예연구회는 동일 직종의 전문인을 대상으로 하는 단기집중 심화학습 모델이라고 할 수 있다. 인제군의 목공예산업은 남원의 제기와 함께

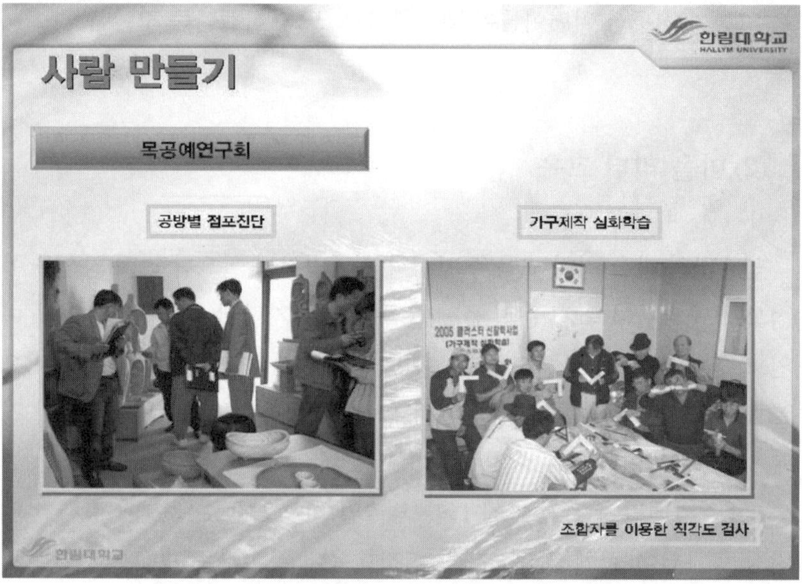

[그림 7-29] 목공예연구회의 심화학습: 공방별 점포진단과 가구제작

국내 목기산업의 양대 산맥을 형성해 왔으나 열악한 작업장 환경과 수익성 악화 등으로 후계자가 없어 사양길에 접어들었던 것을 신활력사업을 계기로 다시 태어나게 되었다. 신활력사업에 대한 지역 홍보차 인제군에 들렀을 때 마침 목공예조합의 연말 모임이 있었다. 여기에서 지역에 사람을 키우려는 신활력사업의 취지를 설명하자 그게 바로 자신들이 원하던 사업이라는 반응을 얻었다.

이들은 '나무의 숨결' 이정복 대표를 중심으로 뭉쳐 자신들이 취약한 분야는 외부 전문가를 섭외하고 공방별 점포진단을 시작으로 심화학습에 착수한 것이다([그림 7-29] 왼쪽). 목공예산업연구회원들은 취약한 분야로 가구제작([그림 7-29] 오른쪽), 정밀조각([그림 7-30] 왼쪽), 도장술(옻칠, [그림 7-30] 오른쪽)을 선정하고 각 분야의 권위자들을 지도교수로 모셨다.

분야별로 이론 20시간, 실습 100시간씩을 배정하고 3개월에 걸쳐 자신

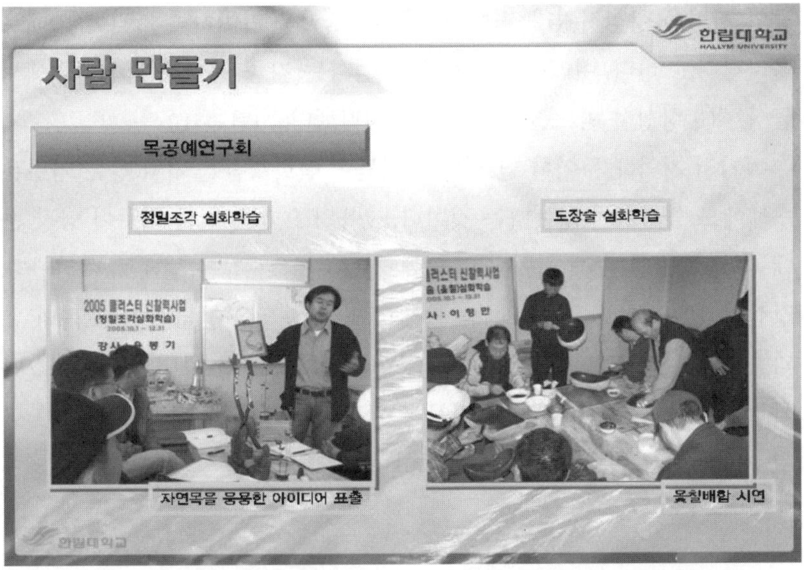

[그림 7-30] 목공예연구회의 심화학습: 정밀조각과 도장술

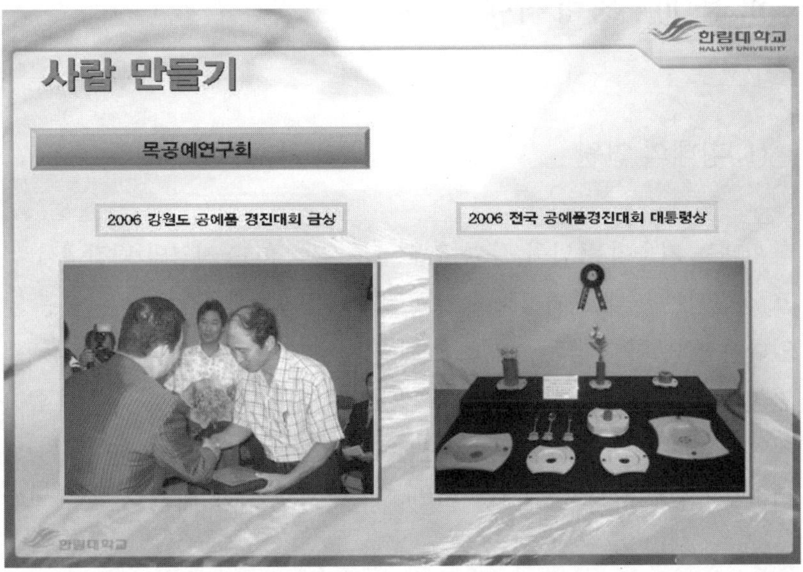

[그림 7-31] 목공예연구회의 심화학습 성과

들의 기량을 향상시켰다. 평범한 목기에 옻칠을 가미하면 가격이 10배로 올라간다고 한다. 이러한 심화학습의 성과는 각종 공예품 경진대회에서 금상, 대통령상을 받으면서 나타나기 시작했다([그림 7-31]).

여기서 기억해 두어야 할 사항은 이들이 심화학습을 거쳐 쌓은 기량은 수해에도 쓸려가지 않는다는 것이다. 교육의 효과는 건물 짓듯이 당장 눈에 띄지 않지만 수해 복구나 목공예 기량 향상과 같은 형태로 나타난다. 장성아카데미를 전국적인 성공 사례로 만든 김흥식 전 군수는 교육의 효과를 콩나물 기르는 데 비유한다. 콩나물시루에 물을 주면 그 물이 그냥 다 빠져 나가는 것 같지만 콩나물은 자란다는 것이다. 지역에 인재가 귀할수록 인적 자원개발에 힘을 쏟아야 한다.

4. 용대리 황태 사례

(1) 황태의 연원

황태는 겨울이 유난히 길고 추운(평균 섭씨 -10도) 지역의 덕장에서 건조 생산되는 명태를 지칭하는 것으로서 건조과정에서 밤중에는 꽁꽁 얼었다가 낮에 다시 녹는 과정을 12월 중순부터 이듬해 3월까지 약 4개월간 반복하게 된다. 명태 어획량이 많고 겨울이 추운 함경도 지방이 원산지였다고 하며 한국동란을 거치면서 피난 온 실향민들에 의하여 전승되어 그 기후가 유사한 진부령 일대에서 다시 뿌리가 내린 것으로 파악(1960년대)된다.

용대리 일대는 매서운 추위와 세찬 바람으로 인하여 1990년대 초까지

[그림 7-32] 용대리

개발에서 소외되었으나 한류성 고기압을 설악산이 막아주는 등 오히려 황태 생산에 최적의 입지 조건으로 주민에게 보답해 주고 있다. 황태와 북어가 어떻게 다르냐고 묻는 사람들이 있다. 필자는 명태를 아무데서나 말린 게 북어이고 용대리에서 말린 게 황태라고 답한다.

(2) 용대리의 지역적 특성

용대리는 접경지역인 인제군에 위치하고 있다. 행정구역상으로는 십이선녀탕이 있는 1리, 백담사가 있는 2리, 그리고 황태촌이 있는 3리, 이렇게 구분된다. 용대 1리에서는 농사가 어느 정도 된다. 용대 2리는 앞에서 다루었지만 백담사라는 커다란 관광자원이 있고 요즘은 표고로 알려지고 있다. 용대 3리는 농사를 못 지을 정도로 척박한 곳이다. 그럼에도 불구하고 용대리 일대는 수려한 자연환경 및 풍부한 관광 자원을 보유하고 있다. 설악산, 백담사, 십이선녀탕, 용바위, 도적폭포, 미시령계곡, 용대리 자연휴양림 등이 원형을 보존하고 있으며 주 5일 근무제의 도입과 함께 황태산업과 연계한 체류형 관광지로서의 가능성을 보여 주고 있다.

지금까지 인제군 일대의 발전에 제약으로 지적되어 왔던 접근성에서도 획기적인 개선이 이루어져 44번 국도의 확장 · 포장과 미시령 동서관통도로 준공으로 중국을 중심으로 하는 동북아 관광통상이 증가할 전망이다.

(3) 지역특산품의 발굴과 정착

황태가 용대리의 지역특산품으로 부각되기 이전에는 산악지형에서 자생하는 치커리, 인진쑥, 도라지, 가시오가피, 당귀, 영지, 곰취, 더덕, 얼레지 등을 채취하여 판매하는 것이 지역 주민들의 유일한 농외수입원이었다. 1980년대 중반 비닐 포장을 도입하여 매출액을 대폭 신장한 것을 계기로 제품 개발과 상품 디자인의 중요성을 인식하게 되었으며 관련 가공 업체 및 판매 업체 수가 증가하였다.

황태를 생산하기 시작한 것은 1960년대부터였는데 이제는 단순히 명태를 가공 · 판매하는 차원을 탈피하여 황태를 테마로 하는 지역관광의 성공 사례로 발전하고 있다. 용대리가 이와 같은 마을단위 지역혁신의 성공 사례로 떠오르기까지는 주도 업체의 출현, 즉 시스템 형성을 이끈 리더들의 경륜이 중요한 역할을 하였다.

1990년대에 들어서며 관련 업체 수의 증가에 따라 이를 결집하여 조직화할 필요성이 대두되었으며 개인 사업자 중심의 영세성을 탈피하기 위

[그림 7-33] 황태 덕장: 오른쪽은 '서울 1945' 세트장으로 활용

하여 북설악영농조합을 결성하였다. 북설악영농조합에서는 인진쑥, 도라지 등 산채 가공제품과 황태를 원료로 하는 복합조미료 '구시다'를 개발해서 출시하였으며 농특산물 종합 전시장을 개장하고 해외 판촉활동을 주도하여 1999년부터 미국, 일본, 동남아 지역에 수출을 개시하였다. 그뿐만 아니라 인터넷 전자상거래 기반 구축으로 도시민과의 직거래(http://www.yongdaeri.com 참조) 채널도 열어 놓고 있다.

북설악영농조합이 연구개발에 많은 자금을 투자하다 부도가 나자 마을 주민들은 현 군의원인 김상만, 황태촌 대표 이강열 등을 중심으로 용대황태영농어업조합을 조직하였는데 이는 겨울철 이상 난동에 따른 상품가치 하락에 대처하기 위한 냉동 창고의 건립을 목적으로 출범하였다([그림 7-34]). 이 냉동 창고의 건립 과정에서 마을리더의 역할이 나타났다. 당시 사업추진위원장이던 이강열 현 황태촌 대표는 냉동 창고 건립비용

[그림 7-34] 냉동 창고

으로 7억 원 지원을 약속받았으나 자신들이 건조하는 물량으로 판단할 때 부족할 것으로 여겨져서 4억 원을 더 마을에서 출연하여 제 구실을 할 수 있는 냉동 창고를 건립하자고 제안한다. 그냥 지원받은 돈만 갖고 짓자는 주민들과 석 달을 씨름한 끝에 주민 동의를 얻어 냉동 창고를 건립한다.

냉동 창고의 건립으로 황태의 상품가치 하락을 방지할 뿐 아니라 명태를 적기에 확보하고 보관할 수 있게 되어 가격 경쟁력을 높일 수 있게 되었다. 황태의 생산 및 유통, 마케팅에 주민이 공동 참여할 수 있는 조직으로 발전한 것이 마을단위 지역혁신의 중요한 계기라고 볼 수 있다.

주도 업체의 출현과 함께 황태 관련 업체의 육성이 이루어졌는데 황태 생산업체는 1998년 9개 업체에서 2003년 37개 업체로 증가하였고 황태 가공업체, 황태 판매업체, 황태 전문 음식점 등이 함께 증가하였다. 용대리 주민의 80%가 황태 관련 업종에 종사하고 있으며 바람직한 마을단위 지역혁신 모델로 성장하고 있다.

(4) 황태축제

[그림 7-35] 황태축제

용대리의 발전과정에서 축제 개최를 통한 이미지 홍보를 빠뜨릴 수 없다. 1998년 인제군에서는 문화행사의 하나로 빙어축제를 개최하였는데 첫해 1만 명이 관람하고 5,000만 원의 수익을 올릴 수 있었다. 2003년 제7회 빙어축제에는 62만 명 관람에 99억 원의 수익을 창출할 정도로 성공적인 축제로 성장하였는데 이와 같은 지자체의 성공에 자극받아 황태를 주제로 하는 주민 주도 마을축제를 기획하기에 이르렀다.

당초 기대했던 외부 재정 지원이 불가능해지자 주민 성금으로 5,000만 원의 행사자금을 마련하여 1999년 1회 축제에서는 5만 명 관람에 2억 원의 수익을 올리고 2003년 6회 축제에서는 25만 명 관람에 7억 원의 수익을 올릴 정도로 성장하였다. 황태축제는 철저히 주민 주도로 황태를 용대리의 향토 산업으로 그 이미지를 홍보하는 데 크게 기여하였으며 지역 특성을 살리고 관광 상품으로 개발하는 데 성공한 것으로 평가받고 있다.

(5) 적극적인 주민 참여

용대리는 지역 주민 참여의 모범 사례로 꼽힌다. 주민의 30%를 차지하는 30~40대 청장년층이 북설악영농조합과 용대황태영농어업조합의 결성을 주도하였으며 황태의 생산, 유통, 마케팅에 공동 참여하고 있다. 용대리 주민들은 지역혁신에 필요한 인재 육성의 중요성을 무엇보다도 깊이 이해하여 노력과 투자를 아끼지 않고 있다. 한 학년 20명 내외인 용대초등학교에 매년 장학금을 지급하고 있으며 지역 출신 대학생에게도 소정의 장학금을 지급하고 있다.

지역경쟁력 강화를 위한 노력도 주목할 만하다. 지역혁신을 선도하고 있음에도 국내외 벤치마킹을 게을리하지 않고 있어서 주민, 업체 대표, 이벤트 사 대표, 공무원 등이 함께 중국 하얼빈시의 빙등제 등을 관람하

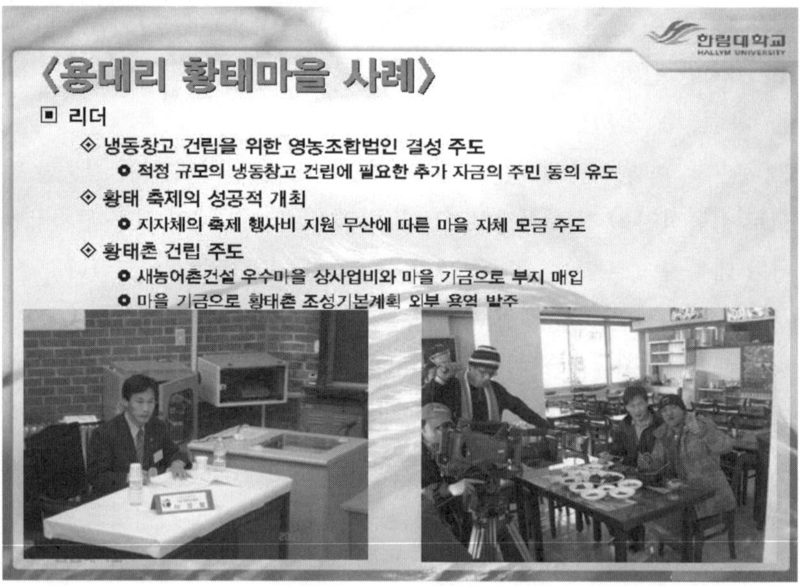

[그림 7-36] 신뢰받는 리더

여 얻은 아이디어를 바탕으로 백담사 만해 마을 주변에 아이스 테마파크를 조성하고 황태의 보완재로서 관광 자원화에 성공하였다.

용대리 성공을 뒷바라지하고 있는 것은 신뢰받는 마을 지도자들이다. 마을 주민들도 이장에게 모곡으로 지급하던 것을 월급제로 전환하여 마을 일에 전념토록 제도화하였으며 용대 2리의 경우 이장으로 하여금 용대향토기업 대표이사를 겸직토록 하였다.

이 같은 용대리 주민들의 노력에 대하여 중앙 및 지방정부는 2001년 용대 3리 새농어촌건설 우수마을 선정(강원도), 2001년 신지식인 마을 선정(행정자치부), 2001년 북설악영농조합 석탑산업훈장 수상, 2003년 농촌관광 체험 우수마을 선정(농림부), 2004년 지역향토산업 선정(중소기업청), 2004년 농촌종합개발사업 선정(농림부), 2005년 용대 2리 새농어촌건설 우수마을 선정, 2007년 용대 1리 새농어촌건설 우수마을 선정 등으로 보답

[그림 7-37] 황태촌

하였다. 이 마을 주민들은 시상금을 지역발전계획 수립에 활용할 정도로 혁신 감각을 갖추고 있다. 새농어촌건설운동 시상금 5억 원에 마을 자체 자금 2억 원을 합하여 미시령 삼거리 일대에 황태촌 조성 부지를 매입하고 "황태마을 개발계획 및 사업타당성 검토" 용역을 발주(3천만 원)하여 2003년에는 마련된 부지와 용역 보고서를 토대로 인제군에 행정지원을 요청하기에 이르렀다. 인제군청 측의 긍정적 검토에 따라 건립한 황태촌에는 황태 판매장, 가공시설 등이 들어서고 황태촌 앞 주차장은 축제장으로 활용하고 있다.

(6) 지방자치단체의 지원

마을단위 지역혁신체계의 중요한 축인 지방자치단체의 지원을 살펴보

[그림 7-38] 매바위 인공폭포

기로 한다. 인제군청은 황태산업만으로는 부족한 연계관광코스 개발에 적극적인 역할을 담당하였다. 매바위 인공폭포 조성으로 황태축제와 연계한 빙벽타기 대회 등을 개최할 수 있게 하였고 연계 관광상품으로 백담사 만해 마을을 조성하여 용대리를 설악산, 백담사 등 인근 관광자원과 연계한 새로운 유형의 관광단지로 육성하고 있다. 순수 민간 주도로 시작한 황태축제에 대한 지원에도 적극적으로 나서고 있어서 축제기간 중에 관광객 편의시설을 제공한다거나 홍보활동, 오물 수거, 의료봉사활동 등을 지원하여 축제의 성공을 돕고 있다.

(7) 소득증대와 고용 창출효과

마을단위 지역혁신의 최종 목표인 주민 소득증대와 고용 창출 측면을 살펴보기로 한다. 황태 특산품 업체는 1998년 9개 업체 64억 원 매출에서 2003년 37개 업체 173억 원 매출로 성장하였으며 37개 업체에서 450명을 고용하기에 이르렀다(대부분 마을 주민). 전국 황태 생산량의 70%를 점유하고 있으며 용대리 주민의 80% 이상이 황태 관련 업종에 종사하고 있다.

인근 주민(원통 일대) 2,000여 명이 황태 생산 시기에 관태끼우기 등으로 농한기 소득을 창출하고 2003년에만도 황태 생산을 위한 명태 확보액이 115억 원에 이르고 있다. 명태 할복, 명태 내장 젓갈 담그기 등으로 동해안 지역의 소득 증대에도 일조하고 있으며, 체류형 관광지 조성을 목적으로 황토민박 등 숙박시설에 민간투자가 늘고 있다. 황토방 45동 40억 원, 펜션 등 경관주택 30동 50억 원, 내설악용대관광지 41필지가 84억 원에 분양 완료되기에 이르렀다.

참고문헌

김위찬, 르네 마보안, 2005. 『블루오션 전략』, 강혜구 역. 교보문고.

모리히코 히라마쓰, 1993. 『지방화시대의 새로운 사고』, 한국정보문화센터.

윤재근, 2006. 『한 권으로 읽는 주역』. 동학사.

이영문, 1999. 『모든 것은 흙 속에 있다』. 양문.

______, 2001. 『이 세상에서 가장 게으른 농사꾼 이야기』. 양문.

______, 2005. 『태평이가 전하는 태평농 이야기』. 연화.

피터 드러커, 2001. 『미래경영』, 이재규 역. 청림출판.

8장 사회적 일자리와 지역의 고용정책

황덕순(대통령 비서실 비서관)

1. 사회적 일자리, 사회적 기업, 사회적 경제

한국에서 사회적 일자리의 개념은 1997년 말의 외환금융위기에 따른 경제위기 상황에서 추진된 실업대책과 관련해서 처음 등장하였다. 정부는 제도화된 사회안전망이 불충분한 상황에서 대량실업에 대응해서 대규모 사채 총액근로사업을 시행하였다.

사채 총액근로사업에 대해서는 다양한 평가가 있으나, 기본적인 성격은 저소득층의 '생계보호'를 위한 '임시적인' 일자리이다. 운영방식에서 사채 총액근로사업은 1년을 3개월씩 4개 단계로 나누어서, 3개 단계 이상 연속적인 참여를 제한하였다. 따라서 민간 위탁사업에 참여한 민간단체들은 실업 문제가 심각한 상황에서 일자리의 연속성이 보장되지 않고, 사채 총액근로가 안정적인 일자리로 전환되기 어렵다는 문제를 제기하였다.

민간단체들은 사채 총액근로사업의 한계에 대응해서 "어떻게 하면, 사채 총액근로사업을 안정적인 일자리로 정착시킬 것인가"를 고민하게 되었고, 이와 관련해서 1999년도에 도입된 국민기초생활보장제도와 자활지원사업은 새로운 가능성을 제시해 주었다. 한편 사채 총액근로사업의 제도화 방안과 관련해서 제3섹터, 사회적 경제, 사회적 기업 등에 대한 관심이 고조되었다. 이러한 외국의 사례에 대한 연구로부터 이들을 아우를 수 있는 개념으로 '사회적 일자리'가 제시되었다.

따라서 사회적 일자리라는 개념은 처음부터 명확한 지시 대상과 범위를 가진 개념이 아니라, 외국의 유사한 사례들을 총칭하는 개념으로 설정된 것이었다. 이에 대해 신명호(2004)는, "원래 '사회적 일자리'라는 용어는 1990년대부터 유럽에서 등장한 '사회적 경제', 혹은 '사회적 기업'의 모델 개념을 우리나라에도 적용해 보자는 뜻에서 만들어진 말이다"라고 정확히 제시하고 있다.

사회적 일자리 개념이 실업자 지원활동을 수행하던 시민사회 영역을 넘어서, 본격적으로 사채 총액의 영역에서 논의되기 시작한 것은 『빈곤과 실업극복을 위한 국제포럼(부제: 자활사업 활성화와 사회적 일자리 창출)』이었다. 국제포럼의 자료집에서는 국제포럼의 배경과 관련해서 "빈곤과 실업극복을 목표로 하는 사회적 기업의 내용을 정리하고, 이를 우리 사회에 적용하기 위한 제도적 조건을 검토하고자 한다. 또한, 사회적 기업의 정착을 위한 민과 관의 역할과 협력 방안을 모색한다"라고 제시하고, 목적과 관련해서 "장기실업 대책과 빈곤 문제 해결을 위한 고용 및 복지대책으로서 사회적 일자리 개발의 필요성과 의의를 한국 사회에 널리 알린다"로 선언하였다. 이는 처음부터 사회적 일자리가 사회적 기업과 밀접한 관계 하에서 제시되었다는 점을 보여 준다.

이러한 과정을 거쳐서 사용되기 시작한 사회적 일자리라는 개념은 2000년도 이후부터는 출발점이 된 '제3섹터의 일자리'나 '사회적 기업'이라는 개념을 대신해서, 지역사회에서 일자리 창출을 모색하던 시민사회 영역으로 광범위하게 확산되기 시작했다. 따라서 사회적 일자리의 개념을 더 분명하게 하기 위해서는 외국에서 일반적으로 사용되는 개념인 사회적 기업에 대해서 살펴볼 필요가 있다. 또 사회적 기업의 개념을 검토하기 위해서는 이보다 선행하는 개념인 '제3섹터', '사회적 경제', '비영리조직(Non-Profit Organization)'의 개념을 먼저 살펴볼 필요가 있다. 외국에서 사회적 기업은 이들을 기반으로 등장한 것이기 때문이다.

'제3섹터', '사회적 경제', '비영리조직' 가운데 가장 먼저 살펴보아야 할 것은 '제3섹터'이다. 제3섹터라는 개념이 자본주의 사회를 구성하는 정부 부문(제1섹터)과 민간 영리기업 부문(제2섹터)을 제외한 나머지 다양한 조직으로 구성되는 광범위한 민간부문을 통칭하는 비교적 '가치중립적'인 개념이기 때문이다. 제3섹터에 관한 EU의 연구보고서에서 Campbell(1999)은 일반적으로 제3섹터를 구성하는 조직의 특징을 다음과 같이 제시하고 있다.[1] 이에 따르면 제3섹터는 ①사채 총액이나 민간부분에서 공급되지 않는 욕구를 충족하기 위한 활동을 하는 조직, ②자주적으로 조직되고 관리되는 조직, ③지역공동체에 기반하거나 이를 지향하는 활동을 하는 조직, ④이윤을 분배하지 않는 비영리조직, ⑤자원봉사를 포함한 자선에 기반한 활동을 하는 조직으로 정의된다. 물론 각각의 조직은 위의 다섯 가지 특징을 모두 갖지 않을 수도 있다. 제3섹터가 유럽에서 차지하는 사회적 역할은 매우 크다. 제3섹터는 크게 협동조합(Cooperatives), 상호 부조조직(Mutuals), 이 외의 자발적 조직(Associations)들로 구성된다.

한편 유럽에서는 1990년대부터 사회적 경제라는 개념이 제3섹터라는

1) Campbell(1999)에서 제시된 제3섹터의 특징은 EU 차원의 제3섹터 규모를 추정하기 위한 연구에 사용된 것이다.

개념과 병행해서 사용되고 있는 것으로 보인다. 고용지침(Employment Guideline)을 포함한 EU의 여러 문헌들에서도 제3섹터라는 표현보다는 사회적 경제라는 표현을 사용하고 있다. 제도적 측면에서 사회적 경제의 구성요소들로 제시되는 것은 제3섹터와 마찬가지로 협동조합, 상호 부조조직, 이 외의 자발적 조직들이다.[2] 따라서 포괄 범위라는 차원에서 대부분의 논자들이 제3섹터와 사회적 경제를 구분하지 않고 사용하는 것으로 보인다. 그러나 사회적 경제라는 용어에는 법 · 제도적인 측면 이외에도 규범적인 함의가 포함되어 있다. Defourny (1999)에 따르면 사회적 경제를 구성하는 조직들은 다음과 같은 특징을 갖는다.[3]

"사회적 경제는 다음과 같은 원리로 대표되는 윤리적 입장을 갖는 협동조합 및 관련된 기업, 상호 부조조직, 자발적 조직들에 의해 수행되는 경제적 행위를 포괄한다.

· 목표로서 이윤보다는 구성원이나 지역사회공동체의 이익을 위해 활동
· 독립적인 운영(사채 총액부문로부터의 — 역자)
· 민주적인 의사결정과정
· 소득의 배분에 있어서 자본보다는 인간과 노동을 먼저 고려"

이러한 사회적 경제의 규범적인 함의는 비영리조직과 가장 구분되는

2) 흔히 사회적 경제의 구성 부문과 관련해서 CMAF라고 해서 C(cooperatives), M(mutuals), A(associations)에 더해서 F(foundations)를 추가하기도 한다.

3) 이하에서 살펴보는 사회적 경제와 비영리조직의 관계, 사회적 기업에 대한 정의는 Defourny(1999)에 기반한 것이다. 사회적 기업에 대한 그의 정의는 개인적인 것이라기보다는 사회적 기업과 관련된 연구를 수행하고 있는 유럽 차원의 다양한 연구기관들이 연합한 EMES(www.emes.net)가 공동으로 도출한 것이라고 보아야 할 것이다. 이 명칭은 이 그룹들이 처음 수행한 공동연구인 'The Emergence of Social Enterprise' 에 기초한 것이다.

특징 가운데 하나이다. 사회적 경제가 유럽에서 주로 사용되는 개념인 반면, 비영리조직은 미국에서 전통적으로 사용되어 온 개념이다. 비영리조직을 특징짓는 가장 중요한 요소는 법적인 측면에서 면세혜택을 부여받는 조직이라는 점이다. 미국에서는 조세법을 통해서 법적으로 규정하는데, 연방조세법에 의하면 연방 소득세로부터 면세혜택을 받을 자격이 있는 26가지의 조직 유형이 기술되어 있다. 이들 조직은 소득을 조직의 구성원이나 대표의 이익을 위해 전혀 사용하지 않으며(분배의 제한원칙), 이를 정관에 명시하였다는 공통점을 갖는다. 이러한 비영리조직은 주로 학교, 전문대학, 대학교, 병원, 미술관, 도서관, 보육시설, 사회 서비스 기관 등 다양한 조직들로 구성된다.

사회적 경제와 비영리조직 사이의 가장 큰 차이는 앞에서 제시한 '분배의 제한' 원칙이다. 사회적 경제 — 혹은 유럽적 정의에 따른 제3섹터 — 를 구성하는 중요한 조직인 협동조합과 상호 부조조직이 이 기준에 따른 비영리조직으로부터 배제되기 때문이다. 또한, 규범적인 측면에서 사회적 경제와 달리 비영리조직은 명시적인 사회적 목적, 즉 '이윤이 아니라 구성원이나 지역사회공동체의 이익을 위해 활동'한다는 목적을 갖지 않는다.

제3섹터, 사회적 경제, 비영리조직에 대한 위의 비교로부터 대체로 다음과 같은 관계를 도출할 수 있다. 우선 셋 가운데 가장 포괄적인 개념은 제3섹터이며, 유럽에서 많은 경우 사회적 경제와 제3섹터는 동일시된다. 두 번째로 비영리조직에는 구성원에게 이익을 배분하는 협동조합이나 상호 부조조직을 배제하기 때문에 제3섹터보다는 범위가 좁아서 부분집합을 구성한다고 볼 수 있다. 세 번째로 만일 규범적인 요소를 강조해서 비영리조직 가운데 일부가 사회적 경제에 포함되지 않는다고 규정할 경우 제3섹터를 더 넓게 정의해서 사회적 경제와 비영리조직의 합으로 구성된다고 볼 수 있다. 여기에서는 첫 번째와 두 번째까지를 고려해서 제3섹터와 사회적 경제는 동일한 것으로, 비영리조직은 그 부분집합으로 정의하고자 한다. 이를 그림으로 도해하면 다음 [그림 8-1]과 같다.

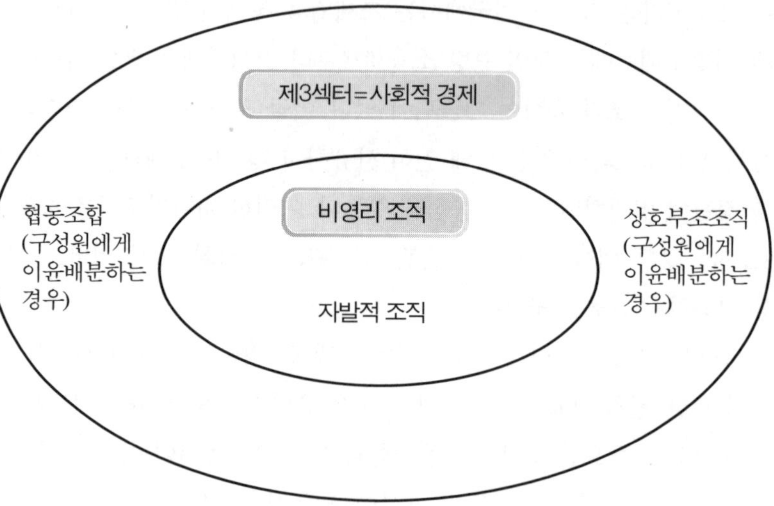

[그림 8-1] 제3섹터, 사회적 경제, 비영리조직의 관계

이제 제3섹터, 혹은 사회적 경제를 배경으로 유럽 사회에서 성장한 사회적 기업에 대해서 살펴보자. 1990년대 들어 사회적 경제의 범위에는 포함되지만, 전통적으로 이 부문을 구성하던 조직과는 특성이 다른 조직들이 크게 성장해 왔다(Campbell, 1999; Lloyd et al., 1999). 새롭게 성장하는 조직들의 주된 활동은 각 지역공동체 차원에서 장기실업자나 빈곤계층의 사회적 배제 문제에 대응하거나 사회적 서비스를 공급하는 것이다. 사회적 기업은 바로 이러한 조직들을 포괄적으로 지칭하는 개념으로 형성되었다. 조직 형태 차원에서 사회적 기업들은 나라별로 법 · 제도적인 배경이나 형성과정에 따라서 협동조합, 비영리조직, 기타 일반적인 민간단체 제3섹터를 주요 기반으로 하지만, 민간기업의 형태를 띨 수 있다.[4] 또한,

이탈리아, 프랑스, 벨기에, 포르투갈 등 여러 국가들에서는 사회적 목적을 갖고 경제활동을 하는 다양한 형태의 사회적 기업에게 별도의 법적인 지위를 부여하기도 한다(Spear and Bidet, 2003).

사회적 기업은 1990년대 이후의 유럽의 사회경제적 변화의 소산이기 때문에 아직 오랜 기간을 거쳐 역사적으로 형성된 고정된 지시 대상을 갖는 개념은 아니며, 각국의 다양한 경험에 기반해서 추출해 낸 공통의 특성에 의해서 정의되고 있다. 이러한 공통의 특성은 다음과 같다(Defourny, 1999).

· 재화를 생산하거나 서비스를 판매하는 지속적인 활동
· 높은 수준의 자율성
· 상당한 수준의 경제적 위험을 안고 활동
· 일정 수준의 이상의 유급 노동 포함
· 지역사회 이익을 명시적으로 추구
· 시민들에 의해 자발적으로 등장
· 의사결정권이 자본소유에 기반하지 않을 것
· 조직의 활동에 의해 영향을 받는 사람들도 의사결정에 참여
· 제한적인 이윤 배분

위의 여러 가지 요소 가운데 가장 중요한 특징은 바로 첫 번째로서 명시적으로 경제적 생산활동에 참여한다는 점이다. 또한 사회적 기업을 '사회적'이라고 불릴 수 있게 하는 것은 지역사회 이익을 명시적으로 추구할 뿐만 아니라, 의사결정에 다양한 이해당사자들이 참여하는 민주적인 구

4) 한국의 경우에도 생산자 협동조합운동이나 자활공동체로 성장한 조직들이 법적으로는 주식회사나 개인회사의 형태를 띠고 있는 경우가 많다.

조를 갖는다는 점이다.

또 한 가지 중요한 것은 사회적 기업이 '기업'으로 불린다고 해도 반드시 '전통적인 의미의' 법적인 기업 형태를 갖는 것이 아니라, '생산적이라는' 활동의 특성을 의미하는 것으로서 매우 다양한 형태의 조직들을 포괄한다는 점이다. 구체적으로는 사회적 경제를 구성하는 협동조합, 상호 부조조직, 자발적인 결사체일 수도 있으며, 법적으로는 '민간 영리기업'의 형태를 띠고 있을 수도 있고, 더 나아가서 이들 조직의 일부가 일정 기간 지속적으로 수행하는 일시적인 '활동단위'까지를 포함한다는 점이다.

사회적 기업의 개념을 이렇게 이해할 경우,[5] 처음 한국에 사회적 일자리의 개념이 도입될 때 일부에서 이미 제시했던 것처럼, 사회적 일자리와 사회적 기업은 서로 분리되는 개념이 아니라, 동일한 현상의 서로 다른 측면, 즉 '조직 주체'와 '활동의 성격'을 지칭하는 개념이라는 점이다. 다시 말해서 **'사회적 일자리는 사회적 기업이 창출하는 일자리'**이다. 그 동안 사회적 일자리에 대해서 제시된 여러 가지 개념들은 조직 주체 측면보다는 주로 활동의 성격이 갖는 여러 가지 측면들을 중심으로 제시한 것으로 볼 수 있다. 따라서 이 보고서에서 앞으로 사회적 일자리와 사회적 기업이라는 용어를 문맥에 따라 적절히 선택해서 사용하겠지만, 둘은 서로 같은 함의를 갖는다.

사회적 기업이 수행하는 다양한 활동들이 있지만, 크게 보아서 '지역사회에 필요한 사회적 서비스를 공급'하는 활동과 취약계층의 '노동시장 통합을 위한 활동'으로 구성된다. 물론 많은 사회적 기업들은 둘을 병행하기도 하며, 취약계층의 노동시장 통합을 위한 활동으로 지역사회에서

5) 이러한 정의는 유럽 각국의 다양한 경험을 종합해서 도출된 것이다. EMES는 유럽 차원에서 이러한 정의를 기반으로 이후에도 The ELEXIES Project(2002~2003), The PERSE Project(2001~2004) 같은 비교연구를 통해서 사회적 기업의 개념과 이 부문의 발전을 촉진해 오고 있다.

사회적 서비스를 제공하는 경우와 같이 통합적으로 수행하기도 한다. 최근에는 노동시장 통합을 위한 활동을 주로 하는 사회적 기업을 지칭하는 '노동시장 통합형 사회적 기업(work integration social enterprise: WISE)'이라는 개념이 사용되고 있다.

위에서 제시한 [그림 8-1]에 지금까지 살펴본 사회적 기업과 노동시장 통합형 사회적 기업의 개념을 통합해서 각각의 관계를 다시 정리한 그림이 [그림 8-2]이다. 이에 따르면 사회적 기업은 비영리조직뿐만 아니라 여기에 포함되지 않는 협동조합이나 상호 부조적 조직일 수도 있으며, 사회적 기업의 일부인 노동시장 통합형 사회적 기업도 마찬가지이다. 조직의 법적인 형태라는 측면만 고려할 때, 전통적인 사회적 경제에 포함되지 않는 민간기업의 경우에도 사회적 기업의 정의에 부합하는 한 여기에서는 사회적 경제에 포함되는 것으로 간주하였다.

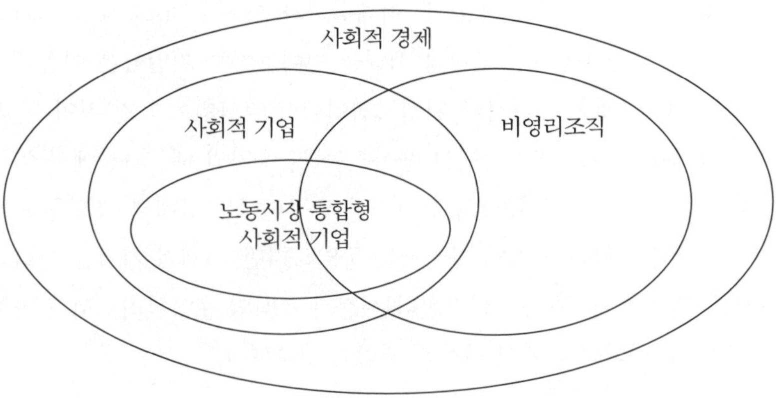

[그림 8-2] 사회적 경제, 비영리조직, 사회적 기업, 노동시장 통합형 사회적 기업

사회적 목표를 추구할 뿐만 아니라 재화와 서비스를 생산하고 수입의 일정 부분을 이러한 재화와 서비스의 판매로부터 얻는다는 점에서 일반

기업과 마찬가지로 경제적 목표도 일정 부분 추구한다는 성격을 갖는다. 시야를 조금 바꾸어서 기업적 성격을 갖는 재화와 서비스를 생산하는 조직에만 초점을 맞출 경우 사회적 기업의 위치는 조직이 추구하는 목표와 의사결정원리에 따라 [그림 8-3]과 같이 정리될 수 있다.

조직이 수행하는 전체 활동의 일부로서 재화와 서비스를 생산하는 활동을 수행하는 자발적 조직들도 넓은 범위에서 사회적 기업에 포함시킬 수 있지만, 이로부터 조금 더 발전해서 독자적인 기업의 형태를 갖춘 여러 유형의 사회적 기업들이 각국에서 존재한다. 전통적인 협동조합들도 있고, 새롭게 등장한 사회적 협동조합들도 있지만, 발전된 형태의 사회적 기업들의 대다수는 지역사회에서 필요로 하는 서비스를 공급하는 자발적 조직들로부터 발전해 왔다.

한편 사회적 기업과 순수하게 주주를 위한 이윤극대화를 추구하는 주주자본주의 기업(shareholder capitalism) 사이에는 기업의 사회적 책임(Coporate Social Responsibility, 사회적 책임) 및 이해당사자 자본주의(stakeholder capitalism)의 영역이 존재한다.[6] 사회적 책임을 받아들이는 기업들은 이윤극대화를 부정하는 것은 아니지만, 환경보전이나 지역사회에 대한 기여 등 다양한 사회적 가치를 받아들이고 생산활동 및 수익의 배분과정에서 이를 반영하기 위해 노력한다. 사회적 가치를 추구한다는 점에서 CSR을 받아들이는 기업과 사회적 기업 사이에는 동일하지만, 사회적 기업은 사회적 가치를 '본질적인' 목표로 설정한다는 점과 조직의 운영원리로서의 민주주의를 중시한다는 점에서 사회적 책임과 구분된다.

6) 이해당사자 자본주의는 주주자본주의에 대응하는 개념으로서 의사결정과정에 주주 이외의 다양한 이해당사자를 참여시킨다. 미국식 모델이 고전적인 주주 자본주의에 가깝다면 독일의 공동결정제도는 일종의 이해당사자 자본주의를 받아들인 모델에 해당한다.

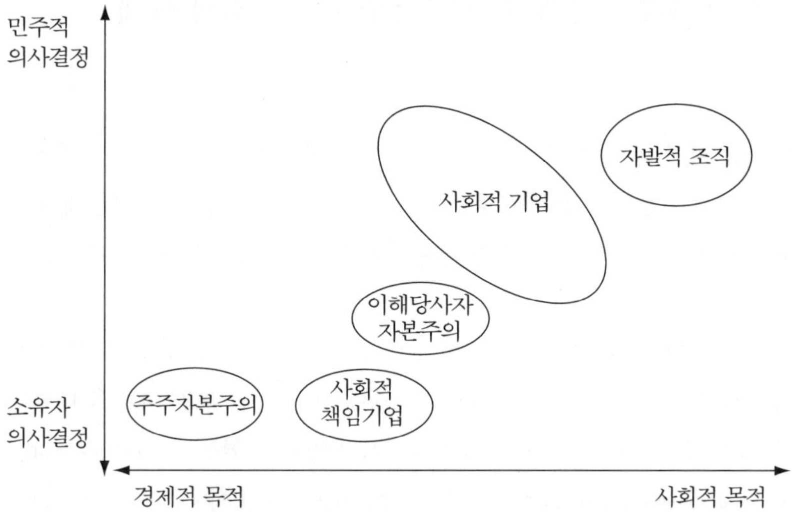

[그림 8-3] 기업으로서의 사회적 기업의 위상

이해당사자 자본주의 모델에서 기업은 의사결정과정에서 주주뿐만 아니라 기업에 이해관계를 갖고 있는 다양한 이해당사자를 참여시킨다는 점에서 사회적 기업과 일정한 공통분모를 갖는다. 둘 사이의 핵심적인 차이는 참여가 갖는 위상이 이해당사자 자본주의 모델보다 더 본질적이라는 점이다. 또한 이해당사자 자본주의는 그 자체로 사회적 목표의 하나를 반영하는 것이지만, 사회적 기업이 일반적으로 추구하는 지역공동체 서비스를 통한 지역사회에 대한 기여, 취약계층 노동자를 위한 고용창출과 사회적 목표가 조직의 본질적인 목표가 아니라는 점에서 구분된다.

[그림 8-3]은 사회적 기업이 갖는 성격을 다른 조직들과 비교하여 더 명료하게 제시하려는 것이지만, 현실에는 각각의 유형들 사이에 경계와 점이지대가 있다. 우리는 이러한 비교를 통해서 현실에 존재하는 여러 사회적 기업들의 특성을 더 손쉽게 이해할 수 있게 될 것이다.

2. 사회적 기업에 대한 법적 인정—유럽의 사례

유럽 여러 국가에서는 사회적 기업의 사회적 서비스 제공과 취약계층의 노동시장 통합을 통한 고용창출이 갖는 의의를 인정하고, 이들에게 별도의 법이나 기존의 법을 수정하여 독자적인 법적인 지위를 부여하고 있다.[7]

예를 들어 이탈리아의 '사회적 협동조합(social cooperative)'의 도입(1991), 벨기에의 '사회적 목적 기업(social purpose company)'의 도입(1995)을 비롯해서 그 뒤 몇 년간 이루어진 프랑스의 '집단적 이익 협동조합(collective interest co-operative society)', 포르투갈의 '사회연대 협동조합(social solidarity cooperative)', 스페인의 '사회적 목적 협동조합(social initiative cooperative)' 등을 들 수 있다. 또한 현재 영국에서 '공동체이익 회사(community interest company)'의 도입이 논의 중이며 핀란드에서도 역시 논의가 진행중에 있다(Davister et al., 2004). 한편 법적인 지위를 부여할 경우에도 완전히 독자적인 법령을 도입할 수도 있고, 기존의 법령에 새로운 회사 형태를 도입하는 방식으로 이루어질 수도 있다. Spear and Bidet(2003)은 WISE를 중심으로 각국에서 법령이 어떠한 방식으로 도입 활용되는가를 정리하고 있다.

이에 따르면 우선 완전히 독자적으로 노동시장 통합활동에 종사하는 사회적 기업에 해당되는 법률을 따로 제정한 국가가 있다. 1991년에 사회적 협동조합에 관한 법을 제정한 이탈리아가 여기에 해당된다(동법의 B유형 사회적 협동조합).

두 번째로 노동시장 통합활동에 참여하는 사회적 기업에 대해 별도의

7) 여기에서 염두에 두어야 할 것은 통상적으로 사용되는 명칭과 실제로 해당 유형이 법에 인정된 사회적 기업의 형태인가는 구분된다는 점이다.

법적인 지위를 부여한 것은 아니지만 법에 의해 인정되는 다른 형태를 취하는 경우이다. 아일랜드의 '사회적 통합 기업(social integration enterprises)', 포르투갈의 '통합기업(integration enterprises)', 프랑스와 벨기에의 '노동통합기업(work integration enterprises)', 핀란드의 '노동자 협동조합(labor cooperative)' 등이 여기에 해당된다. 이들 자체는 법적인 회사 형태는 아니지만 공적으로 통용된다. 예를 들어 프랑스의 노동시장 통합활동에 종사하는 사회적 기업들은 법적인 회사 형태는 아니지만 노동법에서 특정한 사회적 기업 형태와 그에 대한 지원 조건 등이 규정된다.

한편 영국의 경우 상당수의 노동자 협동조합(worker cooperative)들이 노동시장 통합을 위한 활동을 하는 사회적 기업으로 분류될 수 있으나, 노동자 협동조합은 법적으로 인정된 회사 형태가 아니며 법적인 지위로는 대부분 보증책임유한회사(company limited by guarantee)나 I&P조합(industrial and provident society)에 해당된다.

사회적 기업의 지위를 법적으로 승인하는 것도 중요하지만 그 이상으로 중요한 것은 법적인 지위의 승인이 정책적으로 어떠한 내용을 동반하는가 하는 점이다. 이와 관련해서 Lipietz(1999)는 형식적인 법적인 지위의 인정보다 중요한 것은 내용을 이루는 지원의 조건과 수준이라고 지적한다. 핵심적인 것은 첫 번째로 어떠한 조건을 충족할 때 지원 대상이 되는가, 두 번째로 지원의 수준을 어떻게 설정할 것인가 하는 점이다.

예를 들어 특정한 법적 형태와는 무관하게 일정 비율 이상의 공식적으로 정의된 취약계층을 고용할 경우에 지원 대상이 된다고 규정하는 것이 지원의 내용을 이루는 것이다. 이탈리아의 경우 취약계층을 30% 이상 고용한 경우에 정부의 조달에서 우선권을 부여받는다고 규정하고 있다. 이러한 조건을 충족시킬 수 있는 것은 대부분 사회적 협동조합이기 때문에 직접 사회적 협동조합에 우선권을 주는 것은 아니지만 실질적으로는 우선권을 부여하게 된다.

프랑스의 경우에도 노동시장 통합을 수행하는 여러 유형의 사회적 기업들의 요건은 노동법에 의해 규정되며, 이들에 대해서는 사회보장기여금을 면제하거나, 여기에 참여하는 노동자들에게 직업훈련의 기회를 제공하기도 한다.

3. 사회적 기업에 대한 정부의 지원 — 유럽의 사례

사회적 기업에 대해서 공적 지원이 필요하다는 점에 대해서는 누구나 부정하지 않으며 대부분의 유럽 국가들이 사회적 기업에 대한 국가와 지방정부를 포함한 사채 총액부문의 지원이 이루어지고 있다. 그러나 공적 지원의 '내용'과 '수준'에 대해서는 심층적인 검토가 필요하다.

무엇보다 우선적으로 사회적 기업 지원정책의 기본방향에 대해서 살펴볼 필요가 있다. 이와 관련해서 중요한 것이 사회적 기업을 우대(giving priority)하는 것이 필요한가, 아니면 사회적 기업이 다른 기업에 비해 불리하지 않도록 하는 것(levelling the playground)이 중요한가 하는 점이다.

예를 들어 EU의 제3섹터에 관한 연구를 종합한 보고서는 사회적 기업을 우대하는 조치의 필요성을 제기하고 있다. 이에 의하면 "서비스 수혜자 참여, 프로젝트의 질, 사회적 회계의 사용, 평판, 혁신, 취약계층에 대한 훈련, 낮은 구매력을 갖춘 취약집단에 대한 서비스 제공 등을 고려해서 사채 총액조달 규칙 및 기타 규제, 법적 조항 및 사채 총액계약에서 우선권이 부여되어야 한다"라고 지적하고 있다(European Commission, 2002).

한편 영국의 경우 사회적 기업에 대한 지원정책의 기본방향은 사회적 기업이 다른 기업에 불리하지 않도록 공정한 환경을 조성하는 데 놓인다.

재원 조달에서의 불리함을 극복할 수 있도록 하는 금융 지원, 사채 총액 조달에서 사회적 기업이 불이익을 받지 않도록 하는 것, 일반적인 기업 지원정책을 사회적 기업들도 활용할 수 있도록 접근성을 높이는 것 등이 핵심적인 정책 내용이다.

이러한 접근방식의 차이는 사회적 기업에 대한 사채 총액의 지원과 관련해서 지원의 범위와 수준을 동시에 고려하는 것이 필요하다는 점을 보여 준다. 이는 사회적 기업에 대한 지원에서 공적으로 인정하고 지원할 가치가 있는 '사회적' 목표의 범위를 어디까지 설정하는가와 관련된다.

영국에서 시행되는 정책의 기본방향에서 보듯이 사회적 기업이 다른 기업들에 비해 불리하지 않도록 하는 것이 지원정책의 출발점이 될 수 있다. 더 나아가서 모든 국가에서 사회적 기업이 수행하는 활동 가운데 취약계층에 대한 노동시장 통합과 외부성(externality)을 갖는 사회적 서비스의 공급에는 일정한 지원을 수행하고 있다.

엄밀히 말해서 이때의 지원은 '사회적 기업'이기 때문에 지원되는 것이 아니라 '활동'이 갖는 사회적 성격 때문에 지원되는 것이고 이러한 지원은 사회적 기업이 아니라 '민간기업'이라도 이루어질 수 있다는 점이 중요하다. 물론 국가에 따라서 이러한 활동이 사회적 기업에 의해 주로 수행될 수 있고, 그에 따라 지원이 사회적 기업에 집중될 수 있으나 이는 사회적 기업에 대한 지원이라기보다 활동에 대한 지원으로 이해하는 것이 정당하다.

예를 들어 사회적 기업이 등장하고, 성장하는 과정에서 공적인 지원이 이루어질 수 있고, 사회적 기업의 성장에서 필수불가결한 경우가 많다. 사회적 기업이 제공하는 사회적 서비스가 기존에 사채 총액부문에서 제공되는 것이거나, 새롭게 발굴되어야 하는 사회적 수요에 부응하는 것으로서 사채 총액제적인 성격을 갖기 때문에 사채 총액부문의 지원이 없이는 초기에 경제적으로 자립하기 곤란하기 때문이다. 공적인 지원의 수준은 서비스의 특성에 따라 달라질 수 있다(Campbell, 1999; Lloyd et al., 1999).[8]

첫 번째로 법적으로 인정된 권리에 부응하는 서비스로서 과거에는 국가에 의해 사회복지서비스로서 공급되다가 민간으로 이양되는 경우, 이와 관련된 재정 지원을 당연히 받을 수 있다. 보건, 교육, 장애인 서비스 등이 이에 해당된다.

두 번째로 개인에 의해 소비되면서 사회적 편익이 발생하는 서비스(merit services)이지만 법적으로 인정된 권리가 아닐 경우에는 부분적으로라도 재정 지원을 하는 것이 바람직하다. 고령층이나 장애인에 대한 방문보호 서비스나 실업자의 구직활동 지원 등이 이에 해당된다.

세 번째는 외부성은 크지 않고, 비용도 서비스의 소비자에 의해 지불되지만 서비스의 공급 및 소비과정에서 사람 사이의 관계가 중요한 요소를 이루는 경우이다. 지불능력이 있는 사람들을 대상으로 한 방문보호 서비스나 직업상담 등을 예로 들 수 있다(Campbell, 1999).

사회적 서비스의 특성과는 다른 차원에서 취약계층의 낮은 생산성을 보상하기 위해 일정한 임금보조나 사회보장기여의 면제방식으로 이루어지는 노동시장 통합활동에 대한 지원도 WISE의 성장에 중요한 역할을 수행한다.

그러나 이러한 지원은 사회적 기업 자체에 대한 지원과는 구분되는 것으로 이해해야 한다. 이러한 지원 제도가 사회적 기업에 대한 지원이 아니라 '취약계층에 대한 노동시장 통합'이나, 사회적 서비스 제공에서 발생하는 '외부성'에 따른 사적 편익과 사회적 편익의 차이를 보상하는 것이기 때문이다.

사회적 기업에게 우선권을 부여하는가의 여부는 이와는 다른 차원에

8) 이 외에도 취약계층의 노동시장 통합을 위한 고용을 창출하는 기업에 대해서는 대부분 이들의 고용에 대한 보조금이 지원된다.

서 판단되어야 한다. 사회적 기업을 사채 총액시장(public market)에서 우대하는 제도를 도입하는가가 핵심적인 요소가 된다. 이는 보호된 시장(cared market)의 논의와도 연결된다. 사회적 기업에게 우선권을 부여하는 경우는 여러 상황에 따라 다르게 적용될 수 있다.

사회적 기업이 기존에 정부나 민간에서 제공하지 않는 새로운 서비스를 발굴하고 이를 통해 새로운 일자리를 창출하는 초기 단계에서는 정부가 이러한 활동 자체에 대해 보조금을 지급하거나, 이를 위한 취약계층의 고용에 대해 보조금을 지급할 수 있다. 이렇게 발굴된 새로운 사회적 서비스가 보조금을 매개로 지속적으로 사회적 기업에 맡겨질 경우 이는 일종의 보호된 시장으로 지속될 수 있다.

변화는 이러한 서비스 제공의 책임을 정부가 받아들이고 이를 새로운 사채 총액 서비스 시장 영역으로 전환하는 경우에 발생한다. 이때부터 보조금을 매개로 이루어지던 정부와 민간의 관계는 사채 총액 '시장'을 매개로 이루어진다. 최근 서구 사회적 기업에서 화두로 등장하고 있는 "보조금에서 자립으로"라는 논점은 기본적으로 이러한 상황에서 비롯된다.

'시장을 통한 자립'이란 표현을 이해할 때 유념해야 할 것은 이러한 전환이 일반 시장에서의 재화와 서비스의 판매를 통해서 이루어지는 것이라기보다는 사채 총액시장을 매개로 정부와 사회적 기업 사이에 새로운 관계를 맺는 방식으로 이루어지는 것이다. 이때 사채 총액시장에서 사회적 기업을 우대할 것인가, 여부가 사회적 기업에게 우선권을 주는가를 판정하는 중요한 지표가 된다.

더 일반적인 상황은 정부와 사채 총액부문이 직접 제공하던 사채 총액 사회 서비스의 전달을 민영화하는 경우이다. 정부는 여전히 서비스 제공의 비용을 부담하지만 새로운 서비스 전달자는 사채 총액시장에서의 '경쟁'을 통해 선택된다. 이때에도 사회적 기업을 사채 총액시장에서 우대할 것인가, 여부가 사회적 기업에 우선권을 부여하는가를 판정하는 지표가

된다.

만일 서비스를 정부가 일괄해서 구매하지 않고 서비스 수요자에게 바우처를 주는 방식으로 전환할 경우 바우처로 지불할 수 있는 서비스 공급자를 제한하지 않는 한 사회적 기업에 우선권을 부여하는 것은 불가능해진다.

경쟁을 원칙으로 하는 사채 총액시장에서 명확히 우선권을 부여하는 경우는 이탈리아의 B유형 사회적 협동조합에 대한 지원이다. 이를 제외하고는 사채 총액시장에서 명확히 우선권을 부여하는 경우는 찾기 어렵다. 주목할 만한 정책이 2003년도에 벨기에에서 도입되었다. 이는 사채 총액시장에서 사회적 기업이나 노동 통합기업에 우선권을 부여할 수 있도록 명문화한 것이다.

4. 사회적 일자리 창출 관련 정책

이제 사회적 일자리 창출 관련 정책의 유형을 살펴보고, 한국에서 지금까지 추진된 정책들이 어떠한 유형에 해당되는지를 살펴본다. 사회적 일자리의 정의에는 사회적 기업이라는 공급측면의 개념이 가장 중요하지만, 사회적 서비스라는 서비스의 내용과 관련된 개념이 결합되어 있기 때문에 사회적 일자리 창출과 관련된 정책은 크게 사회적 서비스의 수요 및 서비스의 공급측면으로 나누어서 살펴볼 필요가 있다.

또한, 수요와 공급의 효과적인 연계를 지원할 수 있는 제도적 인프라를 구축하는 정책도 포함될 수 있다. [그림 8-4]는 이를 큰 범주에서 도식화한 것이다.

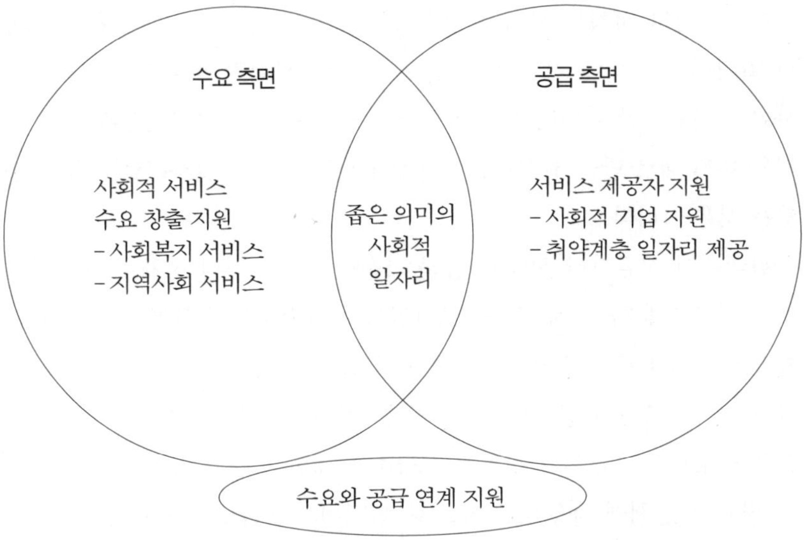

[그림 8-4] 사회적 일자리 창출 관련 정책의 유형

우선 수요측면을 먼저 살펴보면 사회적 일자리와 관련된 사회적 서비스는 사회복지 서비스와 지역사회 서비스로 크게 나누어 볼 수 있고, 시장에서 이들 서비스 수요가 늘어날 수 있도록 지원하는 정책이 우선적인 고려 대상이 된다. 서비스 수요를 확대하는 정책도 다양한 방식으로 이루어질 수 있다. 첫 번째는 정부가 사채 총액적으로 제공하던 서비스나 새로운 사회적 서비스를 비사채 총액 부문에 위탁함으로써 시장에서 새로운 수요가 형성되는 경우이다.[9] 두 번째는 수요자가 이들 서비스를 구매할 수 있는 비용을 제공해 주거나, 서비스의 구매비용을 낮추어 줌으로써 유효수요를 확대하는 방식이다.

9) 유럽, 특히 스웨덴 등 사회적 서비스를 국가가 직접 공급하던 사회민주주의 복지국가에서 사회적 기업의 발전에는 이러한 민간 위탁으로의 전환이 커다란 기여를 한 것으로 평가된다. 반면, 영국의 경우 사회적 서비스의 민간 위탁에서 민간 영리 부문의 참여가 큰 폭으로 이루어졌다.

수요측면의 정책은 사회적 서비스의 시장을 확대한다는 점에서 사회적 일자리의 확대에 기여할 수 있으나, 이들 사회적 서비스의 공급에는 사회적 기업뿐만 아니라, 민간의 영리기업들도 참여한다는 점에서 이 정책을 통해 새로 만들어지는 일자리들이 모두 사회적 일자리로 분류될 수 있는 것은 아니다.

한국에서 지금까지 시행된 정책 가운데 수요측면의 정책에 해당되는 것은 매우 드물다. 사채 총액근로사업이나 자활사업이 부분적으로 첫 번째 범주의 수요측면 정책과 유사한 성격을 갖고 있지만, 이보다는 뒤에서 살펴볼 공급측면의 정책으로 분류하는 것이 적절할 것이다. 국민기초생활보장제도 수급자 및 차상위 저소득층에 대한 보육료 지원정책은 두 번째 범주의 정책에 해당되는 것으로 판단된다. 또한, 정부가 장기적으로 추진하고자 하는 '장기요양보장제도'의 경우 현재 잠재되어 있는 노인 및 장애인의 사회복지 서비스 수요의 현실화에 크게 기여할 것으로 예상된다.

다음으로 공급측면의 정책을 살펴보면, 우선 제3섹터형의 사회적 기업을 지원하는 다양한 법 · 제도적 지원 방안들이 우선 해당된다. 여기에는 사회적 기업의 법률적 지위를 승인하고, 보호된 시장의 형성이나 세제 지원, 연대금고 등을 통한 재정적 지원 방안 등이 포함될 수 있다. 두 번째로 취약계층의 노동시장 통합을 지원하기 위한 단기적인 일자리 창출정책도 여기에 해당될 수 있다. 이 정책은 노동시장정책 차원에서는 사채 총액부문에 의한 노동시장 수요확대정책에 해당되지만, 서비스 시장 차원에서는 서비스 공급자에 대한 노동비용 지원정책이라는 점에서 공급측면의 정책으로 볼 수 있다.

공급측면의 정책 가운데 지원 대상이 되는 서비스가 사회적 서비스일 경우에는 '좁은 의미에서의 사회적 일자리 창출' 지원정책이라고 볼 수 있을 것이다. 사회적 서비스가 아니라 다른 재화 및 서비스의 공급에 참여하는 주체들을 지원하는 경우에는 '넓은 의미에서의 사회적 일자리 창출' 지원정책으로 범주화할 수 있을 것이다.

현재 한국에서 제3섹터형의 사회적 기업을 지원하는 정책은 찾아보기 어렵다. 현재 자활사업과 관련해서 보건복지부의 지침으로 지방자치단체의 승인을 얻은 자활공동체에 대해서 지방자치단체 차원에서 우선 구매 및 우선 위탁 등을 제공할 수 있도록 하는 근거규정 정도가 이러한 정책의 초보적인 형태라고 볼 수 있을 것이다. 다만, 공급측면에 대한 지원정책의 범위를 넓게 잡았을 때, 자활후견기관 및 복지관에 대한 지원이 이러한 범주에 포함될 수도 있다.[10)]

한국에서 지금까지 이루어진 사회적 일자리에 대한 지원정책의 대부분은 노동부의 사회적 일자리 시범사업을 포함해서 공급측면의 정책 가운데 두 번째에 해당되는 취약계층에 대한 일자리 제공정책에 해당된다. 그러나 이 정책의 경우 사회적 서비스의 확대에 초점을 맞춘 정책이라기보다는 취약계층의 노동시장 참여(자활근로 및 자활공동체 지원)에 초점을 맞추었거나, 고실업에 대응한 한시적인 소득 지원에 초점을 준 정책(사채총액근로사업)이라는 점에서 본래적인 의미의 사회적 일자리 창출 지원정책이라고 보기 어렵다.

마지막으로 직접적인 지원정책은 아니지만, 지역사회단위에서 형성되는 사회적 서비스 시장에서의 수요와 공급을 효과적으로 연계할 수 있는 정보 시스템 및 전달체계의 구축 등 사회적 인프라를 형성하는 정책도 거래비용을 낮춤으로써, 사회적 일자리의 확대에 기여할 수 있다.

최근 사회적 일자리 창출과 관련해서 정부의 정책에 중요한 변화가 나

---

10) 복지관이나 자활후견기관과 같이 정부와 직접 파트너십을 갖고 정부의 정책을 전달하는 기관을 제3섹터로 볼 수 있는가에 대해서는 논란의 여지가 있지만, 이들, 특히 자활후견기관이 자활 지원사업에 참여하고 있다는 점에서 지원정책의 일부를 이룬다고 볼 수 있다(Lloyd et al., 1999).

타나고 있다. 2004년부터는 사회적 서비스의 확충과 사회적 일자리를 연계하려는 새로운 접근이 활성화되고 있다. 일자리 만들기 위원회에 보고된 노동부의 「사회적 일자리 창출사업 확충 방안」(2004. 3. 26)에서는 앞으로 사회적 일자리로 발전시킬 주요 영역으로 장애아 교육보조를 비롯한 사회적 서비스 분야의 10개 과제들이 제시되었고, 기획예산처에서는 2005년에 사회적 일자리 사업으로 각 부처에 2,254억 원을 반영하였다고 발표하였다(앞의 보도자료). 여기에는 노동부에서 보고한 10개 과제 이외에 문화 분야에서 "연극 · 영화 · 국악 분야 전문인력을 활용한 학교방문교육", "국민생활체육의 활성화를 위한 생활체육 지도자" 등의 과제들이 추가되었다.

이러한 변화는 국가가 적극적으로 사회적 서비스를 확충해 나가는 것이라는 점에서 사회적 서비스의 수요창출정책으로 발전할 가능성이 있다. 아직은 많은 사업들이 정부가 직접 제공하는 방식으로 계획되어 있지만 이러한 상황은 잠정적인 것이며, 이러한 일자리는 일정한 과도 기간을 거쳐서 사채 총액 서비스 일자리로 정착되거나 다시 위탁됨으로써 민간부문 일자리, 혹은 사회적 기업에 의해 제공되는 사회적 일자리로 분화되어 나갈 것이다. 이러한 방식으로 사회적 서비스가 크게 확대되어 나갈 경우 사회적 기업의 성장에 유리한 환경이 조성될 것이다.

아직 정부의 정책에서 본격적으로 다루고 있지 않은 영역은 사회적 기업에 대한 법적 인정 및 공공 지원의 제도화와 관련된 영역이다. 이와 관련해서 사회적 기업에 대한 법적 인정의 필요성에 대한 논의가 이미 일각에서 제기되어 논의되고 있으며, 창업에 대한 지원이나 훈련 등을 사회적 일자리 사업과 연계하는 방안 등이 논의되기 시작하고 있다.

5. 지역의 고용정책과 사회적 일자리

한국에서 지금까지 지방은 중앙에서 결정된 정책의 일부에 대해 집행 기능만을 담당해 왔다는 점에서 고용 및 실업정책에서 그다지 중요한 역할을 수행하지 못했다고 볼 수 있다.

지금까지 실업대책으로 시작된 공공근로사업의 집행이 가장 중요한 지방자치단체의 역할이었다. 지방자치단체에 취업알선센터가 있으나 취업알선 · 직업훈련 등 중요한 고용 서비스는 노동부 산하의 공공직업안정기관인 고용안정센터를 통해서 집행되어 왔다.

더 나아가 지역에 적합한 고용 및 실업대책을 기획하는 것은 거의 이루어지지 못했다. 이는 전통적으로 한국 사회에서 정책결정기능이 중앙에 집중되어 왔을 뿐만 아니라 예산배분권이 중앙에 집중되어 있고, 지방정부의 재정이 취약한 데 기인한다. 특히 고용정책의 경우 한국에서는 중요한 고용정책수단인 직업훈련과 고용안정사업이 고용보험사업의 일부로 수행된다는 점에서 이러한 성격이 더욱 강하다.

이는 복지 분야에서의 지방정부의 역할과 대비된다. 복지정책, 특히 복지 서비스에서는 지방정부의 역할이 중요하다. 중요한 정책 결정은 중앙정부가 담당하지만 정책의 집행은 지방정부를 통해서 이루어져 왔다. 정책 결정에서의 지방의 자율성도 고용정책에 비해서 큰 것으로 보인다.

외국의 경우 고용정책에서 중앙과 지방의 역할분담은 국가에 따라 다르다. 중앙집중적인 성격이 강한 국가로는 적극적 노동시장정책의 전통이 강한 스웨덴 등 북구 국가들이 있다. 이는 적극적 노동시장정책 자체가 직업훈련 및 노동력의 지역간 이동 등을 지원하는 데 초점을 맞추고 있기 때문이다.

미국의 경우에는 정책 수행의 재량권이 지방에 광범위하게 부여되고 있다. 이는 고용정책에만 국한된 것이 아니라 전반적으로 연방정부에 비해서 주정부의 권한이 강하기 때문이다. 따라서 고용정책의 경우에도 연방정부는 정책의 방향만을 결정하며, 중요한 정책 결정은 주정부에서 담당하고 있다. 실업보험의 경우에도 각 주정부가 서로 다른 실업보험제도를 운영하고 있다.

정책 기획의 재량권까지도 부여되는 국가들이 있는데, 이는 특수한 경우에 속하는 것으로 보인다. 국가 내부의 지역적 차이가 매우 큰 벨기에, 이탈리아, 캐나다 등에서 나타나기 때문이다.

최근 외국에서는 고용정책 차원에서 지방의 역할이 강화되고 있다.

미국의 경우 복지개혁 및 노동정책의 변화에 따라 주 이하의 군(county)의 중요성도 증가하고 있다. 대표적인 정책의 변화가 복지정책에서는 1996년에 편모가구보호(Aid to Families with Dependent Children: AFDC)를 대신해서 도입된 요보호가구한시보호(Temporary Assitance for Needy Families: TANF)이며, 고용정책차원에서는 1998년에 이루어진 노동력투자법(Workforce Investment Act)의 법제화이다.

유럽의 경우에도 EU 전체 차원에서 지방의 중요성을 강조하는 방향으로 정책이 변화하고 있다. EU에서는 1990년대 후반부터 EU차원의 통일적인 고용 전략(European Employment Strategy)을 추진하고 있는데, 여기에서 지역의 중요성이 매우 강조되고 있다.

2000년 리스본 유럽위원회의 결의에 따르면 "완전히 분권화된 접근의 중요성을 강조 … 이 접근은 유럽연합과 가맹국, 지방 및 지역, 사회적 파트너와 시민사회가 다양한 파트너십을 통해 능동적으로 참여하는 보완성의 원리에 따른다." 보완성의 원리는 중앙이 지방과 지역이 수행하지 못하는 역할을 보완적으로 담당하는 것을 의미한다.

또한 EU의 2003년 고용지침(Employment Guideline) 제10조에 의하면 "회원국은 지역간 고용 및 실업에서의 격차를 축소하기 위해 다각적인 정책을 수행해야 한다. 사회적 경제를 포함해서 지역 차원에서의 일자리 창출 잠재력을 지원해야 하며 관련된 주체들 사이의 파트너십을 촉진해야 한다."

지역을 고려한 접근을 추진하는 중요한 근거는 다음과 같다. 우선 지역 차원의 다양한 서비스 산업을 통한 일자리 창출 잠재력이다. 일반 재화와 달리 서비스의 경우 생산과 소비가 동시에 이루어지는 특징을 갖기 때문에 지역 내에서 생산과 소비가 이루어질 수밖에 없다. 두 번째로 인력에 대한 교육 및 훈련이 이루어지는 곳이 지역이라는 점이다. 세 번째는 가장 취약한 집단에게 서비스가 제공되는 곳이 지역이라는 점이다.

이러한 특징은 사회적 일자리 창출과 지역 차원의 고용정책이 매우 긴밀히 관련된다는 점을 보여 준다. 사회적 일자리 창출의 핵심 영역은 보건, 복지, 교육, 환경 등 지역사회에서 생산되고 소비되는 사회적 서비스이기 때문이다. 앞에서 살펴본 EU의 고용지침에서도 지역고용정책에서 '사회적 경제'의 중요성을 강조하고 있다.

한국에서도 지방을 둘러싼 정책 환경이 변화하고 있다. 무엇보다도 노무현 정부에서는 국가균형발전을 강조하고 있으며 수도권과 지방의 균형발전을 촉진하기 위한 다양한 정책수단을 도입하고 있다. 이는 국가균형발전특별법, 지방분권특별법, 신행정수도건설을위한특별조치법 등 「국가균형발전 3대 특별법」 제정에서 드러난다.[11] 정책의 내용적인 측면에서도 경제 및 산업정책에서 지방의 중요성이 증가하고 있다. 혁신을 통한 성장 전략의 핵심으로 지역혁신체계 및 지역별 산업 클러스터 구축이 추진되고 있기 때문이다.

일자리 창출정책에서도 사회적 서비스 분야의 일자리 창출을 강조하

11) 신행정수도건설을위한특별조치법이 헌법재판서의 위헌판결로 효력을 잃었지만, 국가균형발전 전략의 주요 내용이 달라질 것으로는 예상되지 않는다.

고 있다. 앞에서 살펴본 것처럼 사회적 서비스는 또한 지역사회 서비스라는 점에서 일자리 창출에서 지방자치단체의 역할이 매우 중요하다. 보건, 복지 , 교육, 환경, 문화 등 모든 분야에서 지방자치단체의 중요성이 높기 때문이다.

지속적으로 고용과 복지정책이 서로 접근하고 있다는 점에서도 지방의 역할이 중요해질 수밖에 없다. 외국의 사례를 보면 서비스 전달체계 차원에서 복지와 고용의 연계가 1990년대 후반 이후 계속 강화되고 있다. 미국에서는 인력투자법에 따라 새로운 공공직업안정기관으로 원스톱센터(One-Stop Career Center)가 설립되었고, 여기에 복지전달체계도 통합되는 경향이 강화되고 있다. 또한, 영국의 경우 고용연금부(Department of Work and Pension)를 신설하여, 고용청(Jobcenter Plus)과 (사회보장)급여청(Benefit Agency)이 한 부처로 통합하였다. 일본도 노동성과 후생성(한국의 보건복지부)을 후생노동성으로 통합하였고, 지역 차원의 고용 · 복지 전달체계 통합이 진행되고 있다.

한국의 경우에도 고용과 복지정책의 접점이 증가하고 있다. 복지정책과 고용정책이 만나는 대표적인 사업인 자활사업의 효율적인 수행을 위해서는 지방자치단체와 고용안정센터의 긴밀한 연계와 협조가 필요한 것이 현실이다. 노인 일자리 창출, 여성 일자리 창출 등 대상별 고용정책의 필요성이 증가하면서 이러한 현상은 더욱 강화될 것이다. 이는 지역 차원에서 두 전달체계 사이의 긴밀한 연계를 필요로 하고, 지역 차원의 정책의 중요성을 더욱 높이게 될 것이다.

사회적 일자리 창출에서도 지방자치단체의 역할은 매우 중요하다. 지금까지 한국에서 수행된 사회적 일자리 관련 정책들은 이미 앞에서 살펴본 것처럼 자활근로와 자활공동체, 공공근로, 사회적 일자리 시범사업, 노인 · 장애인 일자리사업을 들 수 있는데, 사회적 일자리 시범사업을 제외하고는 모두 지방자치단체와 관련되어 있다. 앞으로 사회적 일자리 창출

정책은 '사회적 서비스의 제공을 통한 일자리 창출정책'의 성격이 더욱 강화될 것이다. 그에 따라 중앙 차원에서 각 부처의 연계가 강화되어야 하는 것처럼 지역 차원에서 관련 기관 사이의 유기적인 연계체계를 구축하는 것이 사회적 일자리 창출정책의 성공을 위해 중요한 역할을 수행할 것이다.

저자 약력

조성재
서울대학교 경제학 박사
전 한국자동차산업연구소 연구위원
현 한국노동연구원 부연구위원

박준식
연세대학교 사회학 박사
현 한림대학교 사회학과 교수
현 한국지방분권아카데미 연구소장

이기홍
UCLA 사회학 박사
현 한림대학교 사회학과 교수

안동규
Ohio State univ. 경영학 박사
현 한림대학교 재무금융학과 교수
현 한국지방분권아카데미 원장

이성균
Wisconsin univ. 사회학 박사
현 울산대학교 사회학과 교수

조형제
서울대학교 사회학 박사
현 울산대학교 사회학과 교수

김원동
고려대학교 사회학 박사
현 강원대학교 사회학과 교수

이기원
Berkley univ. 통계학 박사
현 한림대학교 정보통계학과 교수
현 한국지방분권아카데미 혁신센터장

황덕순
서울대학교 사회학 박사
전 한국노동연구원 연구위원
현 대통령 비서실 비서관

(글의 순서에 따라 배열)